U0541385

铸牢中华民族共同体意识研究丛书

中华民族共同体建设
实践探索

主　编　赵　奇
执行主编　王延中

中国社会科学出版社

图书在版编目(CIP)数据

中华民族共同体建设实践探索 / 赵奇主编；王延中执行主编 .—北京：中国社会科学出版社，2023.6（2025.1重印）

（铸牢中华民族共同体意识研究丛书）

ISBN 978-7-5227-1546-9

Ⅰ.①中⋯ Ⅱ.①赵⋯②王⋯ Ⅲ.①中华民族—民族意识—研究 Ⅳ.①C955.2

中国国家版本馆 CIP 数据核字（2023）第 058028 号

出 版 人	赵剑英
责任编辑	宫京蕾
责任校对	秦　婵
责任印制	郝美娜

出　　版	中国社会科学出版社
社　　址	北京鼓楼西大街甲 158 号
邮　　编	100720
网　　址	http://www.csspw.cn
发 行 部	010-84083685
门 市 部	010-84029450
经　　销	新华书店及其他书店
印刷装订	北京君升印刷有限公司
版　　次	2023 年 6 月第 1 版
印　　次	2025 年 1 月第 4 次印刷
开　　本	710×1000　1/16
印　　张	18
插　　页	2
字　　数	249 千字
定　　价	98.00 元

凡购买中国社会科学出版社图书，如有质量问题请与本社营销中心联系调换
电话：010-84083683
版权所有　侵权必究

《铸牢中华民族共同体意识研究丛书》编辑委员会

主　　　任：高　翔
副 主 任：高培勇　　赵　奇
委　　　员：（按姓氏笔画排序）
　　　　　　丁　赛　　王立胜　　王延中　　王　锋
　　　　　　叶海林　　邢广程　　孙壮志　　李国强
　　　　　　宋月华　　郑大华　　郑筱筠　　赵天晓
　　　　　　赵剑英　　徐文华　　斯琴巴图　魏长宝
执 行 主 编：王延中
编辑部成员：丁　赛　　王　锋　　陈建樾　　张继焦
　　　　　　彭丰文

目　　录

第一章　全国一盘棋与民族地区现代化建设 …………………（1）
　一　民族地区现代化的话语演进与研究回顾 ……………（2）
　二　中华人民共和国成立以来民族地区现代化
　　　建设成效 ………………………………………………（11）
　三　民族地区现代化的基本经验 ……………………………（21）

第二章　中央财政补助与民族地区经济发展 …………………（25）
　一　中央财政对民族地区的支持 ……………………………（26）
　二　研究文献回顾与评论 ……………………………………（29）
　三　民族地区的财政收入与财政支出 ………………………（32）
　四　西藏自治区县域经济的发展与财政收支分析 …………（37）
　五　中央财政补助对民族地区财政平衡的作用 ……………（45）
　六　中央财政补助与民族地区经济发展的相互关系 ………（49）
　七　民族地区中央财政补助的可持续分析及建议 …………（53）

第三章　城市民族工作的发展与改进路径 ……………………（58）
　一　问题提出与分析思路 ……………………………………（58）
　二　我国城市民族工作的实践进展 …………………………（60）
　三　城市民族工作中铸牢中华民族共同体意识的
　　　三个维度 ………………………………………………（68）

四　以铸牢中华民族共同体意识为主线推进城市民族
　　　　工作高质量发展 …………………………………（74）
　　五　调查研究结论与建议 …………………………………（82）

第四章　推广普及国家通用语言文字与铸牢中华民族
　　　　　共同体意识 …………………………………………（84）
　　一　推广普及国家通用语言文字的理论逻辑 ……………（85）
　　二　推广普及国家通用语言文字的历史逻辑 ……………（91）
　　三　推广普及国家通用语言文字的实践逻辑 …………（100）
　　四　推广普及国家通用语言文字与铸牢中华民族共同体
　　　　意识的建议 ……………………………………………（103）

第五章　发挥文学在铸牢中华民族共同体意识中的
　　　　　积极作用 ……………………………………………（109）
　　一　铸牢中华民族共同体意识的文学视角 ……………（109）
　　二　同源认同、存异求同的共生关系 …………………（113）
　　三　尊重差异、兼容并蓄的包容关系 …………………（118）
　　四　互学互补、相得益彰的互鉴关系 …………………（127）
　　五　守正创新、共同进步的共进关系 …………………（137）
　　六　同气连枝、共荣发展的共享关系 …………………（145）
　　七　充分发挥文学在铸牢中华民族共同体意识中的
　　　　积极作用 ………………………………………………（153）

第六章　中国典型民族地区铸牢中华民族共同体意识的
　　　　　实践探索 ……………………………………………（160）
　　一　新疆铸牢中华民族共同体意识的实践探索 ………（160）
　　二　西藏铸牢中华民族共同体意识的实践探索 ………（175）

第七章 民族事务治理体制机制的发展与完善 …………（196）
 一 民族事务治理主体关系的研究回顾 …………（198）
 二 民族事务治理主体关系的变迁与发展 …………（204）
 三 民族事务治理主体关系现代化的内涵与特征 ………（218）
 四 完善民族事务治理主体关系的思路与建议 …………（224）

第八章 新时代民族事务治理的现代化 ………………（230）
 一 民族事务治理体系治理能力现代化的科学内涵 ……（231）
 二 中国共产党民族事务治理体系建设的历史探索 ……（236）
 三 新时代民族事务治理体系治理能力现代化的科学
  指引 ………………………………………………（242）
 四 正确认识和处理新时代民族事务治理的主要关系 …（250）
 五 做好新时代提升民族事务治理能力的基本工作 ……（259）
 六 加快铸牢中华民族共同体意识指标体系建设 ………（264）

主要参考文献 ………………………………………………（270）

后记 …………………………………………………………（279）

第一章　全国一盘棋与民族地区现代化建设

宁亚芳

摘要：民族地区现代化是国家建设的重要议题。"第二次世界大战"后的西方现代化理论为欠发达国家和地区"设计"了一套实现现代化的学说，但其解释力与中国民族工作实践相形见绌。国内学者建构了反思民族地区现代化的话语，但无法准确全面解释当下民族地区现代化图景。在铸牢中华民族共同体意识主线下，民族地区现代化不仅是一个地区经济发展问题，更是一个建设中华民族共同体的政治问题。实践表明，中国民族地区现代化不是"西化"和"汉化"，而是中华民族共同体化。在民族平等基础之上，各民族共同团结奋斗形成了民族地区与国家之间、民族地区与其他地区之间、各民族之间的互助互惠互利关系，构成了建设中华民族共同体的基本动力机制。

关键词：民族地区现代化；民族平等；中华民族共同体意识；共同繁荣发展

现代化作为一个学术概念和理论最初源自西方，但近现代以来的每一个民族国家都探索了各自实现现代化的道路。在这一过程中，以"西方中心论"为特征的现代化理论相继演化出了经典现代化理论、依附理论、世界体系理论、后现代化理论、生态现代化理论、反思性现代化理论、多元现代性理论①等学说。中华人民共和国成立后,在中国共产党的领导下,中国推进现代化建设并取得了伟大成就。中国特色社会主义现代化的独特性以及是否存在学理意义上的现代化"中国模式"一直是国内外学界关心的热点话题。② 中国把民族平等作为立国的根本原则,将民族区域自治确立为国家基本政治制度,凝聚各民族共同团结奋斗、共同繁荣发展。"同世界上其他国家相比,我国民族工作做的都是最成功的。"③ 在一个少数民族人口超过1.25亿(占全国总人口8.89%)④的社会主义国家,搞清楚中国民族地区现代化是一种什么样的现代化,以及中国如何推进民族地区现代化,是理解中国这个统一多民族国家现代化模式的重要切入点。

一 民族地区现代化的话语演进与研究回顾

中国民族地区现代化作为一种事实与现象,有人将其追溯到19世纪,并将19世纪末期至1949年以前的这一阶段称为民族地区的早期现代化时期。⑤ 而从现代民族国家治理角度来看,中国共产党始终坚持马克思主义民族平等原则,中华人民共和国民族地区现代化的主体、内涵、图景与晚清、民国时期截然不同,并且在中国特色社会主义现代化建设中不断取得新成就。因此,本章论述的是中华

---

① 何传启:《现代化研究的十种理论》,《中国社会科学报》2015年5月29日。
② 马敏:《现代化的"中国道路"——中国现代化历史进程的若干思考》,《中国社会科学》2016年第9期。
③ 参见国家民委研究室编《新时代民族理论政策问答》,民族出版社2019年版,序言第1页。
④ 国家统计局网:《第七次全国人口普查公报(第二号)》,网址 http://www.stats.gov.cn,浏览时间2021年9月23日。
⑤ 吴建国:《试论民族地区现代化的起点、分期和特点》,《西南民族大学学报》(人文社科版)2003年第6期。

人民共和国成立以来的民族地区现代化。由于社会主义现代化和民族事务治理实践有着明显的阶段性特征，民族地区现代化的实践及话语也经历了不同历史时期的演进。

（一）民族地区现代化的话语演进与学术反思

中华人民共和国成立初期，消除各民族事实上的不平等，团结各民族建设祖国是国家治理的重要任务。在"民族平等"和"民族问题是社会总问题的一部分"等马克思主义民族理论基本观点指导下，帮助少数民族在发展方面赶上汉族成为民族事务治理的基本理念。一方面，国家推进民族地区的民主改革和社会主义改造，为少数民族参与现代化创造良好的政治制度和社会环境；另一方面，国家在民族地区现代化的政策话语中强调了少数民族的主体地位，"现代化非常需要少数民族，少数民族也非常需要现代化"。[①] 在中华人民共和国成立初期优先发展重工业的思路之下，鉴于民族地区矿产、森林等资源丰富和资源开发能力薄弱的结构性矛盾，国家在民族地区现代化路径上采取了工业项目转移和全国支援资金、人才、技术的方式。"一五"计划至"三线建设"期间，民族地区承接了国家多个工业发展项目，工业生产总值快速增长。由于民族地区缺乏基本的产业分工体系，加之社会经济总体发育程度偏低，这一时期的民族地区现代化被喻为"外生的现代化""外源型现代化"和"迟发展地区的现代化"。学者既肯定了国家是民族地区现代化中的"超经济的组织力量"，也反思了优先发展重工业战略下价格体制"双轨制"导致了民族地区工业原材料和能源产品投资效益低、资金积累慢的困境。[②]

党的十一届三中全会把党和国家的工作重心转移到经济建设上来，全国各族人民进入了改革开放和社会主义现代化建设新时期。

[①] 国家民族事务委员会、中共中央文献研究室：《新时期民族工作文献选编》，中央文献出版社1990年版，第7页。

[②] 曹育明、扎晓玲：《改革开放与民族地区的现代化》，《中南民族学院学报》（哲学社会科学版）1993年第3期。

相比中华人民共和国成立初期以优先发展工业为特征的"四个现代化"话语，改革开放以来"四个现代化"内涵强调了现代化的全域性和协调性。民族工作重心也转变为大力帮助少数民族加速发展经济和文化事业。少数民族人口跨区域流动开始增多，民族地区获取发展资源并完成资源向资本的转化过程，也越来越受到市场经济体制机制的影响。改革开放以来，国家实施了优先发展东部的区域非均衡发展战略，国家各项投资重点投向了东部地区。尽管民族地区从纵向来看取得了多方面的发展成就，但少数民族和民族地区贫困问题突出，民族地区与其他地区之间的发展差距越来越大。民族地区在国家现代化进程中处于弱势地位并被甩开差距，是学界反思民族地区现代化最主要的问题。

在众多归因中，一是"结构不合理论"。这一方面体现为国家制定的地区间分工体系给民族地区造成的"迟发展效应"短时间内无法摆脱，[①] 另一方面则体现为民族地区片面搞工业扩张和照搬东中部地区"三次产业梯度转移"模式（意指依次发展一、二、三次产业）而导致产业结构不合理、资源浪费、破坏生态等问题。[②] 二是"人文生态失调论"。费孝通先生在考察包钢时指出了"包头是包头，包钢是包钢，这两张皮一直没有很好地贴合在一起"的人文生态失调问题，并认为20世纪50—80年代间国家在中西部地区投资建立的几千个大中型企业并没有成为当地社会经济发展的启动力。[③] 民族地区不得不依靠这些被称为"工业孤岛"的工业企业来增加工业产值，却又无法带动整个地区产业结构优化和惠及民生的现象也被认为是

---

① 曹育明：《迟发展效应与民族地区的现代化》，《西北民族学院学报》（哲学社会科学版）1991年第2期。
② 参见方虹、杨云宝《少数民族地区现代化建设成功的关键在于创新》，《学术探索》2000年第4期。
③ 费孝通：《费孝通论西部开发与区域经济》，群言出版社2000年版，第378页。

民族地区现代化建设"难以逾越的陷阱"。① 三是"文化障碍论"。由于民族地区在中华人民共和国成立之前社会发育程度偏低，少数民族的一些传统文化和生产生活观念与社会主义市场经济规律相矛盾，成为民族地区推进现代化的障碍和阻力。② 因此，不仅要协调统一推进经济文化发展，从根本上创造现代生产力发展的环境、培育起社会进步的机制。③ 还要通过心理调适增强少数民族既是"照顾对象"也是"发展主体"的意识。四是"扩散—供给论"。马戎先生在借鉴美国社会学家迈克尔·赫克特（Michael Hechter）的扩散模式基础上提出了"扩散—工业化"模式和"扩散—供给"模式用以解释中国民族地区现代化的路径，其中"扩散—供给"模式是民族地区完全依赖国家帮扶而产生了"依赖型"经济，是一种应当改进的模式。④ 五是"封闭循环论"。由于民族地区交通不便和市场经济发展滞后，民族地区尤其是广大农牧区长期处于小生产阶段。⑤

上述五种反思民族地区现代化的代表性观点形成于20世纪70—90年代末，这些观点的分析视角与论述逻辑依然被学界用于描述21世纪初以来的民族地区现代化。从国家治理视角来看，这些反思性观点关涉着实现国家现代化和民族事务治理的三个基本议题。第一，国家如何定位民族地区现代化并发挥何种国家性的资源配置作用。第二，民族地区现代化的主体是谁及其参与和获益（最经典的学术争论体现为民族地区现代化究竟是"外来"还是"内生"）。第三，

---

① 参见方虹、杨云宝《少数民族地区现代化建设成功的关键在于创新》，《学术探索》2000年第4期。

② 参见闵文义、邓艾、王仁曾《西北民族地区发展社会主义市场经济的特殊性及对策研究》，《开发研究》1997年第6期。

③ 张炜、封希德：《经济文化发展与民族地区现代化研究——关于中国西部民族地区现代化问题的思考》，《西北民族大学学报》（哲学社会科学版）1993年第3期。

④ 马戎：《西方民族社会学的理论与方法》，天津人民出版社1997年版，第83—84页。

⑤ 赵显人：《关于民族地区经济发展情况、问题和建议》，《中央民族大学学报》1999年第5期。

民族地区现代化是一种什么样的现代化。由此表明，民族地区现代化不只是一个经济问题，也是一个政治问题。尽管民族地区曾面临"资源诅咒"① 难题，但随着中国特色社会主义现代化建设阶段性目标的完成，民族地区的经济社会发展尤其是在党的十八大以来发生了翻天覆地的变化。一方面，原有的"结构不合理论""人文生态失调论""文化障碍论""扩散—供给论""封闭循环论"已无法准确揭示当下民族地区现代化的图景。另一方面，上述五种归因列示的问题甚至被一些持极端主义观点的人用来当作质疑和否认我国民族政策的理由，并产生出中国民族问题的根源是体制缺陷的错误认识。因此，正确认识中国民族地区现代化的成效与经验，建构起能够阐释当代民族地区现代化图景的话语，是理解中国特色社会主义现代化有别于西方资本主义现代化，以及更好推进民族事务治理现代化的现实需要。

（二）民族地区现代化阐释逻辑的建构

在中国这样一个统一多民族社会主义国家，民族地区现代化不仅是一个地区经济发展问题，更是一个建设中华民族共同体的政治问题。建构一套与民族地区现代化实践相匹配的阐释体系，是铸牢中华民族共同体意识的必然要求。一方面，西方现代化理论体系并不能阐释中国特色社会主义现代化的实践。西方现代化理论体系，要么鼓吹欠发达国家的现代化就是西方文明进一步传播的过程，② 要么从"中心与外围""核心与边缘"的二元对立思维建构国家或地

---

① 1993 年，美国经济学家 Auty 在研究产矿国经济发展问题时提出了"资源诅咒"（Resource Curse）这一假说，即丰裕的资源对一些国家的经济增长并不是充分的有利条件，反而是一种限制；拥有丰裕自然资源的国家或地区经济发展速度反而较慢。参见 Richard M. Auty, Sustaining development in mineral economies: The resource curse thesis. London: Routledge, 1993.

② 梁中堂：《现代化：历史背景、动力及测度》，《经济问题》2003 年第 2 期。

区之间在发展上的剥削、依附关系。① 另一方面，20 世纪 80 年代之后形成且为国内学界长期沿用的民族地区现代化阐释性话语，无法解释中国特色社会主义新时代民族地区现代化图景。例如，有人认为，西部欠发达民族地区的现代化是少数民族居民个体的现代化和少数民族地区社会的现代化，也是少数民族族群的现代化。② 显然，这样的定义片面突出了民族地区现代化中的少数民族因素和某个领域，并不能准确反映民族地区现代化内涵的全貌。准确全面认识中国民族地区现代化，从根本上需要回答三个基本问题，即民族地区现代化是谁的现代化，是怎样的现代化，如何实现现代化。

1. 民族地区现代化的主体结构

民族地区现代化始终存在两类主体，即受益主体和建设实践主体，这两类主体都经历了一个演变发展的过程。民族地区现代化受益主体经历了由早期的以少数民族为主到民族地区各民族的拓展。随着发展环境和发展能力的改善，全国统一大市场参与度的提升，民族地区广阔的消费市场和丰富的自然资源越发广泛地惠及全国各地区的经济社会发展。其中，尤以民族地区作为生态安全屏障所提供的生态资源最为典型，对中华民族的永续发展提供了坚实保障。民族地区现代化的受益主体扩展表明，民族地区现代化建设的实践主体也经历了一个扩展的过程。中华人民共和国成立初期，民族地区现代化建设的实践主体更多是国家调派的工业技术和管理人才，民族地区当地人员较少参与。改革开放后，随着国家经济体制改革，越来越多的社会成员直接参与民族地区经济社会发展，对口支援民族地区的干部、技术人员在民族地区现代化中也发挥着重要的引领带动作用。党的十八大以来，在精准扶贫过程中，这种现代化建设

---

① 参见陶海洋《依附理论的发展及其主要观点》，《社会主义研究》2007 年第 5 期；安然《论沃勒斯坦的现代化思想》，《史学月刊》2006 年第 2 期。

② 杨志远：《西部欠发达民族地区现代化进程的路径分析》，《西南民族大学学报》（人文社会科学版）2016 年第 6 期。

实践主体性作用更为突出。建设实践主体和受益主体共同团结奋斗，不仅使民族地区当地成员的发展能力不断提升，也使民族地区现代化产生了越来越多惠及中华民族共同体的正外部效应，成为中华民族共同体建设的生动体现。因此，中国民族地区现代化不是某个民族的现代化，也不是少数民族的现代化，而是民族地区各民族全体成员共同的现代化。

2. 民族地区现代化的内容拓展

中华人民共和国成立以来，民族地区现代化的内容在各个历史时期都经历了扩展。中华人民共和国成立初期，民族地区现代化的内容主要表现为全域性的政治现代化和局部小区域的工业现代化相结合。改革开放后，国家推进经济体制改革，为民族地区和少数民族个体融入国家现代化、统一大市场破除了体制性约束。民族地区现代化内容开始拓展为"物质文明"和"精神文明"两大领域，民族地区经济社会发展的活力和社会成员的跨区域流动性、劳动生产积极性普遍增强，一系列社会民生事业蓬勃发展。进入新世纪新时期，全面建设小康社会成为民族地区现代化的实践内容，民族地区经济发展速度和社会建设水平都有明显提高。进入中国特色社会主义新时代，完成精准脱贫攻坚和全面建成小康社会成为民族地区现代化的最重要成就。正是在国家现代化从早期的工业现代化到"四个现代化"再到"社会主义现代化"的发展中，民族地区现代化的内涵越来越体现为促进人的全面发展和社会全面进步。

民族地区现代化是社会主义现代化的重要组成部分，本质上也是涵盖五大文明建设的现代化，富强、民主、文明、和谐、美丽也是民族地区现代化的基本特征。少数民族人口聚居的基本特点又决定了民族团结和民族事务治理是民族地区党政部门、干部群众日常工作生活中的重要内容，树立什么样的国家观、民族观等思想观念直接影响民族关系的巩固。因此，民族地区现代化的内容除了经济、政治、文化、社会、生态的现代化之外，还包括民族地区各民族群众思想观念的现代化和民族事务治理体系和治理能力现代化。英格尔斯（Alex Inkeles）认为，"如果执行和运用这些现代制度的人，自身还没有从心理、思想、态度和行为方式上都经历了一个向现代化的转变，失败和畸形发展的悲剧结局是不可避免的"①。习近平总书记强调"引导各族群众在思想观念、精神情趣、生活方式上向现代化迈进"②，正是要求在抓好物质层面的现代化同时，还要在思想观念等精神层面同步保持现代化。

民族地区现代化的内容也包含民族事务治理现代化。马克思主义关于"民族问题是社会总问题的一部分"的基本原理决定了解决民族问题，推进民族地区发展和巩固社会主义新型民族关系都应当放到国家现代化的实践之中。在民族地区现代化进程中，关键是要在党的领导、政府的依法管理下，不断拓展与全社会合作以及共同进行社会治理的路径与场域，将国家民族事务治理的目标融合于统一多民族国家的社会整体性的持续发展进步中。③

3. 民族地区现代化的路径演进

民族地区现代化是各民族共同团结奋斗、共同繁荣发展的现代化。中华人民共和国将民族平等作为立国原则之一，在《共同纲领》中明确了中国国内各民族在政治经济文化等领域的平等地位，破除了历史上形成的民族剥削和压迫问题，保障了少数民族和民族地区公平参与现代化进程。基于此，学界认为"民族地区现代化是政治现代化先行的现代化"。④ 由于民族地区缺乏必要的经济发展基础，国家从优先发展工业现代化开始就通过支援帮扶带动民族地区融入

---

① ［美］阿历克斯·英格尔斯等：《人的现代化》，殷陆君编译，四川人民出版社1985年版，第4页。

② 《以铸牢中华民族共同体意识为主线　推动新时代党的民族工作高质量发展》，《人民日报》2021年8月29日。

③ 马俊毅：《民族事务复合性治理战略及其现代化——以铸牢中华民族共同体意识为主线》，《中南民族大学学报》（人文社会科学版）2021年第11期。

④ 吴建国：《试论民族地区现代化的起点、分期和特点》，《西南民族大学学报》（人文社科版）2003年第6期。

国家现代化总进程。中华人民共和国成立初期，民族地区现代化的路径表现为国家通过资金、人才和技术支援，创办工业企业帮助民族地区局部小区域提升自然资源的开发效率，工业企业的发展也带动了民族地区主要干线铁路、道路等基础设施的建设。改革开放后，国家一方面从法治化角度建构起了帮扶民族地区经济社会发展的法律法规体系，另一方面则采取更加综合的帮扶措施推进民族地区现代化在多个领域取得进展。例如，国家实施了对口支援、兴边富民、西部大开发等重大帮扶机制。进入新世纪新时期，国家围绕全面建设小康社会总目标，以制订专项规划的方式提高了民族地区现代化的科学性及其在国家总体发展战略规划中的融入性。中国特色社会主义新时代以来，为了补齐全面建成小康的短板，国家在全国范围内调配资源开展精准扶贫，彻底解决了民族地区的绝对贫困问题。同时，"一带一路"倡议和生态文明建设使民族地区在国家构建新发展格局中的优势更具全局性、战略性。

综而观之，中国特色社会主义现代化建设作为一个有机整体，民族地区的繁荣，各兄弟民族的现代化，只有在整个国家和中华民族繁荣发展的前提下才能实现。[①] 民族地区现代化作为社会主义现代化的重要组成部分，是指民族地区各民族成员共同实现人的全面发展的现代化，经济、政治、社会、文化、生态、治理和思想观念现代化是我国民族地区现代化的基本内涵。民族地区现代化不是"西化"和"汉化"，而是中华民族共同体化。围绕国家现代化的阶段性目标和中华民族共同体建设任务，民族地区现代化全面协调地推进经济、政治、社会、文化、生态、治理和思想观念的现代化。民族地区的各民族干部群众与支援帮扶的干部群众在民族平等基础上，共同团结奋斗于中国特色社会主义现代化，形成了民族地区与国家之间、民族地区与其他地区之间、各民族之间的互助互惠互利关系。

---

① 陈连开：《中国现代化建设中的民族问题》，《中央民族大学学报》1994年第3期。

二 中华人民共和国成立以来民族地区现代化建设成效

（一）社会主义革命和建设时期的民族地区现代化

中华人民共和国成立后，中国共产党在国家建设模式上学习苏联优先发展重工业，工业化成为中华人民共和国成立初期国家现代化的集中体现。在国家工业化建设中，一方面帮助少数民族将赶上或接近汉族作为任务与目标，另一方面以在民族地区调派人才兴办工业企业的方式应对民族地区资源丰富但资源开发能力薄弱的结构性矛盾。这一时期民族地区在国家工业化建设中发挥了举足轻重的工业生产资源供给作用，民族地区现代化的内容总体上既表现为完成了民主改革和社会主义改造，也体现为工业产值的快速增加。据统计，各民族自治地方工业总产值1978年比1949年增长了近40倍。① 工业的快速发展也带动了民族地区基础设施的改善。"三线建设"在发展国防科技工业的同时，着力对我国西南、西北地区进行了综合性开发。例如，先后建成川黔、贵昆、成昆、襄黔、襄渝等10条铁路干线，共新增铁路8046公里；公路新增通车里程22.78万公里；新增内河港口吞吐能力3042万吨。较大地改变了我国腹地交通闭塞的状况。铁路、公路的开通，资源的开发，科研机构和大专院校的内迁，使西部民族省份涌现出几十个中小工业城市，其中攀枝花、六盘水、十堰、金昌等成为当时著名的新兴工业城市。② 全域性的政治现代化成果（民主改革和社会主义改造）为国家顺利推进

---

① 彩虹、张儒：《民族政策的丰硕成果——看〈全国民族工作展览〉》，《中国民族》1979年第5期。

② 马英民：《当代中国建设史上的创举——三线建设》，《北京党史研究》1997年第1期。

民族地区局部小区域的工业现代化（兴建工业企业）建构起了政治认同。尽管少数民族群众并不是人人参与和受益于工业生产活动，但在开发民族地区自然资源支援国家工业化建设的问题上形成了共同建设祖国的共识。为国家实施"全国一盘棋"战略和构建全国统一的经济体制、市场体系奠定了坚实基础。

（二）改革开放和社会主义现代化建设新时期的民族地区现代化

改革开放以来，"中国式的现代化""小康""社会主义物质文明"和"社会主义精神文明"等内生于中国实践的系列概念，建构起以"现代化"为核心的概念群，① 国家现代化理念的创新发展，也直接带动了国家改变对民族地区参与国家现代化的定位，支援民族地区建设现代化的理念与方式也因之转变。党在改革开放和社会主义现代化建设新时期民族工作任务中明确提出。民族地区不再只是国家工业现代化中的资源供给地，发达的农牧业资源、文旅资源在丰富全国市场经济大循环中的作用越发显现，得益于边境口岸优势的民族地区更是成为国家对外开放的"桥头堡"。例如，新疆外贸进出口总额由1980年的3600万美元增至1987年的3.46亿美元。②

国家转变对民族地区参与社会主义现代化的定位，促进了民族地区发挥多样化资源的比较优势融入国内和国际两个市场。而与这种定位转变相配套的是，国家也优化了扶持民族地区建设现代化的方式。一方面，保障少数民族及其个体发展权利的法制化举措增多。例如，1984年颁布了《中华人民共和国民族区域自治法》和《关于帮助贫困地区尽快改变面貌的通知》，这些法律政策为增强少数民族群众参与现代化的能力提供了保障和路径，为活跃民族地区经贸交

---

① 刘洪森、李昊天：《中华人民共和国成立以来中共"现代化"话语内涵的演进——一项概念史的考察》，《中共南京市委党校学报》2020年第4期。

② 白振声：《对外开放与我国民族地区的繁荣发展》，《中央民族学院学报》1990年第3期。

流提供了政策支持，少数民族在民族地区现代化中的主体地位得到彰显。另一方面，推进民族地区现代化的内容与措施更加综合全面。例如，1979年全国边防工作会议首次提出"对口支援"的概念与思路。1992年中央民族工作会议指明了民族地区现代化"加快经济发展、发展社会事业、坚持改革开放、坚持与完善民族区域自治、加强各民族大团结"的五项目标。① 2000年西部地区开发会议提出实施西部大开发战略要抓好"加快基础设施建设；加强生态环境保护和建设；积极调整产业结构；大力发展科技和教育；加大改革开放力度"五件大事。

改革开放以来，国家通过推进经济体制改革，为民族地区和少数民族个体融入国家现代化及统一大市场破除了体制性约束。一方面，民族地区少数民族人口跨区域流动增多，各民族交往交流交融的现实场景日趋多样。另一方面，邓小平于1988年提出"两个大局"战略构想，构建起了区域不平衡发展战略和"先富带后富"帮扶机制，民族地区在搭乘东中部地区先行现代化"顺风车"的基础上，获得了实现"跨越式现代化"的资金、市场、技术等驱动要素。2000—2007年间，国家对西部地区投入的各类财政转移支付累积近15000亿元，国债、预算内建设资金和部门建设资金7300多亿元，东部地区到西部地区投资经营的企业累计近20万家，投资总额15000多亿元。② 相比改革开放前，民族地区现代化在改革开放以来至21世纪初期取得了多个领域的综合性成就，地区发展能力和环境显著改善。

21世纪初期，为了推进全面建设小康社会，胡锦涛先后提出"构建社会主义和谐社会"和"社会主义生态文明"，并在中共十七

---

① 《中央民族工作会议在京举行　团结一致开创民族工作新局面》，《中国民族》1992年第3期。

② 搜狐网：《西部大开发8年纪实：经济增长最快　人民得实惠最多》，网址https://business.sohu.com，浏览时间2021年10月12日。

大报告中把"建设富强民主文明和谐的社会主义现代化国家"作为国家总体发展目标。① 国家现代化目标的发展也对民族事务治理提出了时代性要求。

在"共同团结奋斗、共同繁荣发展"的主题下，国家出台了推进民族地区现代化的综合性规划。例如，2003 年以来，《国家民委、财政部关于继续推进兴边富民行动的意见》②《国务院关于进一步推进西部大开发的若干意见》③《中共中央、国务院关于进一步加强民族工作加快少数民族和民族地区经济社会发展的决定》④《扶持人口较少民族发展规划（二〇〇五—二〇一〇）》⑤《少数民族事业"十一五"规划》⑥ 等相继出台。这些意见、决定、规划的作用在于：第一，提升了民族地区全面建设小康社会目标与项目设计的科学性，充分强调了人的现代化。在以人为本、全面协调可持续的科学发展观指导下，指导意见和规划立足于民族地区各族群众日常生产生活需要，在产业规划方面重点突出了民族地区特色产业的有序发展，并强化了对基层干部和城乡劳动力的技能提升。第二，增强了全社会对口支援民族地区的参与度。国家组织发达地区和大中城市、国有企业、民营企业等参与支援民族地区发展，积极动员帮扶主体发挥人员培训、捐资助学、经贸合作、援建基础设施、派驻干部蹲点帮扶等方面的作用。这些满足各族群众日常生产生活需要的建设项

---

① 《十七大以来重要文献选编》（上），人民出版社 2009 年版，第 16 页。
② 国家民族事务委员会、中共中央文献研究室：《民族工作文献选编（二〇〇三—二〇〇九年）》，中央文献出版社 2010 年版，第 7—12 页。
③ 国家民族事务委员会、中共中央文献研究室：《民族工作文献选编（二〇〇三—二〇〇九年）》，中央文献出版社 2010 年版，第 25—36 页。
④ 国家民族事务委员会、中共中央文献研究室：《民族工作文献选编（二〇〇三—二〇〇九年）》，中央文献出版社 2010 年版，第 90—108 页。
⑤ 国家民族事务委员会、中共中央文献研究室：《民族工作文献选编（二〇〇三—二〇〇九年）》，中央文献出版社 2010 年版，第 118—126 页。
⑥ 国家民族事务委员会、中共中央文献研究室：《民族工作文献选编（二〇〇三—二〇〇九年）》，中央文献出版社 2010 年版，第 219—236 页。

目和广泛深入且内容丰富的对口支援，不仅显著改善了当地的发展能力与环境，也强化了民族地区群众对"共同团结奋斗、共同繁荣发展"的体悟。

（三）中国特色社会主义新时代的民族地区现代化

全面小康作为"中国式现代化"阶段性目标，承载了中国人民对美好生活的向往，是党领导全国各族人民实现人的全面发展和社会全面进步的努力方向。"为了民族地区能够与全国其他地区同步全面建成小康社会，党中央从国家治理体系和治理能力现代化的理念出发，在帮助民族地区提升发展能力，更好融入国家现代化建设方面主要采取了三个方面的措施，即通过精准扶贫补齐全面建成小康社会的短板；通过'一带一路'倡议发挥民族地区在国家构建开放型经济新体制中的综合优势；通过强化生态安全屏障定位凸显民族地区绿色资源的战略性供给能力。这些系统性、战略性举措极大地促进在经济、政治、社会、文化、生态、民族团结进步创建、思想观念等方面取得突破性进展。"

1. 产业结构高级化和新兴产业飞速发展

中国特色社会主义新时代以来，民族地区经济总量不断攀升，民族八省区 GDP 总量由 2012 年的 51349.8 亿元增至 2020 年的 104491.74 亿元，年均增长率为 8.2%。民族地区经济总量持续提高，得益于中国特色社会主义新时代产业结构高级化和新兴产业飞速发展。2020 年民族八省区第三产业比重普遍超过 50%，[①] 第三产业的经济增长贡献率显著提升，其中新疆、西藏 2019 年第三产业的经济增长贡献率高达 66.3% 和 61.2%。[②] 围绕国家建设现代化经济体系要求，民族地区产业发展在绿色化、信息化、数字化、高端化方向迈出了坚实步伐。清洁能源、特色现代农牧业、新材料与先进装备

[①] 内蒙古第三产业比重在 2017 年升至 50%，详见内蒙古自治区 2017 年国民经济和社会发展统计公报。

[②] 依据相关省份 2012 年和 2019 年国民经济与社会发展统计公报整理计算。

制造、健康医药、现代物流、高新数字等成为民族地区"十三五"时期和"十四五"时期重点发展内容。得益于中国在新一代信息技术革命中拥有突出的技术和市场优势，民族地区成为大数据、云计算等新一代信息技术发展的重镇，数据这一新型生产要素在跨越地理限制方面的优势，加快了民族地区建设现代经济体系的步伐。

2. 干部群众参与国家事务管理得到有效保障

民族区域自治制度是我国民族事务治理体系和治理能力现代化的重要标志，为民族地区现代化进程中的政治现代化提供了制度保障。民族区域自治制度实施以来，民族地区的政治现代化水平不断提高。一方面，民族地区的民族区域自治法律体系不断完善。例如，西藏自治区成立以来，先后出台152部地方性法规和规范性文件。① 1979年以来，新疆维吾尔自治区人大及其常委会共制定地方性法规669件。② 另一方面，民族地区各族群众的选举权和被选举权得到充分保障。此外，少数民族党员干部队伍不断壮大。我国少数民族党员从2012年末的580.2万增至2021年6月初的713.5万，占全国党员比重由6.8%升至7.5%。③

3. 民生福祉水平与社会文明程度不断提升

"现代化的本质是人的现代化"，④ 为人民谋幸福是中国共产党的初心使命。2020年民族八省区的城镇化水平均达到了50%以上，其中内蒙古、宁夏和青海的城镇化率处于60%以上水平。人均可支配收入普遍实现翻倍增长，全部达到了2万元水平。居民人均可支配收入的增加也伴随着城乡居民收入差距的缩小，城乡居民人

---

① 中国政府网：《西藏和平解放与繁荣发展》，网址http：//www.gov.cn，浏览时间2021年10月18日。

② 中国政府网：《新疆各民族平等权利的保障》，网址http：//www.gov.cn，浏览时间2021年10月18日。

③ 依据《2012年中国共产党党内统计数据》和《中国共产党党内统计公报》计算得到，详见共产党员网（https：//news.12371.cn/dzybmbdj/zzb/dntjgb/）。

④ 《十八大以来重要文献选编》（上），人民出版社2014年版，第594页。

均可支配收入比显著下降。内蒙古、广西、新疆的城乡居民人均可支配收入比低于全国平均水平（2.56），中国特色社会主义新时代民族地区城乡居民共同富裕方面取得显著成效。从民族八省区城乡居民家庭收入结构发现，城镇居民家庭的工资性收入和转移性收入占比下降，经营性收入和财产性收入占比上升；①而农村居民家庭的工资性收入、转移性收入占比上升，经营性收入占比下降。例如，贵州城镇居民家庭工资性收入和转移性收入比重分别由2012年的61%和27%降至2020年的55%和18%，经营性收入和财产性收入比重分别由2012年的10%和2%升至2020年的17%和10%。西藏农村居民家庭工资性收入和转移性收入占比分别由2012年的21%和12%升至2020年的30%和17%，而经营性收入占比则由2012年的64%降至2020年的49%。②收入结构变化表明，中国特色社会主义新时代民族地区城乡居民的就业形态朝多样化趋势发展。随着新型城镇化和精准扶贫的推进，民族地区居民参与现代市场经济的资源总量和资源价值水平都有显著提升。

收入改善也对生活消费结构产生了积极影响。除西藏受益于国家在医疗和教育公共服务方面的减免费政策外，民族八省区其他省区居民的食品烟酒支出占比持续下降到了30%以下，而交通通信、生活用品及服务、教育文化娱乐、医疗保健等方面的消费支出占比均比2012年有显著提升。

人口平均预期寿命作为体现人口素质的核心指标被国内外学者广泛用于衡量国家或地区现代化水平。《2021世界卫生统计报告》显示，2019年全球人口平均预期寿命为73.3岁，欧洲和西太平洋区域分别为78.2岁和77.7岁。③中国特色社会主义新时代以来，民族八省区

---

① 西藏是唯一一个城乡居民转移性收入占比持续上升（2012—2020）的省份。

② 依据贵州和西藏2012、2020年国民经济与社会发展统计公报整理计算得到。

③ World Health Organization, "World health statistics 2021: monitoring health for the SDGs, sustainable development goals", Geneva, 2021, pp. 15-16.

的人口平均预期寿命，除西藏（71.1岁，2020年）外，均在全球人口平均预期寿命之上，具体为：内蒙古（77.56岁，2020年）、广西（77.52岁，2020年）、贵州（74.19岁，2018年）、云南（75.26岁，2020年）、青海（73.7岁，2020年）、宁夏（74.68岁，2016年）、新疆（74.7岁，2019年）。① 体现社会文明程度的一个重要指标是人口受教育水平。基于对"六普"和"七普"数据的比较发现，2020年，民族八省区每10万人中拥有大学文化程度的人数显著增加。其中贵州、云南和西藏均增加了一倍以上。相比2010年，15岁以上人口受教育年限增幅较大的有西藏、贵州、青海，分别增长了1.5年、1.1年和1年，其余省区也普遍增长了0.8年左右。② 人口预期寿命和人口受教育水平的变化表明，民族地区人口素质水平显著提高，在实现人的现代化方面迈出了坚实步伐。

4. 公共文化事业和文化资源化进程加快

为了推进民族地区的文化现代化，一方面，我国加强了以社会主义核心价值观为主要内容的国家公共文化建设。2012—2019年间，民族八省区群众文化机构组织文艺活动累计活动次数为42.1万余次。相比2012年，除云南和广西外，其余省区的群众文化机构组织文艺活动次数均实现了翻倍增长。③ 民族地区公共数字文化快速发

---

① 内蒙古数据来源于杨帆：《我区人均预期寿命77.56岁》，《内蒙古日报》2021年12月20日；广西数据来源于叶祯《2020年人均预期寿命提高至77.52岁》，《南宁晚报》2021年8月4日；贵州数据来源于"数说"贵州70年人口之变，《贵州都市报》2019年9月25日；云南数据来源于马新焕《我省人均期望寿命75.26岁全国进步幅度最大》，《民族时报》2021年5月26日；西藏数据来源于国务院新闻办公室网《国新办举行西藏经济社会发展情况新闻发布会图文实录》，青海数据来源于王紫《五年来我省人均预期寿命增至73.7岁》，《西宁晚报》2021年2月18日；宁夏数据来源于《全区602万人拥有健康档案 前年宁夏人均预期寿命74.68岁》，《银川晚报》2018年5月30日；新疆数据来源于中国政府网《新疆的人口发展》。

② 人口受教育水平数据依据《民族八省区第七次全国人口普查公报》（第五号）整理得到。

③ 依据国家统计局网站数据（https://data.stats.gov.cn/）整理计算。

展。以西藏为例，截至2019年，西藏地方特色资源和红色文化数字资源达50余部9.33TB，少数民族语言译制数字资源达4169小时。手机可访问资源期刊3600余种，推送公共数字资源4.6TB（音视频超过4000小时），资源年访问量超200万人次。① 民族地区文化资源和文化展现方式数字化水平的显著提高，不仅提升了民族地区各类文化内容的传播度，也极大地提高了文化交流的便利度。另一方面，我国充分保护和传承优秀民族文化，通过鼓励发展文旅产业等提升民族文化资源化水平，使民族地区的文化现代化过程充满活力。2019年，民族八省区接待国内外游客总数23.26亿人次，人均接待游客人次数为11.5，其中广西、云南、西藏、新疆的人均接待游客人次数分别为17.6、17.3、11.1和8.3。这意味着全国各地游客和民族地区城乡居民交往交流的广度显著提升。2019年，民族八省区旅游总收入为43071.75亿元，相当于地区生产总值的40%和地方财政预算收入的4.2倍。② 文旅产业已经成为民族地区的战略支柱产业，为民族地区现代化提供了强劲发展动力。

5. 生态安全屏障地位和绿色发展贡献突出

不同于中华人民共和国成立初期以来国家将民族地区自然资源主要用于发展工业，中国特色社会主义新时代以来，国家更加强调了民族地区生态对全国高质量发展的战略性支撑作用。在2021年考察贵州、青海、西藏时，习近平总书记对民族地区生态环保提出了明确要求，"努力走出一条生态优先、绿色发展的新路子"③，"进入新发展阶段、贯彻新发展理念、构建新发展格局，青海的生态安全

---

① 《"十三五"以来西藏文化工作发展综述：文化惠民更精彩》，《西藏日报》2020年10月28日。
② 依据民族八省区各省区2019年国民经济与社会发展统计公报数据整理计算。
③ 《向全国各族人民致以美好的新春祝福 祝各族人民幸福吉祥祝伟大祖国繁荣富强》，《人民日报》2021年2月6日。

地位、国土安全地位、资源能源安全地位显得更加重要"。① "保护好西藏生态环境,利在千秋、泽被天下。坚定不移走生态优先、绿色发展之路,努力建设人与自然和谐共生的现代化。"② 国家将民族地区定位为生态安全屏障,改变了民族地区长期以来在经济发展动能和产业结构升级过程中的滞后、被动态势。在生态优先、绿色发展理念下,高质量的生态资源及其衍生出来的产品,成为民族地区融入好、服务好国家构建新发展格局的突出优势。

6. 民族团结进步创建工作机制不断完善

围绕搞好中华民族大团结目标,我国民族地区积极开展了民族团结进步示范创建工作,越来越多的机关、企业、社区、乡镇、学校、寺庙等加入民族团结实践的行列中来,在全社会树立了多层次、多类型示范单位。截至 2021 年,民族八省区累计有 500 余个地区(单位)成为全国民族团结进步示范区(单位),每批次创建数量占全国的比重从 2014 年第二批的 39.8% 增至 2021 年第八批的 48.1%。③

7. 中华民族共同体意识日益深入到干群生产生活实践

党的十八大以来,建档立卡贫困户在此过程中逐步接受并适应现代化的生活理念与生活方式。这些思想观念的变化,增强了他们内生发展动力和过上美好生活的信心,也增强了他们参与精准扶贫脱贫攻坚的积极性。广大帮扶干部和受援群众在反贫困实践中一起体悟了共同团结奋斗和共同繁荣发展,民族地区积极开展中华民族视觉形象工程,"五个认同"的元素和符号越来越融入了各族群众的日常生活。以铸牢中华民族共同体意识为最主要体现的思想观念

---

① 《坚持以人民为中心深化改革开放　深入推进青藏高原生态保护和高质量发展》,《人民日报》2021 年 6 月 10 日。

② 《全面贯彻新时代党的治藏方略　谱写雪域高原长治久安和高质量发展新篇章》,《人民日报》2021 年 7 月 24 日。

③ 依据国家民委网站数据(https://www.neac.gov.cn/seac/xxgk/index.shtml)整理得到。

现代化，对民族地区干部群众的实践产生了直接的指导作用。一个最鲜明的例子就是越来越多的民族地区干部群众和师生参与到了国家通用语言文字的推广普及活动。

梳理四个历史阶段民族地区现代化建设成效发现，随着中国共产党对"现代化"话语的创新发展，在"全国一盘棋"理念下，民族地区在全国现代化进程中的地位不断上升。

三　民族地区现代化的基本经验

民族地区现代化建设成效的取得，不仅有赖于民族地区当地干部群众的自力更生和资源优势，更得益于国家在全国范围内的资源配置。国家在帮扶民族地区融入国家现代化进程中形成了一些基本经验，这些经验是中国特色社会主义现代化区别于西方资本主义国家现代化的重要体现。

（一）坚持党领导下的"全国一盘棋"与区域化、精准性帮扶相结合

民族地区总体而言发展不平衡不充分的问题相对突出，与东中部地区在多个领域存在不小差距。尤其是党的十八大之前，民族地区的贫困问题十分突出。为了破解民族地区现代化基础薄弱的难题，党中央在国家治理中坚持"全国一盘棋"原则，从建设全国统一的大市场、畅通全国大循环出发，将民族地区现代化纳入全国现代化统筹考虑，并将民族地区摆在了更加突出的战略位置。一方面，我国提出"一带一路"倡议，使西部民族地区转变为对外开放的前沿和"桥头堡"，民族地区参与全球化、现代化的比较优势和战略定位发生根本性转变。另一方面，国家从维系中华民族永续发展出发，在国家发展战略规划中将民族地区列为重要的生态安全屏障，成为构建新发展格局的战略性支撑。此外，国家发布《中共中央 国务院

关于新时代推进西部大开发形成新格局的指导意见》,[①] 促进民族地区高质量发展。由于民族地区在现代化进程中存在的一些涉及区域因素和民族因素的特殊性,国家也对民族地区给予了区域化和精准化的帮扶。例如,中央财政根据民族地区财政能力薄弱的情况加大了财政转移支付力度;针对人口较少民族的经济社会发展难题,国家出台《"十三五"促进民族地区和人口较少民族发展规划》。[②] 中国扶持人口较少民族政策蕴含的理念、行动、方法论以及国家构建等意义,持续彰显中国实践的特色与优势。[③]

(二) 以人民为中心努力实现各族群众对美好生活的向往

以人民为中心是民族地区现代化的基本原则。为了促进人的全面发展和社会全面进步,民族地区现代化的内容与路径,涵盖经济、政治、社会、文化、生态、治理和思想观念的各个方面。对民族地区现代化成效分析表明,民族地区现代化充分强调了人民的主体地位,各民族群众在民族地区现代化事业中的有效参与度不断提升,内生发展动力和能力逐步增强。有观点提出,只有将带有某种外在性的现代化过程"内在化"成为民族地区当地社会的一种自觉的过程的时候,现代化进程才能扎根,并真正成为一种社会进程。[④] 实际上,民族地区现代化已不再是一种"外在性"的进程,恰恰是民族地区各族群众在共同团结奋斗过程中自觉创造和追求的目标。在党的领导下,以人民为中心的基本原则不仅拓宽了民族地区现代化的

---

① 中国政府网:《中共中央 国务院关于新时代推进西部大开发形成新格局的指导意见》,网址 http://www.gov.cn/zhengce/2020-05/17/content_5512456.htm,浏览时间 2021 年 10 月 18 日。

② 中国政府网:《国务院关于印发"十三五"促进民族地区和人口较少民族发展规划的通知》,网址 http://www.gov.cn/zhengce/content/2017-01/24/content_5162950.htm,浏览时间 2021 年 10 月 18 日。

③ 石亚洲、高蕊、王锐:《中国扶持人口较少民族发展的实践经验研究》,《民族研究》2020 年第 5 期。

④ 周平:《边疆少数民族地区现代化进程中的"适应"问题》,《今日民族》2003 年第 5 期。

内容，并从根本上为民族地区各族群众完成人的现代化提供了根本性、自主性的实践路径。

（三）全国各地对口支援民族地区共同繁荣发展

共同团结奋斗、共同繁荣发展是民族地区现代化的本质特征，民族地区现代化建设成效离不开全国各地的对口支援。从1979年开始启动对口支援边境地区和少数民族地区，到中国特色社会主义新时代继续做好援藏、援疆工作和精准扶贫，全国各地支援民族地区的力度不断加大。1994—2020年，对口援藏省市、中央国家机关及中央企业分9批共支援西藏经济社会建设项目6330个，总投资527亿元，并选派9682名优秀干部援藏。① 自2010年启动新一轮对口援疆工作以来，19省市累计投入援助资金1035亿元，引进合作资金近1.8万亿元，1.5万余名援疆干部人才结对帮带培养了当地干部人才14.5万余人，从经济、科技、教育、医疗、人才等方面帮助新疆提升社会主义现代化水平。② 对口支援作为建设中华民族共同体的重大制度安排，充分体现了中国民族地区现代化是各民族共同团结奋斗、共同繁荣发展的现代化。

（四）以消除绝对贫困为全面建成小康社会夯实基础

党的十八大以来全面推进精准扶贫，与支持深度贫困地区脱贫攻坚密切相关。贫困是阻碍现代化的重要因素，贫困不仅使一个地区缺乏推进现代化的必要基础和条件，也使贫困家庭和个体缺乏参与现代化的理念和行动能力。围绕夺取全面建成小康社会伟大胜利的目标，中国特色社会主义新时代以来民族地区脱贫步伐显著加快，到2020年历史性地解决了民族地区的绝对贫困和区域性整体贫困问题。28个人口较少民族全部整族脱贫，中华人民共和国成立后的一

---

① 中国政府网：《西藏和平解放与繁荣发展》，网址 http：//www.gov.cn/zhengce/2021-05/21/content_ 5609821.htm，浏览时间2021年10月18日。

② 中国政府网：《同心逐梦绘"疆"来——新一轮对口援疆"国家行动"综述》，网址 http：//www.gov.cn/xinwen/2021-07/20/content_ 5626143.htm，浏览时间2021年10月18日。

些"一步跨千年"进入社会主义社会的民族,又实现了从贫穷落后到全面小康的第二次历史性跨越。① 民族地区历史性地摆脱绝对贫困并全面建成小康社会,使得民族地区的发展优势、条件和基础焕然一新,为参与全面建设社会主义现代化强国奠定了坚实基础。

(五) 以铸牢中华民族共同体意识引导思想观念迈向现代化

统筹两个大局,需要我们树立与实现中华民族伟大复兴目标相适应的现代思想观念,只有物质层面的现代化和精神层面的现代化相协调,各民族群众人的现代化才能全面完整,也才能形成建设社会主义现代化强国的磅礴力量。中国特色社会主义新时代以来,习近平总书记强调以铸牢中华民族共同体意识为中国特色社会主义新时代党的民族工作的主线,引领各族群众坚持增进共同性的方向,树立对共同性和差异性辩证统一关系正确认识,增强"五个认同",推动中华民族成为认同度更高、凝聚力更强的命运共同体。铸牢中华民族共同体意识充分体现于民族地区精准扶贫和小康社会建设之中,并指引各民族群众积极参与抗击新冠疫情和民族地区各项改革实践中。各民族群众通过共同团结奋斗,对国家利益和民族利益关系、社会主义民族关系、现代生活理念、人际交往模式等形成了更加理性而又充满"中华民族一家亲"温情的思想观念。在民族地区现代化建设的一系列能够增进共同性的实践活动中,中华民族是一个命运共同体的理念越来越深入人心。

---

① 《全国脱贫攻坚总结表彰大会在京隆重举行》,《人民日报》2021年2月26日。

第二章　中央财政补助与民族地区经济发展

丁赛

摘要：改革开放至今民族地区通过艰苦努力，在中央政府支持和东西对口支援帮扶下完胜脱贫攻坚，实现了跨越式发展。本章回顾了中华人民共和国成立至今，中央财政对民族地区的具体支持，并主要基于民族地区1992—2017年的中央财政补助数据，从铸牢中华民族共同体意识的角度，分析了中央财政补助规模的变化以及中央财政补助对民族地区财政平衡及对经济发展的作用；证实了"坚持各民族一律平等，铸牢中华民族共同体意识，实现共同团结奋斗，共同繁荣发展"的国家制度和国家治理体系的显著优势。主要结论为：中央政府秉持全国一盘棋的发展思路，民族地区获得的中央财政补助规模不断增加，在中央财政帮助下民族八省区实现了财政平衡，并证实了民族八省区获得的中央财政补助与经济发展之间的相互促进关系。最后，本章还对民族地区在"十四五"期间获得的中央财政补助的可持续性进行了分析。

关键词：中央财政补助；财政收入；财政支出；财政平衡

改革开放至今，民族地区通过艰苦努力，在中央政府支持和东西对口支援帮扶下实现了跨越式发展和翻天覆地的新变化；不仅解决了绝对贫困问题，也为实现第一个百年奋斗目标——全面建成小康社会作出了重要贡献。由于长期的历史原因、偏远的自然地理区位、脆弱严酷的生态环境，民族地区自新中国成立初期，在经济发展水平上与其他地区相比都相对滞后。为此，在改革开放的四十余年里中央政府以全国一盘棋的思路，不同的发展阶段专门制定了不同的向民族地区经济发展倾斜的稳定且连续的政策、措施。特别是进入21世纪，具体实施了西部大开发战略、兴边富民行动、扶持人口较少民族发展、打赢脱贫攻坚战、新时代推进西部大开发形成新格局等。民族地区近年来经济增长持续位居全国前列，靠的是党的坚强领导，靠的是民族地区各民族团结奋斗，靠的是中华人民共和国成立以来特别是改革开放以来积累的坚实物质基础及对民族地区发展的大力支持。而民族地区的生态功能、油气等矿产和电力资源，陆路边疆"一带一路"对外开放和拓展国家发展新空间，对全国建设和发展体现着"巨大优势"①。这也正是我国铸牢中华民族共同体意识的现实彰显。

一 中央财政对民族地区的支持

新中国建立后至改革开放初期，中国共产党和中国政府致力于在民族地区贯彻民族平等和民族区域自治制度。周恩来曾指出，如果少数民族在经济上不发展，那就不是真正的平等。

国家通过民族地区民主改革和社会主义改造、三线建设、制定向民族地区倾斜的经济发展政策等，使少数民族在祖国大家庭里得到了更多照顾，也切实加快了民族地区经济发展。

在对民族地区建设发展的支持方面，改革开放初期至20世纪末，国家连续出台了在资金上支持民族地区的政策。如1977年设立边境建设事业补助费；1992年设立少数民族发展资金，同年实施沿

---

① 郝时远：《把握主线和方向，汇聚要素和动力，铸牢中华民族共同体意识》，澎湃新闻，2021年7月6日。

边开放战略。1994年，随着少数民族地区矿产资源开放进程，国家调高了相关民族自治区的矿产资源补偿费比例；1996年国务院确定由15个东部发达省、市对口帮扶西部11个省区。

在战略支持方面，进入21世纪，国家专门针对民族地区制定并实施了西部大开发战略、兴边富民行动和扶持人口较少民族发展。特别是党的十八大以来，民族地区作为精准扶贫、脱贫攻坚的主战场，中央政府举全国之力帮助民族地区完胜脱贫攻坚，2020年开启了新时代推进西部大开发形成新格局的发展行动。

纳入西部大开发战略的12个省级地区，在推进和实施这一战略进程中，民族自治地方经济增长高于全国平均水平。中国地域辽阔、边境线长。针对边境地区的重要战略地位和特殊性，国家先后实施的"十一五""十二五"和"十三五"兴边富民行动规划，通过资金和政策投入的倾斜，使少数民族聚居的边境地区基础设施条件明显改善，人民生活水平显著提高，教育、文化、卫生等社会事业全面进步，对外开放水平持续提高。

对于人口较少的民族，2005年《扶持人口较少民族发展规划（2005—2010年）》颁布，这项规划针对22个人口10万以下的少数民族，这些民族普遍存在经济发展水平低、生产生活条件差、贫困问题较为突出和社会事业发展滞后等现实问题。规划实施的6年中，国家共投入各项资金37.51亿元，实施项目11168个，人口较少民族的生活面貌发生了历史性变化。《扶持人口较少民族发展规划（2011—2015年）》和《"十三五"促进民族地区和扶持人口较少民族发展规划》的核心目标则是确保人口较少民族到2020年实现与全国同步全面建成小康社会。

民族地区经济总体上参与国际国内产业分工能力弱，科技引领发展能力不强，创新、高端和产业技术人才缺乏，市场竞争氛围和竞争力不强；城镇化水平低，长期以来是贫困较为集中的地区。1986年在全国有331个县被列为国家级贫困县中少数民族聚居地区的贫困县占143个。1994年重新确定的全国592个国家重点扶持贫困县中，少数民族贫困县为 257 个，占 43.4%。西藏地区作为特殊区域，其内含的 74 个县（市、区）整体被纳入扶贫开发范围。①2012 年国务院扶贫办确定的 592 个国家扶贫重点县，位于民族地区的有 232 个，占比为 39.2%；在民族地区以外的民族自治州、自治县中有 67 个，两者之和占比为 50.5%。同年国家公布的 14 个集中连片特殊困难地区的 680 个县，位于民族八省区的有 292 个，占比为 42.9%；在民族八省区以外的民族自治州、自治县中有 129 个，占比为 61.9%。② 2018 年全国确定的 334 个深度贫困县和 3 万多个深度贫困村，主要集中在"三区三州"。③ 显然，民族地区仅仅依靠自身能力解决贫困和发展问题是不可能的。自改革开放以来，尤其是党的十八大以来，中央财政通过转移支付为主的财政补助着重帮助民族地区进行公共基础设施建设，并在教育、医疗、养老等民生需求上集中投资，缩小了民族地区和其他地区的差距；不仅帮助民族地区实现了财政动态平衡，而且在民族地区完胜脱贫攻坚，全面建成小康社会，巩固脱贫攻坚成效和实施乡村振兴，推进民族地区现代化进程起到了举足轻重的作用。累计投入 107 亿元用于生态安全屏障保护与建设规划。2017 年西藏的中央财政补助收入占全部预算财政支出的 89.8%；2018 年该比例是 86.8%，略微下降了 3 个百分点；2019 年又重回 89.8%。从绝对值上，2017 年西藏的中央财政补助收入是 15107587 万元；2018 年增加到 17047933 万元，增幅为 12.8 个百分点；2019 年中央财政补助收入升至 19638004 万元，增幅为 15.2%。④ 西藏 2021 年确保全年落实中央投资 500 亿元以上，

---

① 郝时远：《中国特色解决民族问题之路》，中国社会科学出版社 2016 年版，第 192 页。

② 张丽君、吴本健、王飞、马博等：《中国少数民族地区扶贫进展报告（2017）》，中国经济出版社 2017 年版，第 4—5 页。

③ 丁赛：《民族地区精准扶贫中低保瞄准的分析》，《西北民族研究》2020 年第 1 期。

④ 根据《西藏统计年鉴 2020》中数据计算得到。

全社会固定资产投资增长5%以上①。

民族地区近年来的经济快速发展得益于大规模的固定资产投资拉动，政府力量成为地区经济发展的支撑。自1996年至今，民族八省区GDP年均增速超过全国GDP增速，成为我国经济发展最快地区，民族八省区占全国GDP的比例从1978年的1.6%上升至2020年的10.3%。② 中央政府用实实在在的行动彰显了"坚持各民族一律平等，铸牢中华民族共同体意识，实现共同团结奋斗，共同繁荣发展"的国家制度和国家治理体系的显著优势。

本章将从铸牢中华民族共同体意识的视角，着重分析中央财政补助对民族地区财政平衡的具体作用，以及对民族地区经济发展的影响。

二 研究文献回顾与评论

回顾改革开放40多年的财政改革历程，不难发现中国财政职能的发挥并没有遵循市场经济体制下某一种既有的财政理论，或按照某一种既有的财政实践模式来设计财政的改革路径，而是基于中国自身改革发展实践的现实要求，不断调适能够为中国改革与发展提供保障和激励的财政制度架构。③ 在我国的民族地区，尤其是党的十八大后民族地区精准扶贫、脱贫攻坚战的开展，地方财政在国家经济社会发展的总体战略下发挥了服务于经济与社会的发展需要的职能。正如吕炜等所指出，在中国共产党领导下，始终坚持财政为建立和巩固社会主义国家政权服务；在社会主义制度下，始终坚持为我国现代化建设服

---

① 齐扎拉：《西藏自治区政府工作报告（2019年）》，《西藏日报》2019年1月29日。

② 根据民族八省区历年统计年鉴数据计算得到。

③ 吕炜、张妍彦、周佳音：《财政在中国改革发展中的贡献——探寻中国财政改革的实践逻辑》，《经济研究》2019年第9期。

务，这是中国财政的政治属性。其最具开创性和突破意义的历史贡献是在坚持社会主义制度前提下探索和形成了通过市场经济改革推进现代化国家建设的新道路、新模式，在"社会主义+市场经济"的实践中不断发展和完善中国特色现代财政制度和理论体系。①

财政平衡意味着政府拥有的财力能够满足政府的支出责任，因而成为各国财政政策中的重要内容。财政平衡思想从传统观点认为政府的财政行为应以节俭为考虑的原则，每一年度的财政收支结果都应是平衡的②；发展到从整个国民经济来考虑财政政策的影响，为解决失业问题的功能性财政平衡；再到与产业循环周期相适应而采用财政政策的周期财政平衡和充分就业预算平衡，以及目前我国强调的财政动态平衡，都体现了财政预算收支平衡的核心。从经济发展角度看，政府对经济的调节通过财政政策发生作用，而其力度主要依赖财政支出的规模。无论是改革开放初期到完成计划经济向市场经济转型（1978—2012年）还是十八届三中全会赋予财政新定位——财政是国家治理的基础和重要支柱，中央和地方的财政收支都是围绕着政府总体目标，促进了经济的快速发展，推动了国家现代化进程。

财政动态平衡是政府财政存续的必要条件，是衡量政府财政风险和能力的重要指标，财政动态平衡受多种因素影响，经济增长状况、财政政策及收支状况、政府宏观调控及获取资源的能力等都会影响其状态和变动情况③。中华人民共和国成立初期，在当时社会、政治、经济条件下，主管财政工作的陈云同志提出了"三大平衡"的观点，即财政收支、信贷收支、物资供需的平衡，其中物资平衡是基础，财政平衡则是关键。④ 伴随着计划经济向市场经济的转型，

---

① 吕炜、靳继东：《财政、国家与政党：建党百年视野下的中国财政》，《管理世界》2021年第5期。

② 参见 J. Burkhead, *Government Budgeting*, New York: John Wiley & sons, 1967。

③ 白彦锋、姜哲：《我国财政动态平衡问题研究》，《中央财经大学学报》2019年第1期。

④ 刘德雄：《陈云同志的财政思想述论》，《财政研究》1995年第6期。

经济发展呈现了上下波动的不均衡特点，财政平衡也相应转化为以"财政收支平衡，略有节余"的财政思想为核心，引导国家财政围绕其核心均衡运行。① 伴随着放权让利的改革，更多的资源配置给地方和企业，民间资金的规模也逐渐扩大，社会承债能力大幅增加，财政赤字不再货币化。总体上看，给经济带来的收益超过了成本。财政赤字增强了政府可支配财力，促进了经济的稳定增长，为改革开放提供了财力支持。②

经济的稳定与增长是包括财政政策在内的一切政策实施的基础，而财政政策的实施也是为了达到促进经济增长的最终目标。经济政策目标实现的同时，社会政策目标也相应地容易实现。Adolph Wagner 于 1863 年提出国家的活动是生产性的，财政支出也是生产性的，并主张扩大财政支出。由于瓦格纳首次阐释了政府财政支出规模和经济发展之间的关系，因此被称为瓦格纳法则。③ 之后，很多财政和政治经济学的学者基于此对瓦格纳法则不断进行理论上的拓展并以不同国家的截面数据进行验证。通过一国长期的时间序列数据或不同国家截面数据进行实证分析后，均得出了财政支出与经济发展呈现了正向关系的结论。④ 而且有研究发现以人均 GDP 为衡量标准的经济发展水平低的国家，财政支出规模扩大对经济的促进作用

---

① 孙学文：《略论财政均衡政策与财政平衡政策》，《财经问题研究》1997 年第 10 期总第 167 期。

② 杨志勇：《新中国财政政策 70 年：回顾与展望》，《财贸经济》2019 年第 9 期。

③ Wagner A. H. G., 1883, Finanzwissenshaft Leipzig: C. F. Winter。

④ Bird R. M., Wagner's Law of Expending State Activity, *Public Finance XXVI* (No. 1 1971): 1-26; Sohrab Abizadeh and John Gray, Wagner's Law: A Pooled Time-Series, Cross-Section Comparison, *National Tax Journal*, June, 1985, Vol. 38, No. 2 (June, 1985), pp. 209-218; Akitoby B., B. Clements, S. Gupta and G. Inchauste (2006), "Public Spending, Voracity, and Wagner's Law in Developing Countries", *European Journal of Political Economy*, 22, 908-92; Thornton J. (1999), "Cointegration, Causality and Wagner's Law in 19th Century Europe", *Applied Economics Letters*, 6, 413-416; Dick Durevall and Magnus Henrekson, "The futile quest for a grand explanation of long-run government expenditure": *Journal of Public Economics*, 95 (2011) 708-722.

越显著。① Tobin 利用 1978—2001 年的中国经济发展和财政支出数据分析后，证实了瓦格纳法则在中国同样适用。② 戚昌厚、岳希明利用 2011 年 GFS 和 WDI 数据库的截面数据，计算结果证实了政府财政支出总额及其构成与人均 GDP 之间的正向关系，也就是经济发展与财政支出之间的瓦格纳法则成立。③ 显然，经济发展与政府财政支出规模扩大的相同态势下，通过衡量一国的财政支出规模和结构，可以反映经济发展中政府职能的变化和公共政策倾向。

本章对于财政支出规模和经济发展之间关系的关注与之前的研究有所不同，将证明中央财政长期对民族八省区的财政补助以增加其地方财政支出进而促进经济发展的作用，揭示民族地区作为全国经济大局的一部分，彰显出铸牢中华民族共同体意识的必要性和现实意义。

三 民族地区的财政收入与财政支出

中华人民共和国成立初期至改革开放前，我国的财政体制是统收统支，并将"当年财政收支平衡，略有结余"作为一条基本的财政方针，这在中华人民共和国成立初期促进了经济发展，稳定了物价。全国财政收入和财政支出（文中的财政收入和财政支出如无特殊说明，均指财政收入决算和财政支出决算），1952—1978 年财政收入和支出基本平衡，财政收入和财政支出的比例除了 1960 年（89%）外呈现出 106%—96% 的小幅平稳波动。根据已公布的民族

---

① Serena Lamartina and Andrea Zaghini, 2010, "ncreasing Public Expenditure: Wagner's Law in OECD Countries", *German Economic Review*, 12 (2): 149-164.

② Tobin D., "Economic Liberalization, the changing role of the State and Wagner's Law: China since1978'", *World Development*, 33 (5) 729-74.

③ 戚昌厚、岳希明：《财政支出与经济发展关系——对瓦格纳法则的新解释》，《经济理论与经济管理》2020 年第 7 期。

地区［五个自治区和少数民族自治州、县（旗）］历年财政收支情况（1952—2018 年），财政收入和财政支出的差额从 1952 年的财政收入大于财政支出 0.57 亿元，到 1960 年财政收入少于财政支出 13.68 亿元，再到 1978 年财政收入少于财政支出 42.56 亿元。在财政收入和财政支出的相对比例上，民族自治地方波动幅度为 113%—49%；五个自治区总体的波动幅度为 114%—49%，其中 1976 年是最低点 39%；民族自治州、县（旗）的财政收支比例波动幅度是 109%—50%。因此，民族地区整体、五个自治区和自治州、县（旗）的财政收入占财政支出的比例下降速度都明显快于全国。

　　改革开放后，在计划经济向市场经济的转型过程中财政收入小于财政支出的财政赤字会相应地扩张社会总需求，有利于促进经济的快速发展已经成为共识。以量入为出和量出为入相结合体现在财政工作中，随着经济运行非均衡性特点日益显现，财政作为政府调控的主要方式也是最强有力的手段所起的作用也越来越重要。1998 年以来我国实施积极的财政政策，即以增发国债扩大财政支出缓解财政收入有限约束的同时也在着力构建公共财政体制框架。十六届三中全会（2003 年）通过的《关于完善社会主义市场经济体制若干问题的决定》，指出公共财政体制框架已经初步建立，做出了进一步健全和完善公共财政体制的战略部署。2012 年至今我国的财税体制围绕建立现代财政制度不断深化改革。

　　1979—2003 年，全国财政收入占财政支出的比例从 89.44% 升高至 103% 再回到 88.10%；2004—2012 年，全国财政收入比例从 92.66% 微调到 93.09%；2013 年至今又降至 83%。1979 年民族自治地方财政收入低于财政支出 53.97 亿元，之后这一差额逐年增加，1990 年财政收支差额为 137.63 亿元；2000 年扩大到 719.41 亿元；2010 年继续快速增长至 7376.88 亿元；直至 2018 年的 20492.29 亿元。从相对比例上看，1979—2003 年民族自治地方的财政收入与财政支出的比例从 38.65% 继续下降至 31.74%，下降到 2018 年的最低点 26.79%；五个自治区总体变动情况与民族自治地方基本一致，从

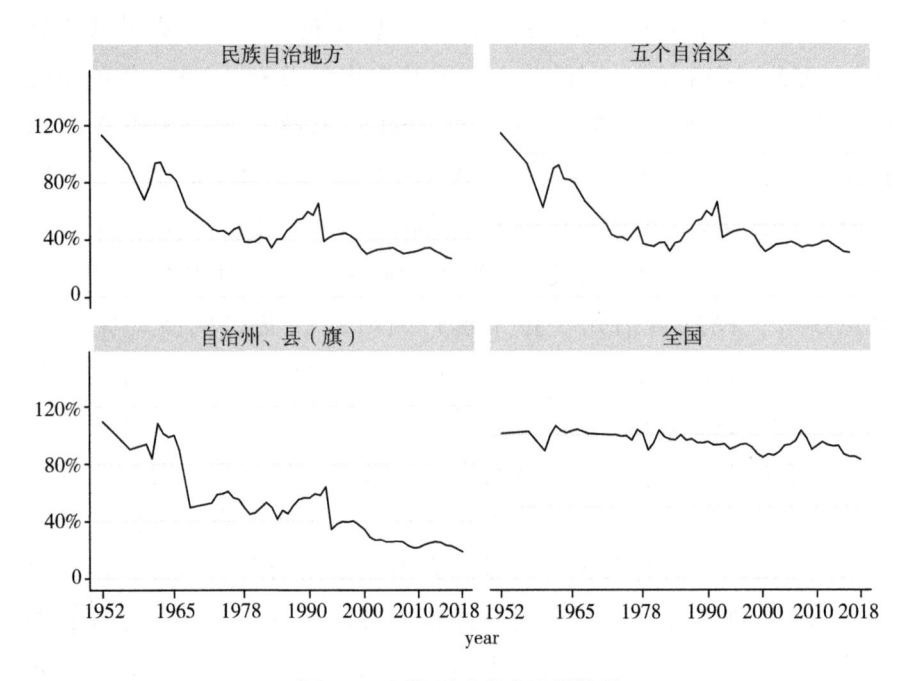

图 2-1　历年财政收支比例情况

数据来源：历年《中国财政年鉴》、民族八省区财政年鉴。

1979 年的 37%，经过 1987 年到 1993 年的小幅上升后下降到 2018 年的 33%；民族自治州、县（旗）该比例从 1979 年的 45% 下降到 2018 年的 18.64%。

表 2-1　　　　　　　民族八省区财政收支差额　　　　　　单位：亿元

	内蒙古	广西	贵州	云南	西藏	青海	宁夏	新疆
1992	33.00	17.28	13.36	12.27	15.53	10.46	8.14	30.02
1993	32.16	22.52	10.89	-4.33	20.04	11.17	8.54	29.58
1994	56.53	62.67	42.99	127.03	24.76	18.36	12.20	42.40
1995	58.48	61.15	46.53	136.75	32.72	20.2	19.87	58.12
1996	69.13	66.50	50.12	140.38	34.41	23.13	16.84	66.58
1997	76.83	71.68	55.95	162.78	35.24	25.55	19.56	68.83
1998	92.65	78.69	67.75	159.77	41.68	31.32	27.37	80.61
1999	113.23	91.41	96.45	205.38	48.68	41.55	30.70	94.97

续表

	内蒙古	广西	贵州	云南	西藏	青海	宁夏	新疆
2000	152.24	111.43	116.34	233.36	54.58	51.68	40.01	111.88
2001	219.83	172.98	175.45	305.15	98.46	81.47	66.00	168.23
2002	280.82	233.13	208.39	320.13	130.54	97.63	88.09	244.70
2003	308.54	239.94	207.8	358.35	137.76	98.00	75.75	240.25
2004	367.35	269.70	269.13	400.27	123.81	110.34	85.55	265.3
2005	404.42	328.44	338.23	453.66	173.42	135.93	112.53	338.70
2006	468.76	386.94	383.83	513.61	185.64	172.42	131.85	459.01
2007	589.94	567.12	510.26	648.50	255.23	225.49	161.82	509.29
2008	803.90	778.69	705.95	856.18	355.78	292.03	229.60	698.30
2009	1075.98	1000.83	955.79	1254.09	440.04	399.01	320.79	958.13
2010	1203.52	1235.60	1097.75	1414.53	514.39	603.66	403.98	1198.33
2011	1632.54	1597.56	1476.32	1818.44	703.35	815.66	485.93	1564.06
2012	1873.24	1819.17	1741.63	2234.55	818.76	972.63	600.4	1811.1
2013	1965.54	1894.07	1876.5	2697.68	919.29	994.19	614.14	1938.63
2014	2036.31	2057.51	2176.13	2739.92	1061.24	1095.75	660.59	2035.45
2015	2288.48	2550.35	2436.12	2904.68	1244.33	1248.03	765.04	2474.02
2016	2496.28	2885.43	2701.02	3206.57	1431.98	1286.29	866.88	2839.3
2017	2826.72	3293.42	2998.68	3826.8	1496.11	1284.24	955.19	3170.72

资料来源：根据历年《中国财政年鉴》、民族八省区财政年鉴中财政收入决算数和财政支出决算数计算得到。

表 2-1 中数据表明，民族八省区的财政赤字逐年增加。横向比较，1992 年内蒙古的财政赤字位居民族八省区之首，当时内蒙古的经济规模和发展水平也是名列八省区第一。云南自 1994 年开始，其赤字规模就超越内蒙古成为民族八省区之冠。2017 年，财政赤字最多的前三名分别是云南、广西和新疆。纵向比较看，也就是 2017 年八省区的财政赤字和 1992 年相比，内蒙古为 86 倍；广西是 191 倍；贵州是 224 倍；云南是 312 倍；西藏是 96 倍；青海是 123 倍；宁夏

是 117 倍；新疆是 106 倍。

表 2-2　　　　　民族八省区财政收入和支出比例　　　　单位：(%)

	内蒙古	广西	贵州	云南	西藏	青海	宁夏	新疆	全国
1992	54.22	77.98	77.97	89.91	6.54	43.8	48.71	46.48	93.08
1993	63.57	80.99	83.84	102.16	7.22	50.44	55.95	54.29	93.68
1994	39.1	49.84	42.09	37.65	18.27	27.63	37.02	40.37	90.08
1995	42.77	56.51	45.47	41.83	6.16	29.85	31.12	39.71	91.48
1996	45.3	57.65	49.67	48.08	7.73	29.28	42.96	42.05	93.33
1997	46.24	58.04	49.97	48.03	8.03	29.94	41.85	44.20	93.69
1998	45.6	60.33	49.09	51.29	8.59	28.97	39.34	44.79	91.46
1999	43.33	59.37	43.5	45.67	8.98	25.44	38.02	42.89	86.78
2000	38.43	56.89	42.28	43.65	5.84	24.3	34.23	41.41	84.32
2001	31.14	50.81	36.25	38.53	5.3	19.57	29.47	36.11	86.69
2002	28.67	44.48	34.19	39.24	5.59	17.77	23.11	32.25	85.72
2003	31.01	45.91	37.48	38.99	7.49	19.7	28.39	34.80	88.09
2004	34.88	46.85	35.68	39.68	6.49	19.66	30.46	36.98	92.66
2005	40.69	46.29	35.05	40.8	7.27	19.92	29.78	34.74	93.28
2006	42.28	46.96	37.14	42.52	7.27	19.68	31.76	32.35	95.89
2007	45.49	42.48	35.85	42.87	7.31	20.1	33.09	35.95	103.09
2008	44.73	39.97	33.01	41.77	6.54	19.68	29.27	34.08	97.98
2009	44.16	38.29	30.35	35.76	6.4	18.03	25.81	28.86	89.80
2010	47.06	38.45	32.71	38.11	6.65	15.44	27.54	29.46	92.46
2011	45.39	37.23	34.37	37.93	7.22	15.69	31.16	31.54	95.08
2012	45.32	39.06	36.8	37.46	9.56	16.08	30.54	33.42	93.09
2013	46.68	41.06	39.14	37.39	9.37	19.04	33.43	36.79	92.15
2014	47.52	40.87	38.58	38.26	10.48	18.68	33.97	38.65	92.48
2015	46.19	37.27	38.16	38.37	9.93	17.63	32.8	34.98	86.58
2016	44.68	35.04	36.63	36.11	9.82	15.64	30.9	31.39	85.01
2017	37.6	32.09	34.99	33.02	11.05	16.09	30.42	31.62	84.99
1992—2017年平均值	43.16	48.49	41.93	44.81	8.12	23.00	33.89	37.31	91.27

资料来源：根据历年《中国财政年鉴》、民族八省区财政年鉴中财政收入决算数和财政支出决算数计算得到。

从财政收入和财政支出的相对比例上看，1992年同全国相比，云南的财政收支比例最接近全国平均水平，广西和贵州该比例低于全国平均水平约13个百分点；内蒙古、宁夏、新疆和青海都在全国平均水平的58%—47%；只有西藏该比例仅为6.54%。之后，民族八省区财政收支比例逐渐下降，虽然中间有小幅上升但没有改变下降的趋势。2017年，全国的财政收支比例较之1992年下降了8个百分点；内蒙古自身下降了17个百分点；广西下降了46个百分点；贵州下降了43个百分点；云南下降了57个百分点；青海下降了28个百分点；宁夏下降了18个百分点；新疆下降了15个百分点；只有西藏增加了4个百分点。2017年民族八省区中财政收支比例最高的内蒙古相当于全国财政收支平均水平的44%，最低的西藏相当于全国财政收支水平的13%。

这样的财政收支状况既说明了民族地区自身经济发展水平较低，也说明了依靠民族地区自身实力难以达到财政收支动态平衡。

四 西藏自治区县域经济的发展与财政收支分析

（一）西藏县域经济的发展

伴随我国城镇化进程加快，有序撤县设市对于推进城镇化持续健康发展具有重要意义。党的十八届三中全会将具备行政区划调整条件的县有序改市作为全面深化改革的重要任务；"十三五"规划纲要明确提出以提升质量、增加数量为方向，加快发展中小城市，符合条件的县和特大镇可有序改市的目标任务，将培育形成一批功能完善、特色鲜明的新生中小城市作为新型城镇化建设重大工程之一[①]。西藏自治区撤地设市、撤县建市进程也在2014年后明显加快，

---

① 《民政部有关司局负责同志就撤县设市答记者问》，《中国社会报》2017年5月27日。

西藏自治区将撤县（市）设区作为中心城市扩容的主要途径。2014—2017年，林芝市的林芝县、山南市的乃东县、那曲市的那曲县、昌都市的昌都县分别被改为了巴宜区、乃东区、色尼区和卡若区；以及日喀则市辖区当时为县级日喀则市，现为桑珠孜区。堆龙德庆县改区；拉萨市的达孜县改区①。撤县设区不是简单的行政区划变化，而是区域经济发展达到一定程度的必然结果。因此，为了便于更科学地比较不同县域的发展水平，将上述区域未包括在县域分析范围之内。

西藏自治区2021年的行政区划共分为7个地级市，下辖8个市辖区，66个县。全区县域具体包括农业县29个，牧业县14个，半农半牧县23个。其中边境县21个，"一江两河"开发县13个；粮食基地县11个其中含农业县10个，半农半牧县1个。西藏2010年至2018年人口增加了10.18%；66个县域人口从2010年的218.41万人增至2018年的254.76万人，人口增长16.64%，明显高于全区平均水平，占比从2010年的72.75%小幅升至2018年的74.1%②，说明县域是西藏全区人口分布最集中、增长最快的区域。西藏自治区2022年政府报告中强调要加快县域经济发展，促进城乡融合、区域联动。

本部分对西藏2021年行政区划中66个县域经济的分析将聚焦于2013年至2019年，其原因一是党的十八大后西藏经济社会发展进入了快车道，二是西藏各县生产总值统计数据均是从2013年开始公布，更便于比较分析。此外，本节选择人均生产总值而非生产总值作为分析西藏自治区县域经济状况的指标，也是由于西藏人口规模小，不同县域的人口规模不同，人均生产总值更能体现实际经济状况，也便于横向和纵向比较。因个别县域相关年份的统计数据缺失，为便于比较，将缺失数据的县域不包括在分析范围内。

---

① 摘自西藏自治区发改委相关资料。
② 根据历年《西藏统计年鉴》计算得到。

表2-3　　西藏自治区2013—2019年不同类型和地区县域
人均GDP与全区人均GDP的比较　　　　单位：（%）

	2013	2014	2015	2016	2017	2018	2019	2013—2019年均值	样本量
西藏自治区	100	100	100	100	100	100	100	—	—
全区县域	64.08	64.3	60.34	60.8	62.88	60.9	61.22	62.07	64
不同类型县域									
农业县	71.5	73.22	69.64	70.97	71.76	70.64	71.11	71.26	29
牧业县	54.27	54.2	54	54.43	55.45	52.97	53.98	54.19	12
半农半牧县	58.95	57.32	51.31	50.78	54.95	52.33	52.15	53.97	23
粮食基地县	70.99	72.28	68.16	68.84	69.09	69.37	69.16	69.70	9
边境县	72.99	73.18	69.64	71.89	77.02	73.96	75.98	73.52	20
一江两河开发县	74.2	76.58	68.02	71.71	72.07	71.02	64.7	71.19	13
不同地区县域									
拉萨市	102.19	105.47	88.64	90.96	93.13	92.41	70.7	91.93	5
日喀则市	53.64	54.01	51.56	53.74	55.07	52.45	51.83	53.19	16
昌都市	52.76	51.28	47.42	44.96	47.37	46.67	48.31	48.44	10
林芝市	115.3	115.53	117.2	116.2	119.3	117.6	124.3	117.9	6
山南市	77.49	81.31	76.67	82.16	86.32	85.26	94.51	83.39	11
那曲市	46.06	44.1	42.82	42.53	42.94	40.86	43.91	43.32	9
阿里地区	63.49	63.96	62.18	61.07	62.44	58.79	63.82	62.25	7

注：根据历年《西藏统计年鉴》和历年《中国县域统计年鉴》计算得到。

上表中数据显示，2013—2019年西藏自治区66个县所含的日喀则市的萨嘎县和那曲市的双湖县因个别年份统计数据不全故而剔除，余下的64个县有完整统计数据作为分析对象。64县的人均GDP与全区人均GDP相比，从64%波动下滑至61.22%，表明县域人均GDP同全区人均GDP的差距小幅扩大。农业县、牧业县和半农半牧县三类县域中，农业县的人均GDP显著高于牧业县和半农半牧县，2013—2019年，农业县和牧业县的人均GDP和全区平均水平相比小幅波动但总体变化不大。半农半牧县的人均GDP与全区的比值2019年较之2013年下降了近7个百分点。一江两河开发县该比值下降幅度是6种县域类型中降幅最大的，约9个百分点。粮食基地县该比值窄幅波动变化不大；边境县的人均GDP与全区平均水平相比波动中上升，虽然只上升了3个百分点，却是不同的6种县域中唯一增长的县域。

在7个不同地区中，林芝市下属的6个县域在2013—2019年人均GDP始终超过了全区人均GDP，山南市下属县域的人均GDP水平与全区人均GDP差距逐渐缩小。拉萨市的5个县人均GDP与全区人均GDP相比，从超出到低于，两者差距变化较大，尤其是2019年扩大显著，2019年同2013年相比下降了29个百分点；日喀则市、昌都市、那曲市的县域都是小幅波动中略有下降；阿里地区7个县域在2013—2019年虽有波动，但基本保持平稳。

表2-4　　西藏自治区2013—2019年不同类型和地区县域人均GDP的年增速　（上年＝100）单位：（%）

	2014	2015	2016	2017	2018	2019	2013—2019年增长幅度（%）	样本量
西藏自治区	9.0	8.8	7.6	7.0	6.7	6.2	60.47	—
全区县域	8.92	0.09	8.09	13.83	7.14	5.94	51.86	64
不同类型县域								
农业县	11.17	1.44	9.32	11.29	8.90	6.09	58.09	29
牧业县	8.40	6.27	8.12	12.12	5.67	7.41	58.10	12
半农半牧县	5.55	-4.53	6.15	19.12	5.33	5.01	40.60	23
粮食基地县	10.52	0.57	8.33	10.47	11.06	5.07	54.85	9
边境县	8.83	1.50	10.72	17.92	6.23	8.27	65.46	20
一江两河开发县	12.04	-5.27	13.08	10.63	9.00	-3.99	38.61	13
不同地区县域								
拉萨市	12.03	-10.36	10.07	12.69	9.76	-19.37	9.97	5
日喀则市	9.29	1.81	11.80	12.80	5.36	4.13	53.58	16
昌都市	5.50	-1.37	1.70	16.78	8.21	9.10	45.54	10
林芝市	8.77	8.22	6.29	13.06	9.00	11.42	71.37	6

续表

	2014	2015	2016	2017	2018	2019	2013—2019年增长幅度（%）	样本量
山南市	13.90	0.57	14.94	15.65	9.26	16.81	93.86	11
那曲市	9.70	3.57	6.53	11.13	5.27	13.25	51.51	9
阿里地区	9.35	3.69	5.36	12.53	4.15	14.40	59.78	7

注：根据历年《西藏统计年鉴》和历年《中国县域统计年鉴》计算得到，表中增速计算已用历年西藏居民消费价格指数进行了调整。

上表中 2013—2019 年西藏全区县域人均 GDP 的增长速度相对于全区人均 GDP 平稳增速相比，呈现了明显的起伏变化的下降趋势。在六种不同类型的县域和七个市或地区的下属县中也表现出同样的态势。波动最为强烈的时间点为 2015 年、2017 年和 2019 年。此外，增速出现负值的有半农半牧县、一江两河开发县和拉萨市、昌都市的县域。2013—2019 年扣除物价因素后的实际增幅，西藏自治区人均 GDP 为 60.47%，全区县域人均 GDP 的增幅低于全区人均 GDP 增幅近 8 个百分点。在六种不同类型县域中，超过全区人均 GDP 增幅的只有边境县；一江两河开发县的增幅最小，低于全区增幅近 22 个百分点；其次是半农半牧县与全区增长水平相差 20 个百分点；农业县、牧业县和粮食基地县低于全区增长幅度在 5 个百分点之内。在七个不同区域中，山南市和林芝市下属的县域增幅都远超全区增幅 33 个百分点和近 21 个百分点；而拉萨市所属县域的增长幅度不到 10 个百分点，是七个区域中与全区增幅差距最大的。日喀则市、昌都市、那曲市和阿里地区所辖县域在 2013—2019 年增幅也均低于全区增幅。

从各地区的县域经济发展看，林芝市下属县域因经济起点高，近年来文旅产业发展迅猛，其经济发展表现出整体高位、快速增长的态势。拉萨作为西藏的发展中心，整个拉萨市的人均 GDP 无论是绝对值还是与全区人均 GDP 的相对值都明显超出，是 7 个省区中最高的。2013 年拉萨全市人均 GDP 为 49807 元，是全区人均 GDP 的

1.9 倍。2019 年该相对值下降为 1.55 倍①。考虑到拉萨市县域人均 GDP 增幅下降程度,说明拉萨市区的经济发展动力增加,其引领能力持续提升但县域经济水平却表现出下滑态势。同时也证实了"十三五"时期,西藏自治区重点推进的拉萨山南经济一体化,在山南下辖县域层面的确起到了很大的促进发展作用。

(二) 西藏县域的财政收支分析

西藏自治区曾是全国唯一的集高寒、边疆、少数民族和省级集中连片特殊贫困地区于一体的省份,也曾是国家层面唯一被整体划为深度贫困的省份②。中央财政支持和对口支援是西藏完胜脱贫攻坚和建成全面小康社会的重要支撑。我国在特定历史时期针对不发达地区、重大工程建设移民、受灾地区的发展而建立起来的对口援助,是中国特色社会主义的一种实践③,这一方式有利于控制和缩小地区发展差距,实现区域协调发展、民族团结和边疆稳定④。20 世纪 80 年代至今,中央财政对西藏的转移支付和全国对西藏的援助已成为长期政策措施。根据统计数据计算,1992—2019 年国家财政补助收入占西藏一般预算财政支出的比例均值为 91.7%⑤。习近平总书记在中央第七次西藏工作座谈会上强调,中央支持西藏、全国支援西藏,是党中央的一贯政策,必须长期坚持,认真总结经验,开创援藏工作新局面⑥。

财政收支包括一般公共预算收支、政府性基金收支和国有资本

---

① 根据历年《西藏统计年鉴》中数据计算得到。
② 王延中主编:《民族发展蓝皮书:中国民族发展报告 (2020)——民族地区决胜全面小康》,社会科学文献出版社 2020 年版,第 39 页。
③ 胡茂成:《中国特色对口支援体制实践与探索》,人民出版社 2014 年版,第 31 页。
④ 任维德:《中国区域治理研究报告 2017:对口支援政策》,中国社会科学出版社 2018 年版,第 1 页。
⑤ 根据历年《西藏统计年鉴》数据计算得到。
⑥ 《习近平在中央第七次西藏工作座谈会上强调全面贯彻新时代党的治藏方略建设团结富裕文明和谐美丽的社会主义现代化新西藏》,《人民日报》2020 年 8 月 30 日。

经营收支三个方面。一般公共预算是以税收为主体的财政收入,安排用于保障和改善民生、推动经济社会发展、维护国家安全、维持国家机构正常运转等方面的收支预算。由于只能获得西藏自治区县域一般公共预算收支数据,故以此分析县域的财政收支状况。

表 2-5 不同类型和地区一般公共预算收入占一般公共预算支出的比例①

	2013	2014	2015	2016	2017	2018	2019	2013—2019年均值	样本量
西藏自治区	9.37	10.48	9.93	9.82	11.05	11.69	10.15	10.36	—
全区县域	9.08	11.20	6.63	5.50	7.74	12.18	6.10	8.35	56
不同类型县域									
农业县	10.11	10.00	7.57	5.84	8.94	16.49	7.64	9.51	26
牧业县	7.71	8.44	5.08	4.81	6.36	6.68	4.91	6.28	12
半农半牧县	8.43	14.52	6.26	5.37	6.90	9.26	4.74	7.93	18
粮食基地县	8.64	8.42	6.29	3.20	6.07	5.42	5.99	6.29	6
边境县	8.10	7.19	5.85	4.35	5.53	19.78	4.37	7.88	19
一江两河开发县	13.09	14.01	9.75	7.26	12.01	12.25	12.13	11.50	12
不同地区县域									
拉萨	22.88	27.80	18.35	20.67	22.15	26.00	25.30	23.31	5
日喀则市	6.44	11.84	4.49	2.92	4.90	12.78	3.21	6.65	16
昌都市	6.19	5.91	5.07	5.11	6.74	4.66	3.73	5.34	9
林芝市	3.73	11.85	7.87	9.84	10.26	5.98	5.55	7.87	6
山南市	12.03	11.41	8.54	7.57	7.11	25.70	6.81	11.31	6
那曲市	3.44	3.37	2.73	2.65	3.79	3.36	2.77	3.16	7
阿里地区	6.16	7.41	5.59	3.71	5.20	23.68	3.66	7.92	7

注:根据历年《西藏统计年鉴》、历年《中国县域统计年鉴》、历年《中国人口和劳动就业统计年鉴》计算得到。

上表中西藏全区县域的一般公共预算收入与一般公共预算支出的比值在 2013—2019 年两次起伏波动并呈现了下降的趋势,且总体

---

① 详见《中国统计年鉴 2021 年》,第 220 页。

上低于西藏自治区的水平。在六类不同县域中也是同样的态势，其中边境县的一般性公共预算支出中有 95.63% 要依赖转移支付。相比较而言，一江两河开发县的下降幅度略低，但比值略高于全区水平。这说明西藏大部分县域的财政收入能力低于全区水平并持续下降。

在七个不同地区的县域中，首府拉萨市和经济发展最快的林芝市下属县域的一般性财政收入与一般性财政支出的比值在波动中增加，表明这两个地区的县域财政收入能力和自我发展能力有所提升。特别是拉萨市下属县域的一般性财政收入与一般性财政支出比值在 2013—2019 年的均值高出西藏自治区该比值 13 个百分点。体现了在县域层面拉萨市依然是增长中心的地位。日喀则市、昌都市、山南市、那曲市和阿里地区的县域财政收入能力依然持续下降。那曲市下属县域是七个地区中财政收入能力最弱的，2013—2019 年一般性财政收入与一般性财政支出的比例均值只有 3%，也就意味着近 97% 的财政支出来自财政转移支付。

表 2-6　不同类型和不同地区县域的一般公共预算支出增速

	2014	2015	2016	2017	2018	2019	2013—2019 年增幅（%）	样本量
西藏自治区	16.9	16.5	14.9	5.9	17.2	11.0	89.20	—
全区县域	21.43	41.16	45.81	−17.69	19.26	23.38	206.70	56
不同类型县域								
农业县	20.68	38.65	54.53	−19.47	20.52	19.06	196.64	26
牧业县	20.01	44.47	23.84	−0.48	14.78	26.76	214.98	12
半农半牧县	23.37	42.74	47.00	−23.79	28.75	27.58	216.21	18
粮食基地县	18.78	38.61	105.26	−45.21	25.10	6.41	149.73	6
边境县	26.07	38.37	83.16	−24.88	−0.35	21.61	201.51	19
一江两河开发县	19.62	38.64	58.29	−28.40	21.67	15.09	166.66	12
不同地区县域								
拉萨市	14.97	29.27	10.54	14.40	14.31	19.42	155.92	5
日喀则市	29.91	39.56	94.33	−33.21	13.19	13.72	202.17	16
昌都市	22.34	43.51	11.18	−2.72	46.26	34.47	272.52	9

续表

	2014	2015	2016	2017	2018	2019	2013—2019年增幅（%）	样本量
林芝市	17.79	28.80	-0.37	24.79	38.01	2.24	165.50	6
山南市	24.00	47.64	10.75	7.01	-7.62	89.46	159.24	6
那曲市	25.38	53.83	18.68	-4.06	35.05	11.93	231.15	7
阿里地区	6.35	64.89	121.86	-49.99	10.43	46.49	214.00	7

注：根据历年《西藏统计年鉴》、历年《中国县域统计年鉴》、历年《中国人口和劳动就业统计年鉴》计算得到，表中增速计算已用历年西藏居民消费价格指数进行了调整。

五 中央财政补助对民族地区财政平衡的作用

民族地区经济发展水平滞后于全国平均水平这一历史遗留问题不仅在改革开放前就一直存在，而且随着改革开放的不断深化，经济差距在一定时间内呈现了扩大的态势。中央政府为缩小地区间发展不平衡的问题，帮助民族地区的经济社会发展，1980—1988年，中央财政对5个自治区和少数民族较为集中的贵州、云南、青海等省实行年递增10%的定额补助。同东中部地区相比，民族八省区经济规模小、发展缓慢的现实使其发行债券的能力有限。为使民族地区经济社会发展跟上全国的步伐，中央财政以转移支付为主要方式不断增加对民族地区的财政补助。

表2-7　　中央对民族八省区的财政补助与当地财政收入的比较　　单位：%

	内蒙古	广西	贵州	云南	西藏	青海	宁夏	新疆
1992	81.34	25.76	28.99	15.60	1346.96	126.03	114.49	114.64
1995	144.44	83.18	125.23	141.19	1457.86	221.79	179.94	136.51
1996	126.83	80.67	110.10	110.16	1279.79	227.94	140.90	135.08
1997	119.64	75.64	104.32	99.22	1172.66	227.40	138.79	125.41
1998	121.26	71.43	108.60	98.64	1141.83	236.08	154.90	122.52
1999	134.22	75.35	129.48	112.23	1252.35	306.49	191.89	134.30

续表

	内蒙古	广西	贵州	云南	西藏	青海	宁夏	新疆
2000	169.23	84.89	145.63	128.33	1181.02	332.49	233.29	150.93
2001	240.91	102.96	176.17	152.81	1614.07	467.74	260.79	198.83
2002	254.96	116.60	193.97	150.18	1794.52	466.39	329.93	187.12
2003	196.03	116.80	173.47	151.07	1639.11	396.37	246.34	185.44
2004	198.00	127.61	189.46	153.26	1357.10	473.15	271.21	183.75
2005	148.76	126.05	182.50	139.52	1591.98	450.41	258.10	190.50
2006	142.54	130.06	172.55	135.05	1412.26	426.70	232.80	214.22
2007	133.49	148.49	198.30	141.67	1424.89	414.63	248.67	192.94
2008	120.67	152.55	208.82	138.21	1438.19	435.58	256.50	189.87
2009	120.25	160.27	220.95	164.35	1565.16	457.30	287.44	238.63
2010	107.98	150.89	198.10	148.05	1448.84	540.45	234.72	224.82
2011	115.67	168.29	197.78	155.98	1305.15	535.25	215.02	208.50
2012	112.62	153.22	165.86	153.52	929.01	450.41	204.25	189.20
2013	103.43	138.39	152.58	134.19	949.79	367.48	180.51	164.12
2014	101.93	136.77	156.79	145.61	832.76	369.59	182.59	156.51
2015	108.71	145.66	156.13	140.19	970.74	362.33	184.91	177.98
2016	117.84	156.11	165.36	148.60	877.78	453.05	191.72	193.64
2017	148.14	163.48	170.33	159.74	812.98	453.78	195.88	178.17
1992—2017年的平均值	140.37	120.46	159.64	134.06	1283.20	383.29	213.98	174.74

说明：表中数据为历年中央财政补助与当地财政收入决算数的比例。

数据来源：历年《中国财政年鉴》、民族八省区财政年鉴。

我国于1994年实施了分税制改革。在分税制改革以前，中央政府在本级财政支出以后几乎没有多余的财政资金补贴地方财政；分税制改革后，中央政府集中了财力，在履行本级财政职能后仍然有充裕的资金，从而奠定了中央财政进行宏观调控的现实基础。我国的转移支付包括了税收返还、一般性转移支付和专项转移支付三类内容。对于民族地区而言，中央以税收返还给予地方财政支持的方式由于其税收基数小而作用不大，因而主要依赖一般性转移支付和专项转移支付，也就是财政决算中的中央补助。其中一般性转移支付主要用于调节不同地区间的公共服务水平差距。专项转移支付主要用于重大公共项目建设,特别是精准扶贫和脱贫攻坚战略实施后专项转移力度逐年增加。

表 2-7 的数据显示,在分税制改革前的 1992 年,除西藏外,青海、宁夏和新疆的中央财政补助大于其财政收入,而内蒙古、广西、贵州和云南的中央补助低于其地方财政收入。分税制改革后,民族地区的中央补助增加显著。除了广西在 1995—2000 年中央财政补助金额低于其财政收入外,1995 年以来其他七个省区的中央财政补助全部大于地方财政收入。虽然各个省区获得中央补助的相对比例最高点集中在 2000—2009 年,但《中共中央国务院关于打赢脱贫攻坚战的决定》自 2015 年实施后民族地区的中央补助金额又明显增加。2017 年,西藏的中央财政补助是其财政收入的 813 倍;青海也达到了 454 倍;其他六个省区也达到了 1.48—1.96 倍。

自我国开始实施西部大开发以来,国家对民族地区加大了资金投入,重点在交通、水利、能源、通信等重大基础设施建设项目,尤其是 2013 年后民族地区开展精准扶贫和 2015 年后的脱贫攻坚战,民族地区的国家专项转移支付和一般支付的中央补助增加显著。

表 2-8　　中央财政补助与民族八省区财政支出的比较　　单位:%

	内蒙古	广西	贵州	云南	西藏	青海	宁夏	新疆
1992	44.10	46.48	22.60	14.02	88.13	55.20	55.76	53.29
1995	61.78	39.71	56.95	59.06	89.88	66.21	56.00	54.21
1996	57.46	42.05	54.69	52.97	84.71	66.75	60.53	56.79
1997	55.32	44.20	52.13	47.65	90.68	68.09	58.58	55.43
1998	55.30	44.79	53.32	50.59	91.69	68.39	60.94	54.88
1999	58.16	42.89	56.33	51.26	107.54	77.96	72.98	57.60
2000	65.04	41.41	61.58	56.01	106.05	80.78	79.86	62.50
2001	75.03	36.11	63.85	58.88	94.32	91.54	76.85	71.80
2002	73.09	32.25	66.32	58.93	95.14	82.87	76.23	60.34
2003	60.80	34.80	65.01	58.90	91.56	78.08	69.94	64.53

续表

	内蒙古	广西	贵州	云南	西藏	青海	宁夏	新疆
2004	69.06	36.98	67.60	60.82	101.59	93.01	82.60	67.95
2005	60.53	34.74	63.96	56.92	103.28	89.74	76.86	66.18
2006	60.27	32.35	64.09	57.43	102.72	83.97	73.93	69.29
2007	60.73	35.95	71.09	60.74	104.22	83.32	82.29	69.36
2008	53.98	34.08	68.93	57.72	94.01	85.74	75.08	64.71
2009	53.10	28.86	67.06	58.78	100.17	82.43	74.18	68.88
2010	50.82	29.46	64.81	56.43	96.36	83.44	64.64	66.24
2011	52.50	31.54	67.97	59.16	94.27	83.99	67.00	65.75
2012	51.04	33.42	61.03	57.50	88.84	72.44	62.37	63.23
2013	48.29	36.79	59.71	50.18	88.98	69.98	60.34	60.39
2014	48.44	38.65	60.48	55.71	87.29	69.03	62.03	60.49
2015	50.21	34.98	59.58	53.79	96.36	63.88	60.65	62.25
2016	52.66	31.39	60.57	53.66	86.23	70.87	59.24	60.78
2017	55.70	31.62	59.59	52.74	89.82	73.00	59.59	56.35
1992—2017年的平均值	57.22	36.48	60.39	54.16	94.74	76.70	67.83	62.22

说明：表中数据为历年中央财政补助与当地财政支出决算数的比例。

数据来源：历年《中国财政年鉴》、民族八省区财政年鉴。

中央财政补助占当地财政支出的比例也反映出其财政依赖中央政府的程度。综观民族八省区1992—2017年的数据，广西获得的中央财政补助占比最低，均值是36.48%；2017年该比例低于平均值4个百分点。西藏财政支出中来自中央财政补助的比例平均值是95%，其中2004—2007年和2009年中央财政补助超过了地方财政支出。青海获得的中央财政补助仅低于西藏，位居民族八省区第二，1992—2017年的均值是77%。贵州、宁夏和新疆该比例均值位于60%—68%；民族八省区中经济发展程度领先的内蒙古在1992—2017年的中央财政补助占当地财政支出的比例均值为57.22%；云南省获得的中央财政补助占比均值是54%。

六 中央财政补助与民族地区经济发展的相互关系

根据很多学者对瓦格纳法则的估算方法，即把财政总支出占 GDP 的比重定义为政府支出规模，人均 GDP 作为衡量经济发展水平的指标；将两者进行回归分析后得到瓦格纳法则系数以验证总支出和经济发展的关系。本节不仅仅关注财政支出与经济发展的关系，中央财政补助作为民族地区财政支出的重要来源，通过借鉴瓦格纳法则，验证民族地区重要财政补助对经济发展的影响。为更容易解释估计结果，模型中对人均 GDP 取了对数。具体估计模型为：

$$y_i = a + \beta lndp_i + \mu_i \qquad (1)$$

式中，i 代表民族八省区；y 代表中央补助占 GDP 的比重或财政支出占 GDP 的比重；$lndp$ 代表人均 GDP；β 为瓦格纳系数；a 为常数项；μ 为误差项。

表 2-9　　　　　　　　　　瓦格纳系数估计结果

地区	财政支出的瓦格纳系数		中央补助的瓦格纳系数	
	OLS 估计	异方差稳健 OLS 估计	OLS 估计	异方差稳健 OLS 估计
民族八省区	6.41*** (3.16)	6.41*** (2.56)	5.24*** (2.87)	5.24*** (3.01)
内蒙古	2.73*** (5.94)	2.73*** (5.11)	0.98** (2.56)	0.98*** (2.83)
广西	5.05*** (12.73)	5.05*** (9.03)	3.65*** (15.21)	3.65*** (16.11)
贵州	-6.11 (-0.87)	-6.11 (-0.46)	2.88* (1.83)	2.88* (1.02)
云南	7.26*** (12.24)	7.26*** (9.41)	4.77*** (12.05)	4.77*** (9.69)
西藏	31.40*** (11.65)	31.41*** (11.31)	28.30*** (13.93)	28.30** (13.40)

续表

	财政支出的瓦格纳系数		中央补助的瓦格纳系数	
青海	15.79*** (14.60)	15.79*** (12.85)	11.39*** (12.36)	11.39*** (12.86)
宁夏	7.14*** (9.48)	7.14*** (7.00)	4.41*** (7.16)	4.41*** (8.01)
新疆	12.15*** (13.57)	12.15*** (9.34)	7.76*** (15.28)	7.76*** (11.01)

说明：表中***，**，*分别代表1%，5%和10%水平上统计显著；括号内为t值。

民族八省区的中央补助与人均GDP也存在显著的正相关关系，回归系数为5.24；也表明中央补助随着人均GDP的增长而提升。分不同地区看，与财政支出瓦格纳系数不同的是，民族八省区的中央补助全部都是随着人均GDP的增加而增加。财政支出规模和中央财政补助异方差稳健OLS估计结果中，表示统计显著水平的t值变化不大，说明财政支出规模和人均GDP之间、中央财政补助规模和人均GDP之间统计关系的稳健性。

自我国改革开放后中央财政补助作为民族地区调整财政收支平衡的重要方式就延续至今，而且随着经济发展水平的提高，中央财政补助的金额也随之增加。众所周知，中央财政补助作为转移支付的手段，主要用于医疗卫生、教育、养老等民生领域，特别是2013年后实施精准扶贫以及脱贫攻坚战略，中央财政补助的力度更是明显提升。很多研究证明，即使财政总支出适用于瓦格纳法则，但分项财政支出变动的瓦格纳法则却不一定成立。中央财政补助作为财政支出的重要来源，但在对应的财政支出分项上却没有可供研究的公开数据，因此无法进一步深入分析中央财政补助对民族地区经济发展的具体影响和作用。

虽然已经验证了民族地区财政支出规模和中央财政补助规模的瓦格纳法则成立，即经济发展会促进中央财政补助的增加。但要了解中央财政补助的增加有多大程度可由经济发展解释，本节使用了格兰杰检验。具体公式如下：

$$\Delta lny_{it} = \pi_1 + \sum_p (\pi_{11}{}^{tp}\Delta \ln y_{it-p}) + \sum_p (\pi_{12}{}^{tp}\Delta \ln y_{it-p}) + \phi_{1i}\partial_{t-1}$$

$$\Delta lndp_{it} = \pi_2 + \sum_p (\pi_{21}{}^{tp}\Delta \ln dp_{it-p}) + \sum_p (\pi_{22}{}^{tp}\Delta \ln y_{it-p}) + \phi_{2i}\partial_{t-1}$$

（2）

其中，y 代表中央财政补助占 GDP 的比例并取对数；dp 为人均 GDP 并取对数；i 表示不同地区；t 是不同时间；Δ 表示一阶差分，p 为滞后期。如果差分项显著就表明短期格兰杰因果关系成立；如果误差修正项 ∂^{t-1} 显著，则代表长期格兰杰因果关系成立。

表 2–10　中央财政补助规模和经济发展的格兰杰因果检验

		Δlny_{t-1}	Δlny_{t-2}	$\Delta lndp_{t-1}$	$\Delta lndp_{t-2}$	∂^{t-1}
民族地区	Δlny	1.0501***	-0.3336	0.2146	0.1406	-1.2429*
	$\Delta lndp$	0.0832	0.0988	1.4674***	-0.5384***	1.0839***
内蒙古	Δlny	0.7699***	-0.0214	-0.6034	0.6122*	0.6252*
	$\Delta lndp$	0.0722	0.0388	1.8773***	-0.9084***	0.0469*
广西	Δlny	1.1839***	-0.3404	0.2473	-0.2154	0.0558
	$\Delta lndp$	0.0077	0.2170*	1.1019***	-0.2026	0.5484***
贵州	Δlny	1.0048***	-0.1200	0.1538	-0.1668	0.4654
	$\Delta lndp$	-0.0387	0.0252**	1.2172***	-0.2926	0.3270**
云南	Δlny	1.0150***	-0.4018*	0.3102	-0.2045	0.0534
	$\Delta lndp$	0.1868*	0.0092	1.3421***	-0.3970**	0.0476**
西藏	Δlny	0.4690***	-0.2247	1.1093	-0.8117	0.4915*
	$\Delta lndp$	0.0102	0.0891	0.9307***	0.0167	0.1836***
青海	Δlny	0.7434***	-0.0930	0.2519	-0.1535	0.2792
	$\Delta lndp$	0.0912	0.0382	1.3008***	-0.3692*	0.2873**
宁夏	Δlny	0.7941***	-0.1143	0.3204	-0.2797	0.5528**
	$\Delta lndp$	0.0482	0.0869	1.3801***	-0.4258**	0.1133*
新疆	Δlny	0.9137***	-0.4034	1.1912***	-0.9134***	-1.4215**
	$\Delta lndp$	0.1601	0.1932	0.8095***	-0.0368	1.3517***

表 2–10 中民族八省区整体以及新疆、西藏、内蒙古和宁夏各自的两个误差修正项均显著，说明长期内中央财政补助规模和人均

GDP 也就是经济增长之间存在双向的格兰杰关系，即中央财政补助是经济发展的格兰杰原因；同时经济发展也是中央财政补助的格兰杰原因。广西、贵州、云南、青海都是单向格兰杰关系，即经济发展是中央财政补助的单向格兰杰原因。在短期内民族地区整体和八个民族省区都不存在双向格兰杰原因。

自改革开放至今，民族地区的中央财政补助规模逐渐增加，并显著促进了民族地区医疗、卫生、教育、交通设施建设等公共产品和服务的大幅提升，相应缩小了民族地区和东中部地区的差距。本节基于民族地区1992—2017年的中央财政补助数据，分析了中央财政补助规模的变化以及中央财政补助与民族地区经济发展之间的关系。相关主要结论如下：

首先，民族八省区获得的中央财政补助规模不断增加，1992—2017年中央财政补助与当地财政收入的比例均超过了120%，与财政支出的比值不断增加。

同当地财政收入相比，在分税制改革前的1992年，除西藏外，青海、宁夏和新疆的中央财政补助大于其财政收入，而内蒙古、广西、贵州和云南的中央补助低于其地方财政收入。分税制改革后，民族地区的中央补助增加显著。除了广西在1995—2000年中央财政补助金额低于其财政收入外，1995年以来其他七个省区的中央财政补助全部大于地方财政收入。虽然各个省区获得中央补助的相对比例最高点集中在2000—2009年，但《中共中央国务院关于打赢脱贫攻坚战的决定》自2015年实施后民族地区的中央补助金额又明显增加。1992—2017年民族八省区获得的中央财政补助与当地财政收入相比，内蒙古为1.4倍、广西为1.2倍、贵州为1.6倍、云南为1.3倍、西藏为12.8倍、青海为3.8倍、宁夏为2.1倍、新疆为1.7倍。

中央财政补助与当地财政支出相比，1992—2017年广西获得的中央财政补助与当地财政支出的比例均值是36.48%，为民族八省区中最低；西藏财政支出中来自中央财政补助的比例均值是95%，位居首位；青海获得的中央财政补助仅低于西藏，位居民族八省区第二，1992—2017 年的均值是 77%；贵州、宁夏和新疆该比例均值位于 60%—68%；民族八省区中经济发展程度领先的内蒙古在 1992—2017 年的中央财政补助占当地财政支出的比例均值为 57.22%；云南省获得的中央财政补助占比均值是 54%。

其次，经过瓦格纳法则验证和格兰杰检验后发现，1992—2017 年的民族八省区整体以及新疆、西藏、内蒙古和宁夏的中央财政补助会促进其经济发展。相应地，经济发展也会推动中央财政补助的增加。而广西、贵州、云南和青海只是单向经济发展会推动中央财政补助的增加。

上述结果证实了中央政府对民族地区的财政支持，起到了民族地区财政平衡和发展地区经济的作用，同时也体现出民族地区作为国家经济共同体的一部分，彰显了国家铸牢中华民族共同体的贯彻落实。当下正是民族地区巩固脱贫攻坚成效并与乡村振兴有效衔接的交汇点，按照"十四五"规划要求，民族地区也要致力于高质量发展。为此，中央财政补助作为民族地区财政收支平衡的主要来源，民族地区对其的依赖性不言而喻。然而现实中，民族地区的中央财政补助并没有形成专门的法律法规。这种不确定的政策环境，会推动民族地区地方政府就中央财政补助向中央政府提出更多的诉求，并加大博弈成本。由于中央财政补助并不一定就会直接促进经济发展，如何确定中央财政补助的合理规模，就需要基于中央财政补助在财政支出中各分项的体现进行深入的分析，但限于没有这方面的数据本节目前无法完成，而这也是下一步研究的努力方向。

七 民族地区中央财政补助的可持续分析及建议

（一）民族地区的地方财政职能

Musgrave 提出的"三职能"论是国内外学术界比较认可的财政职能理论，即财政职能为资源配置职能、收入分配职能、经济稳定和增长职能。① 这样的界定表明财政是宏观经济的重要内容；同时，财政对经济的影响是通过财政收支内容体现出来的，但随着经济和社会的发展，财政政策的影响范围越来越大，中央政府仅仅考虑财政的经济职能就会有很大的局限性。十八届三中全会将财政定位为"国家治理的基础和重要支柱"，财政在国家治理中的作用越来越被学术界关注。高培勇认为财政跨越了经济、政治、社会等多个领域，应属于综合性的范畴。②

民族八省区在实施精准扶贫和完胜脱贫攻坚的过程中，中央财政帮扶下的民族地区地方财政起到了核心作用。地方财政的职能更多地发挥了社会保护职能，也就是维护经济社会稳定，旨在为人民群众提供底线保障，维护公民的基本权利，具体体现在防范化解风险，保障弱势群体基本权利、改革成本兜底等方面。③

（二）"十四五"时期民族地区中央财政补助保持持续稳定的必要性

我国经济进入新常态阶段后经济发展已由高速增长转向高质量发展。在这一背景下，我国财政收入增速下滑，支出刚性增长，财政收支特征发生了根本性变化，收支矛盾日益突出，财政面临的风险更加严峻和复杂，亟待推进财政的可持续发展。2016年《中华人民共和国国民经济和社会发展第十三个五年规划纲要》首次明确提出要"完善财政可持续发展机制"。④ 刘尚希论证了财政不可持续性是指政府拥有的公共资源不足以履行其应承担的财政支出责任和义

---

① Musgrave R. A., *The Theory of Public Finance. A Study in Puvlic Economy*, New Your: McGraw-Hill, 1959.
② 高培勇：《论国家治理现代化框架下的财政基础理论建设》，《中国社会科学》2014年第12期。
③ 吕冰洋、李钊：《疫情冲击下财政可持续性与财政应对研究》，《财贸经济》2020年第6期。
④ 闫坤、鲍曙光：《"十四五"时期我国财政可持续发展研究》，《财贸经济》2020年第8期。

务时，导致经济、政治、社会的稳定和发展受到损害的可能性。① 杨志宏认为财政可持续性问题应着眼于财政总体发挥作用的可持续性。② 2018 年，财政部进一步提出未来工作重点之一是"确保地方财政可持续"③。

总体上，国内外学者对于财政的可持续的研究主要从债务和财政收支两个方面展开，而且大都聚焦于政府偿债能力的可持续性。就民族八省区而言，中央财政补助收入是其财政平衡的重要来源，西藏自治区的中央财政补助收入占地方财政支出的比例在 2019 年依然接近 90%，成为长期中央财政补助的依赖型财政；其他六个民族省区（新疆、内蒙古、宁夏、青海、贵州、云南）1992—2017 年的中央财政补助占地方财政支出的比例也都超过了一半；只有广西获得的中央财政补助收入占其财政支出的比例低于半数。显然，民族八省区的财政可持续除了要考虑本地区的经济发展、政府偿债能力，更重要的是要看中央财政补助收入是否可持续。因此，分析民族八省区的财政可持续要跳出财政看财政的可持续性。也就是说民族八省区的财政可持续要做到兼顾经济社会目标和财政可持续，这种双向兼顾的财政政策更符合民族地区的宏观调控目标。而中央财政对民族地区的支持，帮助民族地区发展的同时也扩展了国家发展的战略回旋空间。

（三）民族八省区应规划好中央财政补助收入的使用方案及具体实施

中央财政补助对民族地区具有重要意义且应保持持续性，从现实情况看，民族地区完胜脱贫攻坚和建成全面小康社会的过程离不开中央政府连年的大幅度提升中央财政补助。2019 年政府工作报告中指出，中央对地方均衡性转移支付增长 10.9%；改革完善县级基

---

① 刘尚希：《一个地方财政能力的分析评估框架》，《国家治理》2015 年第 12 期。
② 杨志宏：《"可持续财政"理念辨析》，《地方财政研究》2010 年第 7 期。
③ 闫坤、鲍曙光：《"十四五"时期我国财政可持续发展研究》，《财贸经济》2020 年第 8 期。

本财力保障机制，缓解困难地区财政运转压力，决不让基本民生保障出问题。民族八省区在"十四五"期间对中央财政补助的预期只高不低，表现出刚性增加的趋势。由于疫情影响，中央财政本身的可持续性都面临挑战，今后是否再增加中央财政补助既要取决于我国总体经济发展及中央财政状况，也要取决于中央财政补助下的民族地区经济发展和民生保障的现实需求以及全国一盘棋的系统发展的要求。为此，民族地区应加强财政政策上的提质和增效导向。具体包括以下几个方面：

1. 进一步完善预算编制，调整预算支出结构，力争中央财政补助的效益最大化

当财政更多地关注经济发展水平时，通常会想方设法扩大财政收入规模和提高财政收入质量，地方政府依靠税收收入、非税收入、税收返还，要求更多中央转移支付以解决"没有钱"的问题。而当财政更倾向于提供公共产品以实现社会效益最大化、满足基本公共服务均等化的需要时，实际是解决"钱如何花"的问题。

在我国实现了第一个百年奋斗目标，在中华大地上全面建成了小康社会，历史性地解决了绝对贫困问题，正在意气风发向着全面建成社会主义现代化强国的第二个百年奋斗目标迈进之际，民族地区将着重解决发展不平衡不充分问题。因此，民族地区的地方政府要不断完善预算编制，合理调整预算支出结构，排除各种干扰财政预算执行进度的因素，同时在财政支出方面要大力优化财政支出结构。在优化支出结构上，重点是提高中央财政补助的指向性和有效性，在确保重点支出后，对于非刚性支出、非重点项目支出要适当压缩，降低行政管理费用，提高中央财政补助用于民族地区财政支出的效率、透明度，加强财政支出特别是中央财政补助在财政支出上的审计与监督。

2. 以新基建为契机，不断完善经济性、社会性基础设施建设

基础设施建设是我国经济高速发展的重要推动力。2018年中央经济工作会议明确了5G基建、特高压、城际高速铁路和城际轨道交

通、充电桩、大数据中心、人工智能、共有互联网作为新兴基础设施建设。① 和新基建相对照的是传统基础设施建设，主要包括铁路、公路、机场、桥梁等设施建设。民族地区的基础设施建设在"十三五"有了长足进展，但和其他地区相比，传统的基础设施建设在部分民族地区依然存在短板，需进一步完善。数字化和电子化是新基建的特点，民族地区要视发展情况规划好新基建的项目和规模，既要抓住机遇期，也要避免缺少条件和规划不科学、不规范的情况下的盲目上马。

民族地区的公共卫生医疗体系近年来有了翻天覆地的变化，地方财政今后依然会持续投入。有研究证实，相比于交通运输等经济型基础设施，长期来看，科教文卫等生活性基础设施的财政乘数更大。社会基础设施有助于增加居民效用，降低保障性储蓄增加消费，更重要的是有利于形成人力资本，优化经济结构。② 随着我国社会经济的发展，基础设施、教育、医疗等在内的各类公共支出均会有所上升，尤其是2020年以来的疫情防控导致中央财政形势更加严峻，所以，在民族地区解决医疗设备不齐全、医疗设施不平衡的问题时要因地制宜，避免先进设备买回来没有会用的医护人员，造成资源浪费的现象；要更关注如何提升医疗人员的业务水平，防止医护人才外流。

---

① 龙静怡：《中央企业布局发力"新基建"》，国务院国有资产监督管理委员会网站，2020年6月3日。

② 李平、王春晖、于国才：《基础设施与经济发展的文献综述》，《世界经济》2011年第5期。

第三章　城市民族工作的发展与改进路径

摘要：本章通过铸牢中华民族共同体的三个维度分析了城市民族工作与铸牢中华民族共同体的内在联系，从宏观、中观、微观三个层面探析了"城市—民族"关系、"民族—城市"关系、"民族—民族"关系，并且针对城市民族工作的未来发展方向提出建议。

关键词：城市民族工作；民族关系；铸牢中华民族共同体意识

一　问题提出与分析思路

铸牢中华民族共同体意识是基于中国现实对马克思主义民族理论进行的创新，是党和国家领导人智慧的结晶，为新时代的民族工作指明了方向。在我国经济社会转型时期，伴随着市场化、城市化和工业化的步伐，各民族人民在城市中扎根，各族群众积极参与到社会主义现代化建设中，城市成了铸牢中华民族共同体的广阔平台。那么在铸牢中华民族共同体意识的大背景下应该以什么样的视角来看待城市民族工作？城市民族工作应该朝着什么样的方向进行呢？

西方学者所提出的民族理论，通常都是基于本国国情或是所处时代背景而提出的①，这些理论存在一定的局限性。例如，"民族—国家"理论主张民族的自立，希望建立本民族的国家，过高地看重民族地位，一定程度上忽视了国家在社会运行中的主导作用，与此相关的理论主要集中探讨了民族与国家之间的关系，过分强调民族利益。中国作为一个具有数千年历史的多民族国家，自古至今不断进行着民族交融，中国有着与其他国家不同的民族关系背景，因此，西方学者所提出的"民族—国家"等理论在中国是不能适用的。此外，中国学界所提出的几种主流的民族理论则主要集中于民族与民族关系的探讨②，在这种背景下，笔者曾经在西方的"民族—国家"理论和中国学界的主流理论的基础上提出了具有中国特色的"国家—民族"理论，并且在多篇文章中以新古典"结构—功能论"等多个角度对其进行了论述。"国家—民族"理论梳理了中国以国家为中心、各民族为主要成员的社会结构，认为国家应当在民族工作中发挥主导性作用，在国家治理体系下处理民族问题。"国家统一"的思想在中国自古就有，并延续至今，因而，用"国家—民族"理论来分析城市民族工作与铸牢中华民族共同体意识是适合的。"国家—民族"理论站在国家层面对国家和民族关系进行了解析，笔者认为在"国家—民族"体系下，国家与民族的关系是总的思路，想要形成具体的体系，还应该在此框架下继续进行探讨。

笔者在提出"国家—民族"理论后，又多次进行思考和完善，认为"国家—民族"理论是主要的维度，但还应该注意到其他方面，比如民族和国家之间的关系以及民族与民族之间的关系，于是，笔者在《铸牢中华民族共同体意识研究的三个维度》一文中提出要从自上而下的"国家—民族"关系维度、自下而上的"民族—国家"

---

① 近代西方比较普遍的三种民族理论是主张"一族一国"的"民族—国家"理论、与殖民扩张相关的文化多元主义以及与工人运动和民族解放相关的马克思主义民族理论。

② 中国学界的几种主流理论包括：中国特色社会主义理论、中华民族多元一体化格局、"去政治化"理论与"第二代民族政策"。

关系维度和横向的"民族—民族"关系维度对铸牢中华民族共同体意识进行研究。目前，学界对于城市民族工作的分析主要集中在民族关系和基层实践方面，基于这种情况，笔者认为在分析城市民族工作与铸牢中华民族共同体意识中，也可以参考上述的三个维度，以不同的层次对城市民族工作进行分析，即从"城市—民族""民族—城市""民族—民族"来进行分析，并且通过新古典"结构—功能论"探讨城市共同体、社区共同体的建构与功能，分析传统城市民族工作中所带来的不足以及探析城市民族工作的未来走向，思考如何更好地铸牢中华民族共同体意识。

二 我国城市民族工作的实践进展

改革开放后，中国经济社会结构经历剧烈转型，各民族被工业化、市场化、城市化的进程卷入其中，各民族地区的剩余劳动力开始大量向东南沿海及经济发达城市流动。随着大量少数民族人口流入城市，各民族之间由于其文化背景与风俗习惯的不同，在城市中会存在交流障碍、融入性差、缺乏认同等问题，严重的还会影响到民族关系，引发民族矛盾，威胁国家安全。为保障各民族人民在城市中的合法权益以及建立平等团结的民族关系，城市民族工作应运而生，并且逐步得到国家的重视。中国的城市民族工作源于散杂居民族工作，随着大量少数民族向城市流动和社会治理现代化进程的加快，城市民族工作成了一项专门的工作，并且其地位在社会现代化治理中愈发重要。

城市民族工作与铸牢中华民族共同体意识有着深刻的内在联系，在中国城市化进程逐步加快的背景下，城市成了各族人民铸牢中华民族共同体意识的重要场域。各城市要根据各地的民族现状制定完善的城市民族工作制度与体系，推动各族人民共建城市命运共同体，通过城市中各族人民满意度与幸福感的提高增进各族人民对中华民族的认同和归属。

根据笔者近几年对多个城市民族工作的考察及少数民族流动人口工作的调研来看，目前中国大多数城市的民族工作都是基于本城市治理体系框架下所进行的，基层实践经验丰富，但一定程度上缺乏理论指导与覆盖范围广的体制机制建设。本节基于不同城市的民族工作现状，选取一些典型城市进行分析，归纳了广州、武汉、宁波、成都、呼和浩特、南宁和贵阳的不同实践，发掘各城市民族工作中的可取之处，思考如何在城市中铸牢中华民族共同体意识。

（一）城市民族工作中的"广州实践"

广州位于珠江三角洲北部，是中国重要的中心城市之一，由于其地理位置与经济地位优势，自改革开放后有大量流动人口涌入。经过近40年的发展，广州的流动人口数已经超越户籍人口数，根据《广州年鉴》的数据，截至2020年，广州有少数民族人口82.7万人，其中非户籍少数民族人口70.9万人，非户籍少数民族人口占比约85.73%。无论是从数量还是占比中，都可以看到，广州少数民族人口在改革开放后的几十年间增长了数十倍。庞大的少数民族流动人口一方面促进了广州经济的发展，另一方面也给广州的城市治理和民族工作带来了压力。广州在几十年的城市民族工作中总结出了具有当地特色的城市民族工作模式——"广州模式"。

一些部门曾将广州城市民族工作的模式归纳为"五个注重"，即广州从政策引导、队伍建设、品牌带动、群策群力、精细治理五个方面对城市民族工作进行了实践。广州市在这五个方面所进行的实践具体如下：第一，在政策引导方面，广州将中央指示与现实民族状况相结合，在总结经验与收集意见中不断改进城市民族工作意见，制定广州市民族事业发展纲要，在中央精神的指示下制定民族工作政策，引导广州城市民族工作发展。第二，在队伍建设方面，组织选派少数民族干部和招聘民族专业人才组建了市公安局民族工作队、民宗局少数民族流动人口联络员队、少数民族律师队、清真拉面店联络员队"四支队伍"，利用少数民族之间的相互信任，在少数民族同胞中建立起了系统有效的管理和服务机制。第三，在品牌带动方面，创新性地推出了"两站一队"模式，即在广州少数民族相对聚集的地区建立专门为少数民族同胞服务的法律援助工作站、社会管理服务工作站、志愿者服务队。广州市还将少数民族的特色文化利用起来，发掘各民族文化优势，建立少数民族传统文化品牌。第四，在群策群力方面，广州积极探索各民族的参与机制，保障各族人民在共建共治共享的社会格局中的主体地位，鼓励各社会组织和民族社团加入其中，建立起系统的治理机制。第五，在精细治理方面，广州建立了市、区、镇（街道）、村、网格五级民族工作网络格局，明确各级责任，设立相应机构，完善服务管理体系。同时，广州市将信息技术运用到城市管理中，创立了用于流动人口动态精准化把控的民族宗教数据综合分析应用平台，该平台收纳了广州市流动人口的各项信息，可实现对少数民族流动人口的信息化管理。

（二）城市民族工作中的"武汉实践"

武汉作为重要的枢纽城市，少数民族流动人口众多，在城市民族工作中，武汉市也逐步形成了一套完整的城市民族工作体制。在武汉市的城市民族工作中，"33644"工程是武汉市民族工作的典型经验。

武汉市民族工作"33644"工程是针对武汉市基层社区所进行的实践，武汉从2011年开始在社区试行推广该工程，目前该工程已经覆盖数百个社区，并且逐步扩展。所谓"33644"工程就是指推进"三进社区①、力求三个掌握②、开展六项活动③、搭建四个平台④、

---

① "三进社区"是指民族政策、民族文化、为少数民族服务进社区，这是社区民族工作的整体目标。

② "三个掌握"是指社区要对社区中常住少数民族、流动少数民族以及少数民族诉求的基本情况进行掌握。

③ "六项活动"是指在社区中开展民族政策教育活动、民族知识宣传活动、民族文化展示活动、为民族团结进步办实事活动、各族群众联谊活动、各族群众结对帮扶活动。

④ "四个平台"是指信息网络平台、沟通交流平台、双向服务平台、志愿者参与平台。

建立四项制度①"。"33644"工程从基层的民族互嵌社区做起，以基层带动整体，由点到面，铸牢了各民族群众的共同体意识。该工程也为各基层民族社区的民族工作指明了方向，使其有制度可循，同时，这套覆盖性强、适用性高的基层社区制度为城市民族工作提供了参考。

（三）城市民族工作中的"宁波实践"

宁波位于长江三角洲南翼，经济发展迅速，其地理位置与经济地位决定了大量少数民族人口涌入该城市，在近些年的探索与试点中，宁波在城市民族工作方面逐渐形成了一套完善的民族工作机制。2021年4月，宁波北仑区的《浙江宁波北仑基层民族工作标准化试点项目》获批，这是全国首个基层民族工作标准化试点，宁波北仑区该试点获批成功的原因就在于北仑区在实践中逐步探索出了行之有效的城市民族工作方法。

北仑区的城市民族工作经验可以概括为"四微"建设模式，具体来说就是"微组织、微窗口、微热线、微平台"。"微组织"是指在基层社区建立少数民族社团组织，通过少数民族社团组织与社区或政府建立沟通渠道，反映少数民族群众诉求，使基层党组织和政府能够及时了解少数民族人口的困难或是诉求，掌握他们的基本情况。北仑区利用区、街道、社区的三级社团服务组织，实现了对少数民族社团组织的管理和建设，发挥了社团组织在基层治理中的功能。"微窗口"是为简化少数民族办事流程、保障在甬少数民族流动人口的各项权益、宣传相关法律法规和民族政策而开设的各类窗口，例如在少数民族相对较多的民族互嵌社区开设为少数民族服务的窗口和绿色服务通道等，为少数民族提供社会保障、就业、事务办理、政策等各方面的信息资源与服务。"微热线"是指由基层社区建立热线电话，为各民族群众提供服务咨询和信息反馈，同时还利用微信、

---

① "四项制度"是指信息报送制度、动态管理制度、协调服务制度、目标责任制度。

QQ等社交聊天工具与少数民族群众进行沟通，打通了少数民族群众与社区、政府之间的沟通渠道，建立起行之有效的信息反馈机制。"微平台"是为了促进流动人口尽快融入，为各民族提供各类资源和信息所设立的信息平台，社区通过"就业援助会"等形式为少数民族流动人口提供就业信息和专业技能培训等服务，促进少数民族的快速融入与素质提升。

北仑区自2014年开展"四微"模式建设以来，逐步形成了全覆盖、多领域的民族工作网络化服务，为少数民族流动人口迅速适应城市生活提供了保障，极大提高了基层社区的服务效率，并于2021年入选成为"全国民族团结进步示范区"。此外，北仑区还在少数民族流动人口服务管理方面试点建立关爱少数民族子女、促进少数民族融入的"五位一体"协同机制①，获得了良好的效果。总体来说，宁波市的实践在创新城市民族工作和解决少数民族"三个不适应"方面为全省乃至全国提供了"宁波经验"。

（四）城市民族工作中的"成都实践"

成都市作为中国西部地区的重要中心城市，其高新技术产业和交通枢纽的地理位置吸引着西南地区的大量少数民族流入。成都作为一个少数民族流动人口较多的城市，城市民族工作在城市治理中占据重要地位。近几年成都市在全国和四川省的民族团结进步创建工作中取得重要成就，基于此，成都在民族工作上的成功经验值得思考。

笔者在成都调研的过程中发现，成都的城市民族工作虽然没有形成固定的工作模式，但是成都的民族工作实践注重通过多种形式的文化创建活动来增进各族人民对城市和中华文化的认同，在基层民族互嵌社区的建设中也树立了一些典型。根据笔者在成都调研经

---

① "五位一体"是指坚持"环境熏德"，建立家庭成长协同机制；坚持"文化润德"，建立学校提质协同机制；坚持"价值树德"，建立企业体验协同机制；坚持"实践励德"，建立农村实践协同机制；坚持"行为养德"，建立社区服务协同机制。

验以及民委和社区工作人员的介绍，笔者认为成都市的城市民族工作的特点主要集中在以下两个方面。一是注重铸牢中华民族共同体的思想教育，通过加强意识形态的方式提升各民族的共同体意识。成都市通过建设教育基地、弘扬民族特色文化、举办民族节日、推广国家通用语言文字等活动增进各族人民对城市的认同和对中华民族这个大家庭的认同。二是在民族互嵌社区构建共建共治共享的社会治理新格局，铸牢基层群众的共同体意识。成都市建设成了二十余个居民共居共学共事共乐的社区样板，为各民族提供了交流和参与平台，通过社会治理和文化品牌的打造创建民族团结幸福城市，由各部门和各级政府共同参与少数民族流动人口服务工作，建立从市、区（县）、街道（乡镇）、社区（村）的四级联动机制，打造"四会平台"①，建立与少数民族流入地区相关部门的协作机制，在基层设立便捷快速的服务机构，保障各民族群众的合法权益，简化各族群众的办事流程，为各族群众提供贴心服务，切实做好民族工作。

值得一提的是，成都市在基层民族互嵌社区的建设中创新出了基层社会治理的"1+211"治理新模式，即在一个社区党组织的带领下，把业主大会和业主代表大会这两个组织以及一个业主委员会和一个监督委员会统筹起来，共同参与治理，既保证了社区中多元主体的参与，又发挥了社区中党员的带头作用和党支部的领导优势。成都市还在新发布的《关于加强和改进新时代基层民族宗教工作的实施意见》中，具体划分了社区的13项职责与事项清单，为基层民族社区的治理划定了范围。

（五）城市民族工作中的"呼和浩特实践"

呼和浩特市是内蒙古自治区的首府城市，在少数民族构成上，蒙古族、回族、满族、维吾尔族等民族是主要的少数民族，民族构

---

① "四会平台"是指区（市）县民族工作联席会、驻区有关单位联席会、街道党建联席会、社区民族工作协调会互动。

成相对较为单一。此外，相比于广州、成都这类城市来说，呼和浩特的少数民族中户籍少数民族占比较高，因此，呼和浩特市的城市民族工作也呈现出与其他城市的不同之处。

在笔者的调研过程中发现，呼和浩特的城市民族工作除了常规的少数民族流动人口管理、在民族社区设立"民族之家"和民族政策及法律法规宣传外，还从民族经济、民族文化教育、尊重民族风俗习惯等方面开展城市民族工作。在民族经济方面，呼和浩特市围绕构建"一核双圈"的首府目标，划拨民族经济专项资金用来扶持少数民族产业发展，特别是少数民族同胞经营的民营和中小企业，给予一定的政策支持和信贷优惠，同时开展少数民族特色小镇和村寨的申报与建设工作。在民族文化教育方面，制定实施了《呼和浩特市民族教育条例》，划拨针对民族教育的专项经费，加大教育投入，创办规范化学校，奖励少数民族优秀学生，为经济困难的学生设立助学金；推进"校安工程"，改造老旧校舍，提升各民族学生的教育条件；针对民族语文工作，由民宗局选派专人开展工作，做好蒙汉两种语言并用的管理工作，在城市发展进程中，注重对蒙语的传承和保护。同时，呼和浩特市积极推动民族文化的发展，对辖区内的少数民族文化进行多种形式的保护和传承，对有代表性的少数民族优秀文化大力弘扬，编排出多种形式的文艺节目，在教育和文化中增进各族人民的认同。在尊重民族风俗习惯方面，呼和浩特市针对全市，特别是少数民族聚集的回民区进行清真食品管理和整顿工作，规范清真食品生产秩序，并颁布了《呼和浩特市清真食品管理办法》，以地方性法规的形式对清真食品进行监管，把少数民族的风俗习惯重视起来，保障食品安全。

（六）城市民族工作中的"南宁实践"

南宁作为广西壮族自治区的中心城市，其少数民族占比在全国各大城市中居于前列。2019年，南宁成为全国深入推进少数民族流动人口服务管理体系建设试点城市之一，在这种背景下，南宁发挥其首府城市优势，经多年努力探索出了一套具有特色的城市民族工作机制。

南宁市在城市民族工作上的模式可以概括为"123456"模式，具体来说就是在南宁市通过多主体、多举措的工作方法为少数民族流动人口提供多样化的保障与服务。"1"是南宁市于2010年成立的少数民族流动人口服务中心。"2"是加强少数民族工作的硬件和软件两个方面的建设，在少数民族聚集区加强基础设施建设，同时优化少数民族工作服务平台。"3"是在市、区（县）、社区三级构建不同形式的服务网络体系。"4"是建立完善工作准则、队伍建设、结对帮扶、法律援助四项基本服务制度。"5"是成立以少数民族精英、骨干、志愿者和民族工作人员、专家为主的五支队伍。"6"是在法律援助、经商就业、子女入学、困难补助、住房租赁、清真食品六个方面构建服务平台。同时，南宁市在民族团结进步创建活动中不断开拓领域，确定了民族团结进步创建的"八进"活动[①]，并且开展"五比五争"[②]的评比命名活动，以民族团结"五讲"为宣传主线，构建多主体、多形式的创建活动，推进民族团结进步教育。

（七）城市民族工作中的"贵阳实践"

贵阳作为贵州的首府城市，因其地理位置和行政属性，吸引着大批的少数民族人口来此就业、读书或是从事经商等活动，因此，贵阳在城市民族工作方面面临着一定的压力，在制度探索方面，贵阳也探索出一套民族团结进步创建工作的体制机制。

贵阳城市民族工作的亮点在于其民族团结进步"九进"制度。2020年，贵阳市出台了《贵阳市深入开展民族团结进步创建工作"九进"实施方案》，该方案划定了创建民族团结进步的九大主体：

---

① "八进"是指进机关、进企业、进社区、进乡镇、进军营、进学校、进寺庙、进商业街区。

② "五比五争"的主要内容是：比稳定发展，争当民族团结进步模范地区；比重视支持，争当民族团结进步模范单位（企业）；比团结和谐，争当民族团结进步模范村（社区）；比文明守法，争当民族团结进步模范家庭；比互助友爱，争当民族团结进步模范个人。

机关、企业、社区（村）、军营、乡镇（街道）、学校、宗教活动场所、景区和商业街区。"九进"工作明确了铸牢中华民族共同体实践的不同场所，以及"三个离不开"思想，该方案要求各单位要重视民族团结进步"九进"工作，在各方面给予大力支持，确保创建工作做到位，加快全国民族团结进步示范市的创建进程，为铸牢中华民族共同体夯实基础。

三　城市民族工作中铸牢中华民族共同体意识的三个维度

（一）"城市—民族"关系维度

在"国家—民族"的框架下，城市与民族的关系，即"城市—民族"，是在城市民族工作中铸牢中华民族共同体意识的第一个关系维度，"城市—民族"指的是城市与民族之间自上而下的关系。在这种关系维度的分析框架下，城市民族工作要转换思路，在城市的框架下开展民族工作，通过自上而下的"伞式关系"对城市各民族进行资源配置，保障城市中各民族群众的合法权益，做好城市少数民族流动人口工作。

根据《中国统计年鉴》，截至2019年，中国的城市化率已经达到60.60%，说明城镇人口的比重已经超越农村人口，在城市中开展民族工作的重要性就不言而喻，城市逐渐成为建设新时代民族关系的重要阵地。根据《中国统计年鉴》2020年的数据，中国的流动人口达到2.36亿人，这其中有大量的少数民族人口流入城市，参与到城市的现代化建设中。我国各民族有着特有的文化背景、风俗习惯以及宗教信仰等，流入城市的各民族群众在进入城市这个新环境后，必然会面临着一系列的不适应。同时，新流入城市的各民族之间以及和原本生活在城市中的各民族会由于差异性产生距离，严重情况下还会造成民族之间的矛盾、冲突，对城市的现代化建设造成影响，降低各民族之间对于中华民族共同体的认同，同时也会在国家安全方面留下隐患。基于这种现实，如何处理好城市与民族之间的关系，保障各族人民合法权益，增进城市中各民族间的相互认同与融合以及为各民族流动人口提供必要的保障措施就成为城市民族工作的主要内容。笔者在"国家—民族"理论中论证了国家和民族是一种自上而下的管理和资源配置的关系，那么在城市与城市中的各民族人口之间的关系同样也是如此，是一种自上而下的关系，城市处于主导地位，城市中的各民族人口处于从属地位，城市对所辖区域内的各民族人口具有管理和资源配置的权力，城市给予城市中少数民族群众的财政支持和各类帮扶性项目、政策就是这种关系的体现之一。从共同体的角度来看，城市各族人民构成了城市共同体，类似于国家是各民族的命运共同体，城市则是城市中各族人民的命运共同体，具体表现为城市政治共同体、城市经济共同体、城市文化共同体、城市生态共同体和城市社会共同体，城市兴而各族人民兴，城市衰而各族人民衰。从实体与虚体的角度来看，在"城市—民族"共同体中，城市在共同体中处于主导地位，为城市中的各族人民通过"伞式社会"自上而下进行着资源配置和行政管理。作为虚体的"城市—民族"共同体意识，需要通过城市文化、社会意识的引领才能够构建。整体来说，无论是从城市和民族的关系还是公共体、实体与虚体的角度来看，"城市—民族"都是一种主导与从属的关系，厘清城市与各民族间的关系，做好城市民族工作，构建荣辱与共的城市共同体对铸牢中华民族共同体意识具有重要意义。

"城市—民族"理论的提出是基于"国家—民族"理论的，所以铸牢中华民族共同体意识必须做好城市民族工作。城市民族工作是中国民族工作的重要领域，既是构建中华民族共同体实体也是构建中华民族共同体意识的重要阵地。"城市—民族"关系的维度给城市民族工作树立了方向，城市民族工作要坚持城市的主导性作用，通过城市的资源配置与权力分配对城市中的各民族进行统一管理，增进各族人民对所在城市的认同，并进一步增进各民族对中华文化的认同。在构建"国家—民族"共同体的前提下,"城市—民族"共同体必须重视起来。在城市中,各级政府要以铸牢中华民族共同体为主线,保障好城市各民族群众的基本权利,为各民族群众提供更加广泛的参与平台,使各族群众在城市中不断交流交往交融。

(二)"民族—城市"关系维度

在城市民族工作分析的第二个关系维度中,是自下而上的"民族—国家"框架下的"民族—城市"维度。"民族—城市"关系维度注重的是生活在同一城市的各民族与城市的关系,其中心思想是生活在同一城市的各民族构成了城市共同体。在这一层面,城市民族工作要通过构建相互依存、荣辱与共的城市民族共同体来增进城市中各族人民对中华民族共同体的认同。

在自下而上的"民族—国家"理论中,最具代表性的就是费孝通所提出的"中华民族多元一体化格局"理论,该理论也是我国民族关系的主要理论之一,其合理性就在于该理论是基于中国国情对只强调民族利益而忽视国家地位的西方"民族—国家"理论的修正。"多元一体"理论强调了民族的"多元性"与中华民族的"一体性",笔者认为在铸牢城市各民族的共同体意识中,城市中的各民族与城市共同体也是"多元"与"一体"的关系。在中国"大杂居,小聚居"的格局中,民族地区的各民族由于其具有共同的血缘关系、地缘关系和历史背景,它们自然而然形成了具有特定的规则与社会关系的稳定共同体。随着经济社会转型,人口流动越来越频繁,各民族的人民为了追求美好生活会选择向机会更多的城市流动,当他们在城市定居或是工作时,他们就不得不在新的城市建立自己的社会关系,寻求归属感,这时生活在一个城市的各民族人民由于共同的目标和价值就逐步构成了相互依存、荣辱与共的共同体。在城市中的各民族因其历史文化与风俗习惯不同会呈现出多元化的格局,不过这种多元化并不互斥,是能够共存的,对美好生活以及宜居环境的向往使得各民族有了共同的目标追求,这种目标追求和对中华文化的认同使得各民族在价值追求和行动上呈现出一致性,构建成共生共存的共同体。

城市中各民族与城市的关系可以用笔者曾提出的新古典"结构—功能论"进行解释，即"民族—城市"关系是一个不断建构的过程，和谐的关系能够发挥凝聚和认同的作用。城市民族工作是一个将各民族和城市联系起来的互动过程，各民族在城市中通过共建共治共享的过程构建出了和谐共生的社会结构，即城市共同体。各民族在参与社会治理的过程中构建的共同体能够发挥两个方面的主要作用。一方面是各民族与城市所构建的城市共同体结构能够为各民族提供更多的机会和平台，使得各民族群众获得物质层面的满足，通过经济和社会的发展带动城市发展。另一方面城市共同体的结构所表现的功能体现在意识层面，具体来说就是各民族在构建城市命运共同体的过程中逐渐找到了自己的归属感，逐渐对所在城市和中国特色社会主义道路认同，并由此上升到对中华民族共同体的认同。

城市民族工作在"民族—城市"关系层面所注重的一个方面是寻求城市中各民族的共同性，求同存异，通过相应的民族政策和帮扶项目保障各民族群众的各项基本权益，使在人数上处少数、缺乏参与的各民族群众广泛参与到社会建设和社会主义现代化治理中来。另一方面是通过多种形式的文娱活动引导城市中的各族人民参与其中，将文化建设贯彻到基层，提升各族人民对于城市的认同感和归属感，增强各族人民的城市共同体意识，构建各族人民的共有价值追求，通过城市共同体意识的构建推动中华民族共同体意识的构建。

（三）"民族—民族"关系维度

在城市民族工作中铸牢中华民族共同体意识的第三个维度就是"民族—民族"关系层面，这里的民族与民族关系由中国的56个民族之间的关系细化到了城市中民族与民族之间和谐平等的新时代民族关系。在城市民族工作的这个层面中，城市中各民族之间的关系主要体现在民族互嵌社区中。在这个层面，城市民族工作的重点是在城市中通过民族互嵌社区"治理共同化"①的过程来构建平等、团结、互助的新型民族关系。

民族互嵌社区是建立民族与民族之间交流交往交融关系和铸牢中华民族共同体的主要阵地,现代化城市发展所带来的社区空间结构的扩展以及功能的多样化催生了民族互嵌社区。民族互嵌社区主要是指在城市中由多个不同民族所构成的社区,在民族互嵌社区中,各民族成员在这里共同生活、交往,共同参与基层社会治理。民族互嵌社区的特征是各民族成员间的互嵌性,即各民族在地位上是平等的,在社区的空间属性上是相互嵌合的,在精神属性上是相互依靠、共同进步的社区共同体。民族互嵌社区具有深刻的内涵,"互嵌"概念的使用表明社区不是以个别民族为主、少数民族为辅的社区治理结构,而是各民族互帮互助、相互依存,像"石榴籽"一样均等化地参与到社区治理中来的共生结构。

尽管各民族有着自己特有的文化特征与风俗习惯,但是各民族对中华文化有着共同的认同,即共同性。同时,在民族互嵌社区中,社区的空间属性和行政属性将社区中的各民族划分成一个整体,在社区这个整体中,共同生活在这里的各族人民是相互依存的,个体的利益与社区的整体利益息息相关,一荣俱荣,一损俱损,这种相关性就是共存性。共同性和共存性这两种属性决定了各民族在行动和意识层面紧紧"抱在一起",在社区层面形成荣辱与共、相互支持的共同体。城市民族工作中,民族互嵌社区是各民族交流交往交融的重要场所,也是新时代社会治理的重要实践领域。从共同体的大小属性来看,民族互嵌社区是微观的共同体,城市是中观层面的共同体,国家是宏观层面的共同体,铸牢中华民族共同体意识需要从建立城市中平等团结的民族关系和铸牢民族互嵌社区共同体的意识

---

① 社区治理共同化是一个过程,具体来说,就是社区成员在参与社区治理的过程中逐渐认识到彼此之间的共性,然后在社区治理的行为和意识上逐渐趋同,并形成稳定的社会关系的过程。

开始。

　　以民族互嵌社区为对象的共同体的社会治理实现了从"管理"到"治理"的转变，是城市社会治理中重要的一个部分，各民族在民族互嵌社区"治理共同化"的过程就是民族互嵌社区社会治理共同体建设的过程。换言之，就是各民族在社区的日常化生活和社区建设中有着共同的目标和价值，在建构共同体的过程中各民族成员彼此认同、参与和共享，逐渐建立起相互信任、彼此依存的城市社区治理共同体。同时，由各民族在社区中建立起的社区治理共同体结构在其建构过程中和本体结构中都会发挥该结构应有的功能。民族互嵌社区的治理过程就是社区共同体构建的过程，在社区问题的治理和社区建设过程中，会逐渐形成以多民族成员为主体的社区共同体结构。这个结构所呈现的特征是多元化的参与主体，即来自于不同民族、不同文化背景的各民族成员，其建构过程是社区中的各民族成员在社区治理的过程中逐渐发现彼此在解决问题上的共性，并在共同的背景下演化出共同的价值追求，产生彼此的认同和信任，由此产生一系列与此相关的实践活动。在实践活动中，社区中的各民族在协作中彼此的距离拉近，并且会产生相应的情感，构建出相互依靠的日常生活关系，各民族成员逐渐认同和凝聚，渐渐形成社区治理共同体。民族互嵌社区所形成的共同体结构在构建过程和构建起来后都会发挥该结构的功能。

　　首先，这种共同体结构是在解决问题的基础上构建出来的，在这过程中，各民族成员积累了大量的实践经验，当再次面临问题时，解决社区问题的功能就会激发出来。例如，笔者在成都市金牛区郎家社区的西岸观邸小区调研时了解到，该小区由于地处川西和藏区的交通枢纽地带，毗邻长途客运站与公交站，聚集了大量的少数民族流动人口，社区衍生出了100多家家庭小旅馆，存在严重的治安隐患，社区矛盾频发。为整治社区民宿乱象，在街道、公安分局、国土局、房管局、市场监督管理局等多机构的共同引领下，街道、社区、物业和业委会等多方力量参与联动，建立组织联建、事务联议、活动联心的"三联机制",以小区二级党总支为轴心,70多名党员为轴线,将业委会、物业党支部纳入小区党支部统一领导,共建石榴籽党群服务站。通过呼吁业主共建共治,坚持党建引领,由党员和楼栋长带头监督,发挥志愿者力量,带动居民共同参与,在整治过程中积极协商,最终成功取缔这些家庭小旅馆。

其次,民族互嵌社区的共同体结构具有凝聚功能,这种共同体结构将最初来到该区域的陌生民众通过"共同化"的过程变成守望相助、和谐共存的有机整体。因此,社区治理共同体的这种认同和凝聚功能有助于中华民族共同体意识的培育。

再次,民族互嵌社区的共同体建构过程能够培育社区精英。在城市社区治理共同体的构建过程中,会有一些有威望、热衷于公共事务的成员在构建过程中得到认可,获得号召力,成为共同体的领导者,这部分成员就是社区精英。在民主自治的过程中,社区精英的存在使得民族互嵌社区的治理有了明确的分工,提升了效率。在上述的西岸观邸小区的调研中,笔者还了解到该小区的石榴籽服务站中有一名藏族同胞昂旺登巴,他作为共产党员,积极参与到社区的各项工作中,特别是利用自己的少数民族身份积极与少数民族同胞沟通交流,将他们的诉求及时反馈给社区,在社区治理过程中起到了纽带作用。

总而言之,民族互嵌社区"治理共同化"的过程为各族人民的社会参与提供了平台,让城市中的各族人民找到了归属,铸牢了各族人民的共同体意识。

四 以铸牢中华民族共同体意识为主线推进城市民族工作高质量发展

在党中央的号召下,各地城市民族工作正如火如荼地进行着,各城市根据具体情况发展出了适宜本城市的民族工作经验和模式,但不可否认的一点是各城市在民族工作中大多还处于试点阶段，还未形成完善的、可在大范围内推广的城市工作模式。基于这种情况，笔者认为应该对城市民族工作的经验加以总结，将理论与实践相结合，在逐步试点过程中摸索出一套覆盖范围广、适用性强的民族工作体制机制。针对城市民族工作的未来走向，笔者认为可以从以下五个方面来进行把握。

（一）从"各民族"到"中华民族"

中华民族是在中国几千年的历史中形成的，在近代与列强的斗争中愈加团结，"多元"的56个民族与其所形成的"一体"的中华民族是对中华民族内涵的阐释。尽管中华的56个民族都有其独特之处，但是在历史演进中，各民族相互认同、彼此交融，形成了有机协作的整体。尽管各民族之间各自有着对所属民族的认同，但这只是低层次的认同，各族人民对中华民族的认同才是最高层次的认同。在这种理论基础以及目前民族工作的实践来看，笔者认为铸牢中华民族共同体意识，要把重心从各民族的工作转移到中华民族这个共同体的建设上来。

自中国实施民族区域自治制度以来，民族地区的经济、社会得到发展和繁荣，各族群众的幸福感和满意度在党和政府的政策支持下持续提升，进入新的时代，民族工作要适应时代变化，在新的台阶上更进一步，为中华民族的繁荣锦上添花。铸牢中华民族共同体意识是习近平总书记在促进民族团结进步方面的重要指示，是马克思主义民族理论的最新成果，是中国共产党基于中国国情所进行的民族理论创新。中华民族是一个"整体"，各民族是其中的"个体"，在城市民族工作中，针对单一民族进行个别化工作的方法并不合理，一定程度上还会阻碍各族人民间的交流交往交融。

在城市民族工作中，要抓住中华民族共同体这个核心主体，让各族人民在共同参与中增进对中华民族的认同，避免针对各民族各行其是的错误方法。在中华民族共同体的构建中要强调是各民族对一脉相承的中华文化的认同。文化认同是各族人民对自己身份和归属的认知，是对中华民族共同体情感寄托的一种集体意识，是对中华民族共同体最基本、最深层次的认同。中华文化是多元的，每个民族都有特有的文化，这些民族文化最终汇聚起来形成了中华文化，民族文化与中华文化是"多元"与"一体"的关系。在中国，各族人民在历史中、革命中和社会主义现代化建设中共同创造了中华文化，对这些文化有着深深的认同。在民族工作中，优秀的民族文化在一定程度上也能为社区治理所用，当各族人民有着共同的目标追求时，民族文化就可以为社区共同体所用，因此，要寻求民族文化与中华文化的共通之处，使民族文化为铸牢中华民族共同体所用。笔者在呼和浩特市的新城区西街街道曙光街社区调研时，看到该社区有一个"小马扎议事堂"，在这里，居民可以坐在具有蒙古族元素的皮制小马扎上进行议事、调解，实现了"从马背上"到"马扎上"的转变。曙光街社区的这种做法基于辖区内蒙古族同胞较多的现实考虑，通过具有蒙古族元素的小马扎拉近了与蒙古族同胞之间的距离，对蒙古族文化的改造利用使得民族工作落到实处。在厦门市海沧区嵩屿街道的海虹社区，社区中居住着15个民族的同胞，社区根据社区民族构成的现实情况将多样性的少数民族文化加以利用，组织了民族大合唱、海虹合唱团、百家宴等多项文体活动，调动了社区中各族人民参与的积极性，让社区中的各族人民在文体活动中找到了归属感；还在社区设立少数民族志愿服务站，鼓励各族人民互帮互助，为社区中的少数民族群众解决实际困难。该社区因此被评为"全省民族团结进步集体"。与此相关的例子比比皆是，这些具有典型性的民族工作将民族文化的多元性与中华文化的同一性统一起来，让各族人民在文化参与中增进了对中华民族共同体的认同。

城市的民族互嵌社区是城市民族工作的重要实践领域，每个社区在成员构成上都具有独特性，不同城市的社区在民族构成上也会呈现出差异性，与这种独特性和差异性相互关联的是各民族对中华民族共同体的认同性。在城市开展民族工作时，将各民族成员当成普遍的个体是必要的，在社区中，无论来自于哪个民族，大家共同的认同都是社区共同体、城市共同体和中华民族共同体，共同的努力都是在社区治理和建设的共同参与中提升幸福感。民族互嵌社区中的成员是特殊性和共存性相互辩证统一的，在特殊中共存，在共存中又保留有一定的差异性，作为社区治理共同体、城市共同体和中华民族共同体，各族人民要"求同存异"。城市民族工作要在铸牢中华民族共同体意识发挥其应有的作用，从"各民族"到"中华民族"的转变是应有之义。笔者在成都调研时曾去过一个民族社区，该社区是位于武侯区浆洗街道的蜀汉街社区，该社区属于典型的民族互嵌社区，该社区居住着30多个民族的同胞，社区中经营佛教用品的商户林立，流动人口众多。该社区在党建引领下引入社会企业、孵化社会组织，通过专业的社会组织参与党群服务中心的运营，为服务居民链接资源，调动各民族特别是少数民族同胞参与到社区治理中，为社区发展造血赋能，改变了多民族社区治理困难的局面，先后被评为"市示范社区教育工作站""市民主法制示范社区""市人民防线建设先进单位"等。蜀汉街社区的实践证明了城市民族工作的方向就在于将个体融合成共同体，将"各民族"融合成"中华民族"，中华民族共同体是各民族的共同归宿。

（二）从基层实践到上层制度设计

城市民族工作要在铸牢中华民族共同体的大框架下发挥作用需要有一个完整的体系。根据笔者近年来在广州、成都、武汉、南宁、呼和浩特等城市对城市民族工作和城市少数民族流动人口的调查中发现，各城市的民族工作实践主要依靠基层，各地区政府或是街道社区都是在大的政策背景下开展民族团结与进步工作的实践，其中因为涉及资金或制度等问题，只有部分社区能够将民族工作做到位，其余民族社区还有很大发展空间。基于这种现实，笔者认为精细化、精准化的民族互嵌社区治理与完整的制度体系相结合更有利于做好城市民族工作。城市民族工作需总结基层实践的经验，发掘典型，出台与城市民族工作相关的法律法规，由政府部门在民族工作上设计出覆盖范围广、适用性强的一套完整制度设计，为实践中的城市民族工作提供法律和制度支持。

微观的基层实践在城市民族工作中具有较强的弹性，这是由民族社区的不同环境和资源决定的，社区的条件决定了民族互嵌社区的运行方式。在民族互嵌社区的实践中，非正式制度起到了关键作用，特别是我国现在处于经济社会结构转型的特殊时期，非正式的方法给基层带来了较大的运作空间。不同民族的文化与生活习俗中存在着一些合理的规则性内容，这些合理的规则可以将其加以利用，发挥非正式制度在社区治理中的作用，通过社区共同体构建的过程唤起各族人民对中华民族共同体的认同。与此相对，正式制度也要进行完善和创新才能与社区中的非正式制度相匹配，在社区中共同推动民族工作的进行。与城市民族工作相关的上层制度设计和中层制度设计就属于正式制度的范畴，正式制度通过法律、法规、政策等形式约束民族互嵌社区的建构过程，对民族互嵌社区中存在的与社会主义核心价值观相冲突的非正式规则加以扬弃，引导社区发展方向，约束各民族成员的社会关系。因而笔者认为，政府各级部门应当在现有实践的基础上出台从顶层到中层再到基层，从中央到地方再到基层自治组织的一整套推动城市民族工作实施的制度和法律体系。

（三）从多元主体到党政引领

城市民族工作的参与主题是多元的，党组织、政府、社会力量、各族群众都是民族工作的主体构成。在具体的民族工作中，各主体有着不同的价值追求和义务责任，想要做好城市民族工作，铸牢中华民族共同体的意识就要协调各方机制、统筹各方力量、避免责权混乱，既要保障多元主体的参与又要发挥党建引领的作用。

从多元主体的角度来说，党组织和政府属于权力部门，它们在城市民族工作中是必不可少的主体，对于它们的讨论则更多的是所处位置与权责划分方面。各族群众既是城市民族工作的参与者也是成果最主要的享受者，因而要保障各民族群众都能作为平等的主体参与其中，特别是在民族社区层面，积极调动各民族成员参与其中，打造共建共治共享的社会治理格局。在社会现代化的治理中，社会力量在其中发挥着活跃的作用，社会组织、非营利机构、企业等多方力量一方面能够在社会现代化治理中提供社会资源，保障了各民族群众不同层面的需求；另一方面，社会力量能够以专业的技能或方法为各族人民提供服务，提升社会治理水平。在"中华民族共同体化"的过程中，多元主体的参与必不可少，人民群众的主体地位永远不可忽略。

在我国社会中治理主体多元化的背景下，为了保证各方主体能够高效率地在城市民族工作中发挥作用，同时要注意党政主体的位置与权责划分。坚持党的领导是历史经验和人民所决定的，在城市民族工作中也必须坚持党的领导。党政主体容易涉及"行政化"与"去行政化"的问题，在这里就要考虑党政主体在城市民族工作，特别是民族互嵌社区的治理共同体中处于什么角色定位。笔者在多个城市调研时发现，党建引领一直是城市基层民族工作中的重要部分，民族互嵌社区的各项民族工作都是在党建引领下进行的，有些社区还发展出来"党建+"的模式。关于党政主体的定位，成都市具有很好的经验，成都市 2010 年出台的《成都市城乡社区治理机制建设实施纲要》将社区"去行政化"，对社区"赋权增能"，提供财政支持，同时还建立了第三方评估组织制度。成都在基层治理中的成功实践也给城市民族工作的基层治理提供了借鉴，即在民族互嵌社区的共同体建构中，党政主体要明确自己的角色，做好领导和统帅工作，给予社区一定的自主权，使社区各项主体具有发挥空间，不能大包大揽地管理一切事物，通过党建引领与多元主体的参与来做好城市民族工作，增进各族人民对社区共同体、城市共同体和中华民族共同体的认同。

（四）从不同维度铸牢中华民族共同体意识

在城市民族工作中，笔者认为要围绕城市和民族的三个关系维度来展开。

第一个维度是城市与民族关系的维度，可以概括为"城市—民族"。具体来说就是各城市在民族工作的过程中要注重城市对各民族的主导性作用,即城市掌握着对各民族的资源配置和管理权力,城市中的各民族在城市管理中处于从属地位。这个层面带给城市民族工作的启示是要认识到城市的作用,在经济方面为少数民族流动人口和户籍少数民族人口的管理和服务工作划拨专项资金,给予经济上的支持;在行政方面,利用自上而下的权力关系,从城市到基层建立相应的管理部门,协调与之相关的各部门,从横向和纵向两个方面建立多级、多部门的联动机制,多方力量共同参与城市民族工作。

  第二个维度是民族与城市的关系维度,可以概括为"民族—城市",这个层面的主要要点在于把握城市中的各民族与城市"多元"与"一体"的关系,即各民族共同构成了城市这个共同家园。基于这个层面,城市民族工作要通过文化建设和社会建设以及生态建设在各民族中共建城市共同体意识。城市民族工作中的文化建设是极其重要的一个部分,在铸牢中华民族共同体意识中必须重视文化宣传的作用,利用好电视媒体、网络、宣传海报等多种形式的宣传载体和开展多种形式的宣传活动,在潜移默化的影响中提升各族人民对城市共同体和中华民族共同体的认同。[①] 在这个方面,成都给我们提供了很好的经验,成都市以"蓉城一家亲"为品牌,利用各类媒体平台进行宣传,投放宣传片,打造以城市共同体为主题的公园,还大力弘扬天府文化,对优秀民族文化和非遗项目进行保护和传承,展现民族文化多样性,增进了各族人民对城市和中华文化的认同。城市民族工作社会建设方面的主要内容是保障和改善各民族群众的生活水平,提升社会治理水平。各族群众的合法权益得到保障,社会地位得到提升,社会生活水平得到提高,社会参与不断增加,才能对城市和中华民族共同体不断认同。在生态方面,生态共同体是民族工作的未来发展方向,伴随经济社会的发展,

---

  ① 崔新建:《文化认同及其根源》,《北京师范大学学报》(社会科学版) 2004 年第 4 期。

各族人民对于城市生态环境的意识不断提升，城市民族工作可以围绕城市生态共同体开展多种活动，提升各民族对城市生态共同体的认同。

第三个维度是民族关系维度，可以概括为"民族—民族"，这个维度是城市民族工作中最常见的维度，特别是在基层社区的建设中，社会治理格局的创新增进了各族人民之间的关系。可以看到，大多数城市都将基层的民族互嵌社区作为民族团结进步创建的重要领域，这是由民族互嵌社区的属性所决定的。民族互嵌社区是城市中各族人民共同居住和生活的场域，在社区中各族人民有着密切的联系，在共同建设和治理社区的过程中有着共同的目标和价值，容易结成共同体和构建平等团结的民族关系。各城市在基层社区的建设方面都有着丰富的实践，但目前这种实践还只是小范围的，要对经验进行提炼，发展成有推广意义的模式，在整个城市范围内进行推广。例如，宁波市北仑区作为浙江省和全国的基层社区民族工作标准化试点，其"四微"模式在少数民族流动人口管理和服务方面为全省和全国提供了借鉴，下一步这种模式将在大范围内推广实施。

（五）把握城市民族工作模式的两个特性

城市民族工作模式有两方面的特性，一方面是"共同性"，即有效的城市民族工作模式对全国范围内的民族工作具有借鉴意义，各城市可以在互观互学中借鉴和吸收其他城市的先进经验，在共同进步中做好城市民族工作，全面增进各民族群众对中华民族的认同。目前，中国城市民族工作的先进经验和体制机制主要集中于各大城市，一些中小城市和偏远城市的城市民族工作还在探索中，发掘和推广各大城市的先进经验对于其他城市的民族工作建设具有重要意义。另一方面是"特殊性"，即各城市的民族情况不一，在此基础上形成的民族工作模式并不能完全适用于其他城市。城市民族工作在贯彻中央精神、执行民族政策以及学习其他城市经验的基础上也要基于本城市现实状况及民族特点，因地制宜开展民族工作，探索出一套真实有效的城市民族工作机制。

在民族工作方面，可以将城市分为两类，一类是民族地区的城市，这类城市中户籍少数民族人口较多，少数民族流动人口大多为就近地区的各民族；另一类是非民族地区的城市，这一类城市大多是因经济发展较快而吸引了大量少数民族人口流动或是定居，通常少数民族流动人口的数量远远多于长期生活于此的少数民族，且流动性强。城市在地区属性上的差异和城市的发展方向决定了城市的民族工作模式要因地制宜，根据地区实际情况而进行。不同的城市在借鉴全国经验的基础上还要根据城市实际情况来制定民族工作策略，这样方能保证城市民族工作的顺利进行。呼和浩特市城市民族工作的实践就是一个例子，该市除了重视常规的少数流动人口管理服务外，还基于本市民族企业多、民族学校教育教学条件相对较差以及少数民族特殊需求等情况，从民族经济、文化教育和尊重少数民族习惯等方面做好民族工作。然而，在广州，少数民族工作却是与之不同的方向，广州作为一线城市，其少数民族流动人口不仅数量多且流动性强，因此广州在少数民族流动人口管理上更为复杂，管理压力大，需要将少数民族流动人口管理服务工作作为重心，在管理方式上需要建立多级联动的管理体制和拓展精细化、系统化的管理方式。呼和浩特市和广州市的实践证明了基于城市民族情况开展民族工作的重要性，唯有立足实际，方能把握好民族工作方向。

五　调查研究结论与建议

综合上文所述，城市民族工作在新时代民族工作中具有举足轻重的地位，在城市民族工作中铸牢中华民族共同体要立足于三个关系维度："城市—民族"关系维度、"民族—城市"关系维度、城市中"民族—民族"关系维度。这三个维度分别从不同的视角针对城市和民族的关系进行分析，为新时代民族工作的方向和要点提供了参考，对构建中华民族共同体进行了思考。见表3-1所示。

表 3-1　　　　城市民族工作铸牢中华民族共同体基于的三个维度

维度	关系	所构建的共同体
第一维度："城市—民族"	自上而下的管理和资源配置关系	城市共同体
第二维度："民族—城市"	自下而上的构成关系	
第三维度："民族—民族"	平等的民族关系	社区共同体

中国各个城市民族工作的实践各具特色，各有偏重，但其主线都是铸牢中华民族共同体意识，在城市民族工作的过程中，各城市要以更加全面的视角看待城市民族关系，即基于城市与民族的关系、民族与城市的关系、民族与民族间的关系这三个关系维度，开展城市民族工作。同时，在城市民族工作中要注意借鉴经验与因地制宜，在吸收各城市先进经验的基础上探索出适宜本城市的民族工作体制，以城市民族工作的不断创新和进步推动中华民族共同体意识的建设。

在城市民族工作中铸牢中华民族共同体意识的三个维度所构建的不同层面的共同体相互递进，最终构成了中华民族共同体，在构建过程中通过多种形式的构建途径铸牢了中华民族共同体的意识。当然，在城市民族工作中增进各族人民对于中华民族的认同感和归属感还需要进行更深入的探索，笔者针对城市民族工作所提出的三个建议还是远远不够的，希望不同领域的专家学者们对此进行热烈的讨论和积极的探索，呼吁大家作为中华民族的一员，在构建中华民族共同体和铸牢中华民族共同体意识中贡献自己的一份力量。

第四章　推广普及国家通用语言文字与铸牢中华民族共同体意识

摘要：本报告对推广国家通用语言文字的理论逻辑、历史逻辑和实践逻辑进行了梳理，首先从理论上讨论了推广国家通用语言文字的历史必然性和现实重要性，厘清模糊认识；其次阐述从"雅言""通语""国语"到国家通用语言文字的历史发展，试图揭示其历史发展规律及其内涵的变迁；最后讨论了新时期推广国家通用语言文字的难点问题，提出了工作建议。

关键词：推广普及；国家通用语言文字；理论；历史；实践

中国是统一的多民族国家，多民族多语言文字是我们的一个基本国情。多样统一的语言生活对于民族团结、社会发展、国家建设具有重要的基础性作用。传统中国对语言文字统一性的追求主要集中于士大夫阶层的文学语言，"书同文字"、制写"文言"、倡行"通语"是古代语言生活治理的基本措施，"通语""同文"成为导引中华民族绵延前行的文化之轨。迨至近代，面对西方文明的激荡冲撞、域外列强的虎视鲸吞，中国知识界幡然领悟语言文字对于普及教育、开启民智、建设国家、振兴民族的重要性与急迫性，掀起一场轰轰烈烈的语文革新运动，其中贯穿的主线是追求语言文字的统一。在中华民族走向伟大复兴的今天，国家通用语言文字担负着凝聚中华文化认同、铸牢中华民族共同体意识的时代使命。本章首先阐释了国家通用语言文字推广普及的理论逻辑,梳理了中国历史上从"雅言""通语"到"国语"的通用语构建脉络,进而对中华人民共和国成立以来普通话和规范汉字的推广实践进行了评述,并进行了案例分析。最后,基于新时代党和国家语言文字事业要求,对当前推广普及国家通用语言文字存在的问题和困难进行分析,并提出了针对性工作建议和策略。

一 推广普及国家通用语言文字的理论逻辑

中华人民共和国成立以来,党和国家开启了国家通用语言文字学习推广的系统工程,取得了重大成就。在新时代,国家通用语言文字的学习和推广进一步丰富了内涵,也面临着攻坚克难的艰巨任务。梳理推广国家通用语言文字的理论逻辑,以厘清相关模糊认知,深入认识学习推广的重大历史和现实意义,更好激发各民族人民学习推广国家通用语言文字的内生动力和自觉意识,仍然是十分迫切的课题。

(一) 中国的语言国情和通用语的历史必然

1. 统一多民族国家的语言国情和通用语需要

我国自秦统一以来就是一个多民族、多语言、多方言、多文字的国家。这一国情一直延续到现在。

据中国社会科学院的研究,截至 2007 年的数据,我国共有包括汉语在内的 129 种语言。随着调查研究的深入,还有一些新的语种在陆续发现。因此,我国是一个名副其实的语言大国。我国也是一个文字大国。历史上,我国各民族曾经先后使用 50 多种民族文字。到中华人民共和国成立前,有 21 个少数民族有自己的传统通用文字。此外,吐火罗文、佉卢文、粟特文、突厥文、回鹘文、察合台文、于阗文、古藏文、八思巴字、西夏文、女真文、契丹字、回鹘式蒙古文、托忒蒙古文、东巴象形文字、方块壮字、方块白文、水书、满文等 30 余种文字，有的在中华人民共和国成立前已经成为死文字，有的虽然至今仍在民间使用，但没有成为传统通用文字。

目前，我国有约 30 种现行文字。除汉族使用汉字记录汉语以外，我国相当多的少数民族以汉字书写他们的书面语言。汉字系文字在历史上还用于记录中国的一些少数民族语言和东亚、东南亚部分国家的语言。汉字在殷商时期（公元前 17—前 16 世纪）形成完整的文字体系，其字体的演变经历了甲骨文、金文、篆书、隶书、楷书等阶段。汉字从未间断地使用至今。

多民族、多语言、多方言、多文字的语言国情，造成了沟通交流的巨大困难。不仅各民族语言之间无法沟通，很多汉语方言之间甚至同一个汉语方言内部的不同土语和地方话之间也存在难以通话的问题。武汉话属于官话方言（北方方言）中的西南官话，但在 2020 年的武汉抗疫战役中，同样来自官话方言区的医护人员和志愿者，与说武汉话的病患进行沟通时却遇到了很多语言障碍，使得语言应急翻译成为抗疫的迫切需要。因此，通用语、共同语是统一多民族国家社会发展和治理的客观需求。

从历史记载看，从周代开始就有了"雅言"，这是通行于中国北方各诸侯国的共同语。"雅"，正也，雅言就是规范的语言。据史书记载，孔子为弟子讲学时用的就是"雅言"，而不是鲁国方言。到秦代，又进一步"书同文"。汉代把共同语叫"通语""凡语"或"通名"等，明清时代叫"官话"，民国时期叫"国语"，新中国叫"普通话"。这些共同语、通用语的内涵不完全一样，但都是基于共同的需要而形成的。这个共同需要，就是多民族、多语言、多文种国情所决定的对共同交际语的需要。

2. 国家通用语的历史形成

1982 年 12 月 4 日，第五届全国人民代表大会第五次会议确立了普通话和规范汉字作为国家通用语言文字的法律地位。

"普通话"是一个历史发展的进程。中华人民共和国的国家通用语言以北方话为基础方言，以北京语音为标准音，这是一个基于历史发展的选择。通用语言文字的学习推广源远流长，历朝历代都有自己的"普通话"，也就是所谓的官方语言。只是在不同的朝代有不同的语言标准。回顾我国通用语的发展历史，可以看到名称在不同的历史时代有所不同，而且内涵也不完全一样。总体上，秦灭六国以后，书同文，言必雅，以秦国都城咸阳地区的语言为雅言。虽然基础方言的格局没有变化，但具体雅言的情况则有很大变化。以北京语音为标准音的官话在元代以来不断加强了影响，并取得了标准音的地位。

从语言学角度看，通用语言文字的历史发展还有一个表现，即语言系统和文字系统本身也是一个不断发展的体系。汉字系统作为一种表意文字体系，在功能上经历了从象形文字到以形声字为主的表词的意音文字的重大发展，在形体上则经历了从甲骨文到小篆、隶书、楷书以及字体简化的重大变革；口头语言的发展变化则更加巨大，普通话的基础方言北方话的变化尤其突出。因此，无论是基础方言、标准音点以及语言文字系统自身，都是一个不断发展变化的符号体系，而不是一成不变的。

（二）民族交融与通用语的共同缔造

国家通用语言文字的历史发展，就是中华各民族"四个共同"的深刻体现。共同的语言文字，既是中华民族共同开拓疆域、书写历史、创造文化、培育精神的工具和载体，本身也是各民族共同创造的重要文化成果。长期以来，由于缺乏正确的历史观、民族观、国家观和文化观，对国家通用语言文字的认识不够全面系统，不论是学术界还是各民族群众，往往把国家通用语言文字理解为汉族的语言文字，这样的认识和理解是有失偏颇的。

各民族人民共同创造了国家通用语言文字，可以从两个方面去认识。

1. 国家通用语言文字的系统本身就是各民族交往交流交融的重要成果

任何语言系统都不是孤立发展的。在各种语言的发展过程中，都或多或少地受到其他民族语言的影响，或是吸收了其他民族语言的成分。这是语言发展的普遍规律。在这一方面，国家通用语言文字的体现就更为突出。以汉语官话方言为基础，以北京语音为基础的普通话，堪称我国各民族语言交融发展的典范。这样的融合发展，在语音、词汇、语法方面都有十分深刻而广泛的体现。各民族的密切交往交流交融，造成了普通话及其前身"官话"的高度包容和影响力，而官话的发展和影响则进一步促进了各民族的交往交流交融。两者是互为因果的关系。

黄河中下游到华北平原的广阔地区，自古就是我国古代各民族交融发展的核心区域。语言学界一致认为，普通话的前身北京官话，上溯元明、推广于清代，是在汉语北方方言的基础上，大量吸收以蒙古语、满语为主的少数民族语言的词汇、语音、语法特点而形成的。

在语音系统上，到了元明清三代，北京成为全国的政治和文化中心，语言的交融发展进一步加快。特别是元、清两代，蒙古语和满语大规模地影响北京话的语音系统，造成了官话、民国"国语"和普通话的语音基础。

除了语音系统的影响外，词汇系统最能鲜明体现北京官话的多民族语言交融性质。北京官话中，大量的词汇来自北方各民族的语言，特别是蒙古语和满语的借词最多。如："（车、驿）站"一词，源自蒙古语的jam；"胡同"来自蒙古语gudum；"戈壁"来自蒙古语gobi；"哈巴狗"来自蒙古语xaba。"萨其马"来自满语sacima，原义为"狗奶子糖蘸"，"狗奶子"是一种野果名；"磨叽"（mòji），表示磨蹭，来自满语moji；"敞开儿"（chǎngkāir），来自满语cangkai，义为"只管""任意""随便""不限"；"胳肢"（gézhi），也写作"隔肢"，来自满语词gejihesembi，义为"搔腋下"；"呵斥"（hāchi，呵字变读），来自满语词hachiyambi，意为"强劲""催逼"；哈喇（hā la），来源于满语har，本意为辣味刺鼻，北京话谓油脂类或油炸食品放置日久而发腐臭气味。除了大量的北方民族语言词汇已经进入北京官话难分彼此之外,也有一些南方少数民族的特色词汇进入了官话,成为今天普通话中的一部分,例如"喇嘛"借自藏语 la^{55}ma^{55},"游方"借自苗语 zəu^{55}faŋ^{33}等。

2. 各少数民族都参与了对国家通用语言文字的传承和发展过程

以鲜卑族文学家元好问,维吾尔族文学家、戏曲艺术家贯云石,回族(一说蒙古族)诗人萨都剌,蒙古族小说家蒲松龄,满族文学巨匠纳兰性德、曹雪芹、老舍等为代表的大批少数民族作者创作了一大批经典作品,从《敕勒歌》《木兰辞》到《红楼梦》,以及唐诗、宋词、元曲中的经典作品,很多都是由少数民族作者创作的。无数少数民族的知识精英和劳动群众,为国家通用语言文字的发展做出了杰出贡献。

历代少数民族具有远见卓识的代表人物,都把学习和推广"通语"作为民族发展的重要工作。在北方,魏晋南北朝是一个民族大融合的时期。北魏孝文帝曾强力推行"通语","诏断北语(按指鲜卑语)一从正音(指通语),禧赞成其事,于是诏年三十以上习性已久,容或不可卒革,三十已下见在朝廷之人,语音不听仍旧,若有故为,当降爵黜官"(《魏书·高祖下》)。南诏、大理国等地方政权,都以学习汉语汉文为荣,以汉字文言为官方文字,并把自己的子弟送到成都学习汉语文,南诏、大理国的统治阶级和高级知识分子都精通汉语文,留下了不少被誉为"卓然唐音"的名篇佳作。可以预见,随着中华民族共同体不断发展壮大,各民族人民在传承好汉语方言和少数民族母语的同时,也都会越来越自觉地参与到传承、使用、发展国家通用语言文字的伟大事业中。

由上可知,国家通用语言文字是以汉族为主体的各民族人民一起创造的。无论是基于多民族语言的自然交融,还是各民族人民的共同学习、传承和创作,国家通用语言文字都是以汉族人民和汉语为主体,各民族人民和各民族语言交融发展的成果。通用语言文字凝聚着中华各民族语言文化的基因,在新时代将会发挥更加包容、更加博大的铸牢中华民族共同体意识的基础作用。

(三) 通用语与共同体构建：从自在到自觉

语言文字是一个民族和国家发展的重要基础。《国家语言文字事业发展"十三五"规划》指出："语言文字事业具有基础性、全局性、社会性和全民性的特点，是国家综合实力的重要支撑力量，事关国民素质提高和人的全面发展，事关国家统一和民族团结，事关历史文化传承和经济社会发展，在国家发展战略中具有重要地位和作用。"语言文字事业的"基础性""全局性""社会性""全民性"，都是语言社会属性的体现，与一个民族和国家的发展息息相关。

语言文字不是孤立存在的，它总是和特定的社会群体相联系。站在两个一百年的历史交汇点，我们要基于中华民族伟大复兴的历史进程，深刻认识中华民族从自在到自觉的重大变化，并充分认知国家通用语言文字在这个发展进程中的性质和作用。国家通用语言文字本身就是中华民族历史发展的产物，同时又是中华民族这一共同体存在和发展的语言基础和重要标志。

中国从秦汉到隋唐，再到元明清，每一次大统一都使中华民族作为统一的整体逐步走向成熟。中华人民共和国成立以来，全国各民族人民的社会、经济和文化的交往交流交融史无前例，国家认同感显著增强，"中华民族"一词日益深入人心，这都充分表明，中华民族共同体的经济社会基础日益深厚。2017年10月，党的十九大把"铸牢中华民族共同体意识"写入《党章》。2018年3月，第十三届全国人民代表大会第一次会议通过的《宪法修正案》，中华民族共同体建设已经成为党和国家以及各民族人民的自觉行动。

中华民族共同体的形成和发展，经历了漫长的历史过程和艰辛的奋斗历程，在统一的多民族国家形态中孕育生长、成熟壮大，结成了56个家庭成员平等团结互助和谐的多元一体大家庭。虽然家庭成员各有其名，但所有的家庭成员都姓中华民族。因此，在以现代民族为标志的世界民族之林中，中华民族是唯一代表中国现代民族的共同体名称。中国各民族没有哪一个民族能够自外于中华民族而跻身于世界民族之林,这是铸牢中华民族共同体意识的根本立场。①

随着中华民族从自在走向自觉,并将在新时代走向自强,迎来中华民族的伟大复兴,与中华民族共同体相适应的语言文字建设是应有之义。在中华人民共和国成立之后,普通话在一段时间内首先是作为汉民族的共同语,同时作为各民族的通用语。但随着中华民族伟大复兴的进程,新时代的国家通用语言文字要有新的内涵,就是要作为中华民族共同体的语言文字而存在。如果说,过去的民族工作包括语言文字工作更多地强调了各民族以及各民族之间的关系,新时代的民族工作包括语言文字工作要更加重视作为一个整体的大家庭也就是中华民族共同体,国家通用语言文字就是与这个大家庭和共同体相适应的语言文字,而包括汉语在内的各民族语言文字则是属于家庭成员层次。把普通话视为汉语的一种,或者把国家通用语言文字与各民族语言并列,都是不恰当的。反过来,把推广国家通用语言文字与科学保护各民族语言文字对立起来的认识也是错误的。随着国家通用语言文字普及,中华民族也必将走向包容性更强、凝聚力更大的命运共同体。

二 推广普及国家通用语言文字的历史逻辑

通用语和共同语的问题,源远流长。最早可以追溯到周代,到清末和民国时期,关于通用语的讨论进入了高潮。3000 年的历史发展,凸显出从"雅言"到"通语"和"天下通语",再到"国语"的历史发展逻辑,可以为新时代的国家通用语言文字推广普及提供历史借鉴。

---

① 郝时远:《铸牢中华民族共同体意识必须推广国家通用语言文字》,《人民日报》2018 年 10 月 31 日。

（一）从雅言到通语：历代中央王朝的共同语构建

由于北方地区民族部落众多，雅言在后来的发展中，古华夏语与其他部族少数民族语言的交汇融合应是其重要的发展形势。"通语"乃"雅言"之别称和发展。经过春秋战国的大动荡到汉王朝的建立，汉民族形成并稳固下来。《广韵》《集韵》和《礼部韵略》虽然规模大小不同，但其语音体系基本沿袭《切韵》，一般认为是河洛一带的语音。"通语"这个名称一直沿用到元代。明清时期汉民族共同语称为"官话"。

（二）言文一致：晚清的语言文字教育改革

晚清国势颓败、内外交困，中华民族濒于危亡境地，有识之士发奋求索，以图变革自救。但倚重"西技""洋器"的自强运动和试图"维新""改制"的戊戌变法先后失败，觉醒的知识分子认识到救亡图存先需施行教育、开启民智、唤醒国人；但积代而成的传统语文生活，存在汉字繁难、言文不合、语言歧异等问题，成为普及民众教育的直接障碍。中国自强自救的当务之急便是变革语文，而改革汉字是首要的，因为"汉字不革命，则教育决不能普及，国家断不能富强"（钱玄同）。西方拼音文字为当时开眼看世界的知识界开启了一扇窗户，而日本近代"言文一致"运动提供了一个改良语文的现成样板，由此清末"切音字运动"揭开了近代语文革新的序幕。当时人们普遍认为"切音""新字"为"普及教育之利器"，喊出"言文一致"的口号，"要用一种'切音'的工具，来代替那烦琐难写之单个儿的汉字"（黎锦熙）。前后涌现的切音字方案有数十种之多，或采用罗马字母，或仿照日本假名，甚至借用速记符号。不过它们拼写的口语大都以某个具体方音为标准音，影响较大的如卢戆章所制"中国第一快切音新字"《一目了然初阶》（1892年）以厦门话（厦腔）为准，而王照则对照北京话（京音）设计了《官话合声字母》（1900年）。为了"普及教育""富民强国"，切音字运动以"字话一律""字画简易"为追求旨要，为后来制订注音字母和汉语拼音方案开启了方向、形成了基础。切音字运动是朝向语言统一迈出的先行之步。人们提出通过"切音""简字"达成语言统一的种种想法，或者"以南京话为通行之正字，为各省之正音"（卢戆章），或者认为"语言必归划一，宜取京话"（王照），或者主张"先各习本地方音以期易解，次通习京音以期统一"（劳乃宣）。总之大家都看到数百年来形成的官话可以作为语言统一的基础，但在具体的选取标准和实施路径上存在分歧。

切音字既以字音为中心、以方言为依据，就无法回避地域局限和语言分裂的挑战。中国近代以来真正的"语言统一"理念是由日本"国语"制度启发而来的。日本在近代以前藩国割据、方言林立，上流阶层所用的"中华之言"（汉字文言）与社会大众的"大和语"（日本语）多有乖离。明治维新前后出现了"国语"（Kokugo）概念，用以标称日本民族的语言特性（意图与在日本有久远影响的汉语汉文进行区割）。在西欧近代民族主义思想影响下，明治后期日本"国语"完成了作为国家语言和国民语言的"内外兼修"式的整建过程：一方面将"有教养的东京人所言说"的"普通语"作为"国语"的标准，使其"自然化"为具体、确定、统一的语言；另一方面，从法律上规定"国语"在学校教育、司法行政、报章书刊、舆论宣传等场域的使用义务，将"国语"制度化为治国要术。明治三十三年（1900）通过修订《小学校令》，将原来分门别类的语文课程统一为"国语"科目，使"国语"的功能和威望大为提升，逐步成为日本现代民族国家的"精神性血液"。

甲午战败后中国转向日本学习富国强兵的维新之路。1902年，京师大学堂总教习吴汝纶受遣前往日本考察教育，发现"日本学校必有国语读本"，推行"国语"成效显著。日本教育界人士也向他建议："国语一致为统一社会之要"，中国"统一语言，尤其亟亟者"，中国学堂当"宁弃他科而增国语"（伊泽修二）。吴氏随即向管学大臣张百熙禀告，日本"国语"教育经验被吸纳进后者主持制定的"壬寅学制"（1903）和"癸卯学制"（1904）。因为清制以满语满文为"国语""国字"，权宜之计，以传统所谓"官话"代称国语进行变通，明令"各学堂皆学官音"，"拟以官音统一天下之语言"。其后国语统一思潮广为传播、深入人心。到清末"预备立宪"之时，资政院议员江谦在《质问学部分年筹办国语教育说帖》（1910）中，要求学部在"编订官话课本"时将"官话课本"正名为"国语读本"。1911年清廷召开学部中央教育会议，正式采用了"国语"这个名称，并通过"统一国语办法案"。"国语统一"被提上日程，但因清廷随即倾覆，政府实施的"国语统一"实质性行动并未开展，但在民间的私塾课程已经有所体现。

首要的是语文教材的变化，尤其是初等语文教材是文化变迁和社会共识的集中体现。清末，中国遭遇千年未有之大变局，中西方文化的冲撞、儒家道统与现代国民的杂糅以及民间语文运动蜂起与官方教育制度改革的互动带来了清末初等语文教材的时代变革，在初等语文教材中使用拼音字母标注口语音（尤其是官话音）是清末语文教材的重要内容，是明清以来"语同音"文化走向的社会共识，是传统中国走向现代社会的教科书标识。初等小学堂"中国文字"科目要求生徒认识常见汉字、阅读浅近文言并且会运用白话写作简短故事和书信[①]，目的在于为将来文言学习筑基以及谋生应世[②]。

（三）民国时期的"国语"运动

辛亥革命推翻封建专制，开启中华民族的历史新途。孙中山以"三民主义""五族共和"理念创建中华民国（"今者民国成立，政尚共和，合汉、满、蒙、回、藏而成一家，亦犹是一族"），志在"使中国成为一个统一、完整的国家"。在这一近代化进程中，国语不只是普及大众教育、启导民众德智的工具，更有提升国民意识、通达社会治理、维系国家统一的功能。"国语统一"运动成为民国

[①] 《奏定小学堂章程》，舒新城编《中国近代教育史资料》（中），人民教育出版社1981年版，第415页。

[②] "以开他日自己作文之先路，供谋生应世之要需。"舒新城编：《中国近代教育史资料》（中），人民教育出版社1981年版，第415页。

时期最为持久、最为热烈、最为卓著的社会文化运动。

1912年7月,民国政府教育部召开"临时教育会议",蔡元培总长认为学校要实施国语教育,先须统一国语,而统一国语又要从统一国音(字音)做起。于是会议通过《采用切音字母案》,并决定筹备召开读音统一会。1913年2月教育部召开读音统一会,以"审定国音,核定音素,采定字母"。与会的44位代表经过近两个月讨论,最后以分省票决的方式审定6500多个汉字的标准国音,拟定了一套注音字母,议决《国音推行方法》。然而这个国音标准因为兼顾南北、杂糅古今("此种官音,即数百年来全国共同遵用之读书正音,亦即官话所用之音"),很难面向全社会推广;加之时局多变,实际工作几乎没什么进展。不过当时社会上对于国语统一的热情一路高涨,1916年成立了民间团体中华民国国语研究会,专事"研究本国语言,选定标准,以备教育界之采用",由蔡元培任会长,会员多为教育名流和社会精英,起着引领思潮、鼓动社会、影响当局的作用,成为国语运动的中流砥柱。国语研究会主张"国语统一",与《新青年》杂志倡导的"文学革命"互相呼应,一起推进以"言文一致"为宗旨的白话文运动,擎起"国语的文学、文学的国语"大旗,掀起了"五四"新文化运动"轰腾澎湃之势"。在国语研究会的积极推动下,北洋政府于1919年成立教育部国语统一筹备会,先后完成修订注音字母、修改国音标准(将之前审定的"老国音"改为以北京语音为标准的"新国音")、将国民学校国文科改为国语科、制定国语罗马字拼音法式等重要事项,出版《国语月刊》《国语周刊》等书刊,开展国语辞典编纂工作。国语研究会于1926年举行浩大的"全国国语运动大会",又组织成立全国国语教育促进会,为推行国语教育、促进国语统一发挥了重要作用。在行政层面,1928年国民政府重新设立教育部国语统一筹备委员会,1935年又改组为教育部国语推行委员会。民国时期国语运动以国语教育为中心议题,以学校为主阵地,知识界、教育界、政界应势而为、联袂起舞,演绎了一场波澜起伏、场景宏大的现代语文规划大剧。

由于有了政府的统一行动，教育系统成了推广"国语运动"的急先锋，学校是演练场，语文教材变革则是"国语运动"的突破口。

民国时期的语文教材继承和发展了清末的改革方向，前期的国文、国语课本和后期的四行课本以注音字母（符号）为普及和统一语音的主要工具，在国民教育和边疆语文等领域实践清末民国以来"普及教育""统一国语"的现代国家通用语言思想。

民国初年，共和伊始，培养共和国民的人格和精神成为初等小学堂国文教科书的基本目标，象征儒家统序的修身齐家治国平天下的内容编排开始被打破。1915年《国民学校令及其细则》①的公布，明确提出了以教授国民"道德"和"技能"为本旨的国民学校教育是国家的根本教育②，该令及其引发的共和国系列国民教科书的出版和使用，将初等小学堂国文教科书的国民性倾向推向新的阶段。1916年，教育部颁布《修正国民学校令及其细则》，删去"读经"科目，这是清末学制改革以来"国文"科目在初等小学堂领域独自担当语文教育的开始。作为中国现代语文教科书萌芽时期的重要内容，同时作为传统中国语文教育受西方冲击的首次官方回应以及由文言语文教科书向白话语文教科书过渡的重要形式，初等小学堂国文教科书是现代中国语文教科书发展历程中无法回避的历史存在，其形式和内容具有既异于传统又迥乎其后的明显特征。首先，初等小学堂国文教科书在形式上体现了浅近文言和现代语法交融并蓄的特征。③ 其次，初等小学堂国文教科书内容上体现了由儒家道统向国民人格逐渐过渡的特征。④ 上文所及清末民初流行于民间的识字课本和官方审定的初等小学堂国文教科书，不难看出这一历史时期初等

---

① 《国民学校令及其细则》，《教育公报》1915年第4期。
② 《国民学校令》第一章第一条，《南汇县教育会月刊》1917年第15期。
③ 庄俞等编纂：《编辑大意》，《最新国文教科书（初等小学用）》（一册），商务印书馆1904年版。
④ 《编辑初等高等小学堂国文教科书缘起》，《最新国文教科书（初等小学用）》（一册），商务印书馆1904年版。

语文课本的迭代和革新存在一种倾向,即在主张提高识字率、普及教育的基础上逐渐走向强调现代国民人格和精神的培养。

五四运动时期,中国的社会状况和文化思潮再一次经历剧变,在日趋激烈的文白之争中,无注音、文言体的初等小学堂国文教科书逐渐为国民学校、初级小学国语教科书所替代。民国时期,在教育改革和语文教学中这一强调国民性的倾向不断增强,当国音统一、言文一致逐渐成为提升现代国民基本能力和构建现代国家共同体的利器,初等语文教科书的国音化、白话化趋势自然成为历史的选择。五四时期,伴随国语运动、白话文运动的狂飙突进,国音统一、言文一致开始成为培养共和国民道德和技能的语文利器,清末民初国文课本"不明确读音+浅近文言体"的语文教学模式和清末识字课本的"方言音+通俗白话体"的模式越来越难以适应这一时期语文教育的目标。1919年,民国教育部再次颁布《修正国民学校令》[①],将国民学校"国文"改为"国语"科目,开启了现代中国官方白话语文教育的历史进程。1919年、1920年,商务印书馆先后出版《新体国语教科书八册》(国民学校用,春季始业)和《新法国语教科书八册》(国民学校用,秋季始业),试用于国民学校一、二年的国语教学。《新体/新法国语教科书八册》在继承清末以来识字课本(尤其是平民识字课本)"注音+白话"模式的基础上,以教育部颁布的注音字母为拼注工具,以五四时期的新式白话为文篇语体,形成新的"国音+五四白话"模式,在很大程度上摒弃了清末识字课本中注音的方言性和白话的通俗性;与此同时,《新体/新法国语教科书八册》继承清末民初以来国文课本的儿童生活、现代知识内容的基础,更加强调以养成新型共和国民为教学宗旨,以国音白话塑造现代国民的方式替代了清末民初国文课本中以浅近文言表述的

---

① 《教育部部令第七号九年一月二十四日(修正国民学校令)》,《教育公报》1920年第2期。

儒家道统和帝国观念。① 20 年代之后，在语文教学中的国音经历京音化②的同时，教科书文体的白话化甚至走得更远。1923 年，全国教育会联合会提出"新学制课程标准"，其中小学国语课程标准③提出初级、高级小学国语课程标准，将国语教科书（国音白话体）的适用范围由国民学校一、二年级扩大至整个小学阶段的六个年级，而原来占据四个年级的国文教科书（浅近文言体）不再使用于小学阶段的语文教育，只是在高级小学国语标准中要求学生掌握"与日报普通记事相当、生字不过百分之十的文体文"。1928 年，国民政府大学院正式公布该标准，自此国语教科书逐渐替代国文教科书（如同民国初年国文科目替代读经科目），开始独自承担小学阶段语文教学任务。1932 年，国民政府教育部再次颁布《小学课程标准国语》，要求学生"运用国语""学习语体文""练习作文"和"练习写字"，其中小学阶段的语体涉及"普通文""应用文""诗歌"和"话剧、歌剧"④，清末以来倡导的浅近文言体在小学语文教育中已经不再被提及了。

到了民国后期，尤其是九一八事变后，国家、民族危机日重，抗战建国成为民国后期的社会发展的主线和重心。1935 年，傅斯年提出中华民族"说一种话，写一种字，据同一的文化，行同一的伦理，俨然是一个家族"。⑤ 1939 年，顾颉刚进一步强调"中华民族是一个"的思想，认为民族不是种族，"指营共同生活，有共同利害，具团体情绪的人们而言"，是"是人力造成的"；中华民族则是在漫长历史和广袤疆域中的人们在血统和文化上融合而成的"浑然一体"

---

① 《教育部咨各省区国民学校一二年级自本年秋季起先改国文为语体文以为国语教育之预备文》，《政府公报》1920 年第 1409 号。

② 《教育杂志》1920 年第 12 期。

③ 吴研因：《新学制课程标准纲要小学国语课程纲要》，《河南教育公报》1923 年第 15—17 期。

④ 《小学各科课程标准附表》，《安徽教育行政周刊》1932 年第 44 期。

⑤ 孟真：《中华民族是整个的》，《独立评论》1935 年第 181 期。

的结果；在抗战建国中，尤其要团结各种各族，贯彻"中华民族是一个"的意识。①

随之而来的抗日战争全面爆发给国民政府中后期的语言政策带来极大变化，团结民族精神和普及民众教育由此成为语言政策的重中之重，伴随行政和文化机构的大量内迁，将国语运动和方言调查进一步推向西北、西南地区，在国难方殷的时代于国家大后方继续推行国语和普及教育。黎锦熙关于边疆特殊语文的解说是其国语思想在抗战建国时期的发展和深入，将国语运动"普及教育""统一语言"的宗旨拓展至汉族以外的边疆各少数民族，在包括汉族和少数民族在内的所有中华民族国民中推广"一种共通的语文"。

从清末至民国前期，国语运动以现代教育为主要实践领域，采用语言科学的基本理论，以注音字母（语音）为教学手段，以协调文言和白话、沟通中文和外语，试图在古今中西的语言冲突激荡中建立一个教育普及、语言统一的现代国家通用语言。进入20世纪40年代，经历战乱的现代中国和中华民族更加团结和坚固，国民对于统一国家、共同生活的愿望更加强烈，国语运动伴随社会领域和地理区域的拓展向国家语文制度的纵深发展。伴随《全国方音注音符号总表草案》的拟定，以注音字母为利器的国语运动正式进入边疆特殊语文的建设和发展中，其中最有代表性的教材是"四行课本"，所谓"四行"，即国语国字、注音国字、边语边字和注音边字，共计四行并列于教材之中。"四行课本"是民国后期国语思想在边疆特殊语文领域的重要体现，利用教材将民国后期语言文字并行、多语种并行的广义国语思想向边疆地区、民族地区推广和普及；利用注音符号既拼国音又拼边音的方法是民国中期注音符号既拼国音又拼方音思想在边疆特殊语文领域的延伸，在现代语言教学乃至现代国家通用语言传播和统一中具有重要意义。

---

① 顾颉刚：《中华民族是一个》，昆明《益世报·边疆周刊》1939年2月13日第9期。

三 推广普及国家通用语言文字的实践逻辑

中华人民共和国成立以后的通用语工作，经历了两个发展阶段，取得了重要的成就，也获得了丰富的实践经验，为新时代的国家通用语言文字推广奠定了基础。特别是在民族地区推广普通话的工作实践，值得深入分析和探讨。

（一）"普遍通用"，循序渐进

中华人民共和国成立开辟了中国历史的新纪元，各族人民获得完全解放，勠力同心"为中国的独立、民主、和平、统一和富强而奋斗"。新政府以《共同纲领》为施政方针建设新中国，包括发展"民族的、科学的、大众的"新民主主义文化教育。新语文事业无疑是建设新民主主义乃至社会主义新文化的基础条件和重要内容。党和国家领导人高度重视新中国的语文事业，毛泽东亲自指导制定文字改革方针，周恩来部署落实文字改革任务。共和国在成立之初就建立了专门的语文机构，并不断提升其层级和职能，从最初成立中国文字改革协会（1949年10月10日），到组建隶属于政务院文化教育委员会的中国文字改革研究委员会（1952年2月5日），最后升格为直属于国务院的中国文字改革委员会（1954年12月23日），此外还专门成立中共中央文字问题委员会（1953年10月1日）以加强对文字改革工作的指导。为了促进语文工作全面快速发展，1955年12月中国科学院和国家民委又联合召开了全国首届少数民族语文科学讨论会。新中国的语文事业蓬勃发展，语言规划呈现了更长远的战略构想、更宏大的事业格局、更显著的社会成效。到1958年，国家先后制定公布了《汉字简化方案》（1956年1月28日）和《汉语拼音方案》（1958年2月11日），成立了中央推广普通话工作委员会并发布《关于推广普通话的指示》（1956年2月），此外还为少数民族创制或改进了18种拼音文字方案。

相比之前，这一时期的语言规划具有两个明显的"转向"。其一是工作重心从语言统一转向文字改革，语文工作机构多以"文字"而不是"语言"（或"国语"）来命名。1956年1月中共中央在《关于文字改革工作问题的指示》中确立"汉字改革要走世界文字共同的拼音方向"的方针，确定文字改革的步骤是简化汉字"以利于目前的应用"，同时进行拼音化的准备工作，包括推广普通话和制订汉语拼音方案。晚清以来的语文变革运动有两条脉络，一条诉诸书写（拼音）系统革新如切音字、注音符号、国语罗马字、拉丁化新文字，一条致力于语言统一如官话正音、推行国语、推广普通话，两条线索交织并行、相辅相成，但不同时段又有主次隐现的变化。文字改革延续了民国时期国语罗马字和拉丁化新文字运动的拼音化道路，以汉字拼音化为目标（少数民族文字"创、改、选"也遵循以拉丁字母为基础的拼音化原则），以简化汉字、推广普通话、制订和推行汉语拼音方案为三大任务。普通话同时担负着"为汉字的根本改革准备重要的条件"和"加强我国在政治、经济、国防、文化各方面的统一和发展"的双重使命，实际上也包含了统一语言的诉求。语言规划的另一个转向是语言统一方略从推行国语转换为推广普通话。从概念的具体所指来说，20世纪50年代以后的"普通话"与之前的"国语"基本一致，但它们负载的理念意涵大异旨趣。普通话这个术语在20世纪初从日本引入，起初指的是"各省通行之话"，实际上就是通常所谓"蓝青官话"，并没有明确统一的内涵规定。民国时期的国语建设是以"国音"为中心的，国语实际上是"就国音而发"的"近文之雅语"，与社会大众的口头语有很大的距离，所以在20世纪30年代瞿秋白等左翼知识分子称之为"官僚的所谓国语"，是"官场或上流社会层常用的话"，因而认为它带有阶级局限和民族压迫的嫌疑（这些观点是受了列宁关于俄国"义务国语"看法的影响）。他们在大众语运动中提倡"共通的、大众的、现代的"普通话，即"大众说得出、听得懂、写得顺手、看得明白的语言"。这些思想和认识在新中国的语言规划中得到直接体现。

1955年全国文字改革会议决定把"国语"改名为"普通话",取"普遍通用"之意。同时为了体现民族平等,将普通话定性为汉民族的共同语。1956年2月国务院《关于推广普通话的指示》指出,推广普通话是促进汉语达到完全统一的主要方法,主要是在"在全国汉族人民中间"(包括少数民族地区的汉族群众)进行。这在当时是统一语言的求真务实之举,也是循序渐进之策。由于历史原因,解放初期边疆少数民族社会经济发展、文化教育水平都还很低,与内地交往比较少,他们的当务之需是利用本民族语言文字发展文化教育(包括群众扫盲)。普通话作为各族人民交流的共通语,在少数民族社会发展和语言生活中越来越发挥重要作用。中华人民共和国成立后有条件的民族学校一般要开设汉语课程,所以教育部门要求"各少数民族学校中的汉语教学,应该以汉语普通话为标准。"随着各族人民交往交流日益深入广泛,普通话作为族际共通语、社会共同语的功能不断巩固,逐渐发展成为全国通用的共同语。

(二)"国家通用",通语同心

改革开放加速推进中国社会主义现代化事业,经济市场化、社会法治化、城乡一体化、知识信息化深入发展,中国日渐融入全球化世界。规范通用的语言文字、统一多样的语言生活是建设现代化的基本条件,也是现代社会的显著特征。面对经济社会的新发展、新要求,国家适时调整了语文工作方针,形成了综合语言与文字、统筹国内与对外、兼顾短期与长远的统合性的语文现代化新思路。1985年国务院将中国文字改革委员会改为国家语言文字工作委员会,标志着语文工作走向更广阔的领域、发挥更全面的职能。1986年1月召开全国语言文字工作会议,确定语言文字规范化、标准化为新时期语文工作的主导方针,推广普通话、促进汉语规范化成为首要任务。人们对现代语言生活的共同化的认识更加深入、追求更为迫切。在实践层面,与国外现代化较早的国家相比,我国国家通用语言推广普及起步晚、进展慢。法国在大革命期间就实行严格的法语推广政策,"国语"(法语)普及率长期居于90%以上;日本在明治维新后用二三十年时间就普及了本国"国语"（日语）。我国民国时期国语推行普及的整体效果有限。20世纪50年代开始推广普通话，实行"大力提倡，重点推行，逐步普及"的方针；1992年调整为"大力推行，积极普及，逐步提高"，加大了普及、提高的力度；1986年确定的目标是到20世纪末要基本普及普通话；1997年进行了调整，预期到2010年在全国范围内初步普及普通话；到21世纪中叶以前全面普及普通话。但实际上到2000年普通话普及率只有53%，直到2020年才达到80.72%，历史性实现了"普通话在全国范围内基本普及、语言交际障碍基本消除"的目标，但城乡、区域之间的不平衡不协调现象依然突出（偏远欠发达的"三区三州"普通话普及率仅为61.56%）。各地各族群众学习使用通行度高、信息化充分的国家通用语言，能够提高交际效能、畅通信息渠道、提高文化素养、优化社会治理，有利于促进经济发展、增进人民福祉。国家通用语言已经在脱贫攻坚、乡村振兴、全面建成小康社会中发挥了重要作用。加大推广普及国家通用语言力度，不断提高普及程度、全面提高普及质量，进一步提升国民语言能力和国家治理效能，仍然是当前语文工作的中心任务。

全面加强国家通用语言文字教育、加大国家通用语言文字推广力度成为当前及今后一个时期民族地区教育改革和发展的重要举措。

语言文字具有统摄文化和凝聚认同的重要作用。中国各民族都有自己的语言文化，语言多样性是中国的语言国情，也是中华民族的文化资源。在中华民族的形成、发展和伟大复兴中，语言生活的统一性与多样性、语言文化的共同性与差异性也是辩证统一的实践过程。语言文化是中华民族发展演进的基业，国家通用语言代表了中华文化的融合统一的前进方向。

四 推广普及国家通用语言文字与铸牢中华民族共同体意识的建议

伴随着统一多民族国家和中华民族共同体的发展，中国的"雅言""通语"也经历了 3000 多年的发展历程。从晚清、民国到中华人民共和国成立，中华民族从自在走向自觉，从"国语""国文"到推广普及国家通用语言文字的意义更加凸显，也经历了很多曲折，取得了辉煌成就和宝贵经验。特别是党的十八大以来，以习近平同志为核心的党中央着眼中华民族伟大复兴战略全局和世界百年未有之大变局，取得了历史性成就、推动了历史性变革。总的看，在国家统一、民族团结、中华民族伟大复兴的大背景下，推广普及国家通用语言文字的共识度和认可度愈加广泛。有专家学者感言，"中华民族几千年来'书同文、语同音'的梦想逐步实现，我国已经创造出统一的多民族多语言国家推广普及国家通用语言文字的成功范例"。

着眼于铸牢中华民族共同体意识、促进各民族交往交流交融、构建中华民族共有精神家园的目标，有必要在新的时代条件下，进一步梳理国家通用语言文字学习推广中的难点、问题，攻坚克难，促进国家语言文字事业高质量发展，为各民族共同团结奋斗、各民族共同繁荣发展提供更加深厚的语言文化基础。

（一）推广普及国家通用语言文字的问题和困难

尽管推广国家通用语言文字取得了显著成效，同时需要看到，受国内国际各种复杂因素影响，在推广普及工作的理论和实践中仍然面临着一些难点问题，主要体现在以下几个方面。

一是在思想认识上还有迷思误区。国家通用语言文字在宪法和专门法中得以规范，是宪法和法律规定的责任。但在工作实践和生活实际中可以发现，人们在思想认识上还有迷思，在理论研究中还有困惑，在实际工作中还有界限不清、把握不准等问题。比如，涉及对国家通用语言文字进行界定和解读的一些概念还不统一，究竟是"汉民族的共同语"还是"中华民族的共同语"，到底是"共同语"还是"标准语"，等等，还需要进一步澄清。又如，国家通用语言文字和各民族语言文字之间的关系究竟应当怎样把握，特别是当不同部门、不同地区的政策解读发生侧重点的倾斜时，二者之间辩证统一关系的内涵如何准确把握，还需要进一步厘清。再如，在民族地区进行司法执法等实践活动中,是要求在使用国家通用语言文字的基础上可使用民族语言文字,还是要求在使用民族语言文字的基础上可使用国家通用语言文字,还需要进一步规范。

二是在工作推进上还有短板弱项。随着脱贫攻坚全面胜利和国家通用语言文字普及攻坚工程深入实施,推广普及国家通用语言文字事业成绩斐然、举世瞩目。东西部之间、城乡之间、发达地区和脱贫地区之间的差距仍然较大,"三区三州"为61.56%,有的民族省份还不到50%。对比来看,大城市普及率高于农村地区,一些偏远贫困地区则更低。农村、边远地区和少数民族地区是国家通用语言文字推广普及的突出短板,尤以老年人为主。就汉族群众而言,虽然"书同文"但"语异音",一些方言之间尚无法沟通;就少数民族群众而言,由于聚居程度高、普遍讲母语,推广普及条件不足甚至缺失,即使能够讲汉语,也大都是区域性的汉语方言,交流交往也多有不便。

三是在政策实施中还有急躁冒进、"一刀切"等问题。由于语言文字工作的政策性、专业性较强,涉及多个部门、多个领域、多项事务,牵扯人民群众的切身利益和具体福祉,政策实施和工作推进中稍有不慎就会产生社会关注和较大影响。有的地方政策制定时调研不深入,存在以点带面、以偏概全的现象,对上级政策机械地照搬照抄,刺激少数民族群众产生了要"消灭"其母语的误会,伤害了民族感情。有的地方在政策实施时急于求成、做法生硬,习惯于依靠政令和上级要求推动工作,把问题和工作简单化,在具体工作环节出现了一些行为过激和指导不到位的问题。有的地方对相关法律和政策的舆论宣传引导不到位,导致一些少数民族群众对政策领会不够、理解有限,甚至产生这样那样的误解,不仅大大影响了政策的执行力度和效果,甚至引发抵触情绪和群体事件。

四是在实际生活中还有因不规范现象带来的"负能量"。普通话和方言,规范汉字和繁体字、异体字,国家通用语言文字和外语之间等多种关系。一方面,有的地方在推广普及中提出的一些提法和口号有些"硬",比如"说普通话、做文明人","普通话是最动听的语言","文明的写照——普通话"等口号不够准确,给推广普及工作带来了一些负面影响。另一方面,网络用语和外来词又给国家通用语言文字带来干扰,尤其是在特定的网络交流环境中,有时在语音、文字、词汇、语法、标点符号、数字、汉语拼音中出现明显差错,有时出现谐音、缩略用语、单双音节、双音重叠、汉英语码混用、错别字、词汇畸变等失范现象,更有甚者还出现一些低俗语言文字和网络暴力现象,严重影响了网络生态。

五是在现实条件下还有新的风险挑战。新冠疫情全球大流行加速世界百年未有之大变局,"黑犀牛""灰天鹅"事件出现概率增大,语言文字工作也面临着新的风险挑战。比如,包括三股势力在内的境内外敌对势力可能利用语言文字问题发难挑衅、蓄意破坏,对我国语言文字工作横加指责、恶毒攻击,甚至借此诋毁我国民族政策,进而抹黑我国国际形象。又如,多语言多方言的社会语言关系处理不当会出现语言矛盾,产生语言舆情,由此带来社会冲突,一些别有用心之人也会借机煽风点火,煽动一些不明真相的群众,通过将语言文字问题转化为民族宗教问题,造成社会不稳定,影响安定团结的大局。

六是对社会人员国家通用语推广和能力提升认识不足。国家通用语的普及和推广在学校教育中抓得很紧,但是在社会教育中往往被忽略。客观原因是受时空和成本的限制,地方政府难以组建大规模、持续的国家通用语学习和推广体系。主观原因则是思想认识不足,一般认为国家通用语的学习、推广是学校老师和学生的事,与社会人员的关系不大。这样的认识忽略了由于历史原因导致的广大农牧区社会人员国家通用语普及率低、通用语能力不高的实际问题。

(二)意见与建议

根据前述困难问题,提出以下工作建议。

一是提升政治站位,充分认识推广普及国家通用语言文字的重大战略意义。坚持以习近平新时代中国特色社会主义思想为指导,切实提高政治站位，统一思想认识，引导干部群众深刻认识和准确把握推广普及国家通用语言文字在党和国家工作全局、行动统一到党中央精神上来。建议在建党百年之际推出《新中国推广普及国家通用语言文字白皮书》，对我们党领导推动语言文字工作的历史性成就进行科学总结。建议有关部门编写《推广普及国家通用语言文字100问》，廓清理论迷思，破解解读误区，以问答体辨析理论和政策问题，辅以政策依据和案例分析，为推广普及工作提供参考依据。

二是加强规划设计，推进国家语言文字工作治理体系和治理能力现代化。以党的十九届五中全会精神和"十四五"规划为指导，建议在语言文字工作中探索实践立足新发展阶段、贯彻新发展理念、构建新发展格局的载体和抓手，以推进国家治理体系和治理能力现代化为主线做好新时代语言文字工作的总体规划，尽快出台语言文字工作"十四五"专项规划。建议围绕实现第二个百年奋斗目标、实现中华民族伟大复兴的中国梦，以加强国家通用语言文字能力为核心，以推广普及国家通用语言文字为首要任务，以聚焦重点、全面普及、巩固提高为工作重点，加强语言文字工作的组织领导和统筹协调，构建形成各方面齐抓共管的工作合力，确保党中央关于语言文字工作的各项决策部署落地见效。

三是补短板强弱项，全面提升各方面供给能力。在对全国情况充分摸底的基础上，科学研判形势和任务，聚焦短板地区和重点人群精准发力全面提升政策法规、督导评估、价值引领、教育教学、科学研究、科技赋能等各方面供给能力，有效增强推广普及工作的水平和质量。

四是坚持系统观念，牢牢把握工作的时度效。注重工作的方式方法，突出精准性和有效性，把各项工作做细做深做实，健全相关监测体系、评价体系和服务体系，确保推广普及工作健康有序进行。对于那些别有用心打着所谓"拯救语言"的幌子煽动民族情绪的言行，要辨清原则是非，坚决予以回击。

五是加强研究宣传，营造良好社会氛围。科学保护各民族语言文字，促进各民族文化文明融合。借助"推普周"等平台，充分发挥新媒体、融媒体的作用，使国家通用语言文字深入人心，引导社会各界不断增强规范使用国家通用语言文字的自觉意识，营造全社会学好用好国家通用语言文字的良好氛围。

六是国家通用语推广对象要做到"精准化"。在义务教育阶段的教学体系中，国家通用语的普及和语言能力的提升取得了良好效果，在学前班、中小学全面实施国家通用语教学以来，顺利完成义务教育阶段学业的学生能熟练掌握国家通用语，国家通用语的使用将不再影响日常生活、工作。但是早期进入社会的人群，正当年富力强，是家庭和社会的重要力量，他们的国家通用语水平极差，妨碍了他们对外交流、学习中华文化。我们建议在不放松学校教育的同时，充分认识到做好农牧地区社会人员国家通用语普及和语言能力提升的必要性和紧迫性。所谓"精准化"是指根据推广对象文化层次的差异采取不同的学习、培训策略。农牧区社会人群的文化知识水平参差不齐，一些人是文盲，既不会本民族文字，也不会国家通用语言文字；一些人是半文盲，会一点本民族文字，但不会国家通用语言文字，或者会一点本民族文字和国家通用语言文字；一些人能基本使用国家通用语，但不能熟练运用，包括只能听说而不会文字的或者听说读写都会一点。总之，针对不同的人群要采用不同的方法，不能采用像短期集中培训等"一刀切"的方式，需要做到对象"精准化"和方法"精准化"。

第五章　发挥文学在铸牢中华民族共同体意识中的积极作用

摘要：本报告以习近平新时代中国特色社会主义思想为指导，以铸牢中华民族共同体意识为主线，在中国文学总体发展进程中深入考察了中国多民族文学发展历程，分层次多角度分析和梳理了多民族文学交流与互鉴历史过程，互动发展脉络、特点和规律，同时指出了当前维护和发展中国多民族文学的五个关系，围绕如何发挥多民族文学之间五个关系的积极作用，铸牢中华民族共同体意识提出了建设性的建议。

关键词：中国多民族文学；共生关系；包容关系；互鉴关系；共进关系；共享关系

一　铸牢中华民族共同体意识的文学视角

当前，面临国际国内复杂的形势，要实现中华民族伟大复兴，铸牢中华民族共同体意识，习近平总书记强调"九个必须"。弘扬中华民族文化的优良传统，坚定中华民族文化自信，切实落实国家文化强国战略。从多民族文学中汲取养分，启迪智慧，凝聚力量，打造中华民族共同精神家园。

关于中国各民族文学的关系问题已经有许多学者作了有益的探索，有学者认为，在总结20世纪中华各民族文学发展基本现实之际，最首要最直接的感触是，共同的环境，共同的命运，近似的道路，近似的选择。① 这是各民族形成共同体的思想基础。而第二种作用力是少数民族文学尽力保持自身个性特征的力量。这种作用力主要是个性化的追求，它追求的是在"趋同"大环境下面的"存异"。② 这两个力量的辩证统一关系可以概括为"存异求同"，即哲学层面的个性与共性的辩证统一关系。

　　中国各民族文学"你中有我，我中有你"的格局，是伴随着中国国家实体的统一，逐步形成和发展的。不同民族文学之间的关系研究，从根本上讲是跨越不同的文学与文化系统的研究。各民族文学在审美理想、审美尺度和审美视觉方面的相对独立性，从而使各个民族文学之间显示为本质上的相互平行关系。③ 从先秦、唐宋至元明清中国文学关系看，凡是中国统一的时期，各民族文学就会出现更为频繁的相互交往，就会出现共同发展的局面；凡是中国出现割据的时期，各民族文学之间交往就会相对薄弱。相关研究发现，中国各民族文学之间存在着相互依存、相互影响、相互交融、相互借鉴、相互补充的关系。也有学者对铸牢中华民族共同体意识作了相关案例分析和专题研究。④

　　民族文学是民族文化的重要组成部分，中国多民族文学的相互关系以及这些关系如何促进中华民族共同体意识形成是本课题组重点研究的问题，从民族文学领域的研究视角看，应当从多民族文学中寻找传承或促进中华民族共同体意识的积极因素。一年来，中国社会科学院"铸牢中华民族共同体意识重大问题研究"重大课题组

---

① 关纪新主编：《20世纪中华各民族文学关系研究》，民族出版社2006年版。
② 关纪新主编：《20世纪中华各民族文学关系研究》，民族出版社2006年版。
③ 朗樱、扎拉嘎主编：《中国各民族文学关系研究》，贵州人民出版社2005年版。
④ 虎有泽、尹伟先主编：《铸牢中华民族共同体意识研究》，中国社会科学出版社2019年版。

的子课题组"中国多民族文学中的中华民族共同体意识研究"成员深入学习习近平总书记关于民族工作、民族政策、民族文化等重要论述,尤其是习近平总书记在中央民族工作会议上的重要讲话精神,并先后到云南、广西、内蒙古、新疆等边疆民族地区实地调研。在查阅和分析大量民族关系、三大史诗、神话研究等成果基础上,课题组研究认为,中国多民族文学中的共生关系、包容关系、互鉴关系、共进关系和共享关系是促进形成中华民族共同体意识的有效因素。

少数民族文学在中华民族历史长河中不断发展、创新、传承与壮大,成为中华民族文学的重要组成部分,成为从中国多民族文学层面体现共同意识的鲜明写照。主要表现在少数民族文学具有共生关系、包容关系、互鉴关系、共进关系与共享关系的五大鲜明特征。

第一,同源认同、存异求同的共生关系。共生性与同源性密切相关,许多少数民族在文学描述中表达的民族同源,就像千万支流水系,可能源自一处。多民族文学中的共生性是共同体意识形成的根基,同源性来自神话,是人类起源的最初记忆,而最初记忆的同源性特征是多民族文学共同体意识形成的基础。

从多民族文学的同源看,出自一个源头,形成多个分支,这样体现出"中华文化是主干,各民族文化是枝叶"的观念,体现出民族文学的多样性,也丰富了民族文学的内涵与外延。促进各民族文学的共同体意识的形成与强化,为共同体的多元文化形成奠定了基础。

第二,尊重差异、兼收并蓄的包容关系。中华文化具有极强的包容性,即兼收并蓄和求同存异,中华文化的源远流长得益于它的包容性。包容性通常指社会个体或某个社会主体能够包容客体的特性。不同时期、不同社会的主体,对相同的客体具有不同的包容度。文化意义上的包容性概念包含了两个方面内容:一是兼容并包,二是求同存异。前者是平等对待和充分尊重其他各种文化形态,后者是在存异的基础上求同,重在以文化自信的心态与不同文化交流交融，吸其所长，从而促进自我可持续发展。不同文化之间的互鉴、包容是文化得以可持续发展的源头活水。

第三，互学互补、相得益彰的互鉴关系。多民族文学互鉴关系是指两个或以上民族的文学在交流互动过程中形成的相互学习、取长补短、共同提高的积极的彼此借鉴关系。多民族文学之间的互鉴关系不是一般意义上的文学影响与被影响关系，而是一种必然会产生有益影响的文学关系。中国多民族文学正是在互学、互动、互鉴过程中发展壮大起来，并逐步加强我中有你、你中有我的关系纽带，最终形成了多元一体的中华文学格局。

第四，守正创新、共同进步的共进关系。中国多民族文学共同进步，是形成共同体意识的重要动力。中国多民族文学的共同进步，体现的是各少数民族文学以开放的格局吸收或传输优秀文学，促进各少数民族文学共同进步。中国多民族文学的共进关系，是少数民族文学繁荣发展的动力，是共同体意识形成的重要力量。在中国多民族文学的共进关系中，共进性来自各民族文学的先进性，先进性是各民族文化生生不息的保障，是传承发展的保障，是引领未来的旗帜和方向。文学的先进性具有创新性、开放性和理想性的特征。[①] 各民族文学坚持创新发展，坚持开放格局，不断地吸收其他民族的优秀文学，则能实现各民族文学不断发展，实现中国多民族文学的共同进步。

第五，同气连枝、共荣发展的共享关系。在长期交往交流交融过程中，多民族文学之间相互欣赏、相互接受、相互认可，是实现各民族文学共享共有的基础。从概念看，共享性是指信息的非零和性，即信息量不随着使用者数量的增加而减少的特性。[②] 多民族文学在历史传承进程中由各民族共享，在共享中发展，在共享中继承，

---

① 黎跃进：《先进文学的"三性"》，中国作家网，2006 年 8 月 24 日。
② 管理科学技术名词审定委员会：《管理科学技术名词》（第一版），科学出版社 2016 年版。

在共享中创新,共享是目标。共享是多民族文化交流的纽带,也是平等(发展)的体现。民族文学共享性主要体现在多民族文学发展之中,体现在多民族的团结互助、共同发展的社会生活中。

从价值观看,共享性作为一种价值观,各民族文学的传承与发展进程中也包含着共享中华民族共同的政治制度和体系,共享经济体制和经济发展的成果,共享中华民族物质和文化精神层面的共同成果。各民族在共享中达成共识,在共享中形成集体认同,从而逐步形成中华民族共同体意识。各民族文化为中华文化整体提供了丰富多元的文化共享素材、资源和精神意识。

共生关系、包容关系、互鉴关系、共进关系和共享关系,这"五个关系"共同促进构成或支撑了多民族文学中的共同体意识。对各民族文化在传承与发展过程中形成共生观念、包容观念、互鉴观念、共进观念和共享观念具有一定的促进作用。中国多民族文学的共生性、包容性、互鉴性、共进性与共享性之间,互为依托、互为因果、相互关联,缺一不可,共同形成了多民族文学的关系特征。

二 同源认同、存异求同的共生关系

中国是一个统一的多民族国家,56个民族共同组成中华民族大家庭。维系这个大家庭的纽带则是各民族相互融合、友好往来、平等相处的悠久文化传统。中华民族文明发展进程中形成的文化传统内容丰富,形式多样,包括神话、传说、史诗、民间故事、叙事长诗等多种文类。许多少数民族在文学描述中表达的民族同源,就像千万支流水系,可能源自一处。多民族文学中的共生性是共同体意识形成的根基,表达多民族"同源共生"的神话是人类起源的最初记忆,而最初记忆的"同源"或"共生"特征是多民族文学关于共同体意识形成的基础。

（一）多民族同源共生神话的丰富性形成中华民族文化认同的客观史实

所谓"多民族同源共生神话"，即神话叙事中表达出不同民族具有共同祖先或者具有同样来源的神话。其基本主题反映出中国各民族的"同源性"和"共生性"。从多民族文学表达的多民族"同源"关系看，这类神话一般会把本民族的产生解释为与其他多个民族出自一个源头，特别是与汉族具有一个关系的文化祖先或共同来源，然后形成多个分支。而关于多民族"共生"神话的情形，则主要表述为一个民族与周边其他民族共同生产生活的情景。共生性同时也成为多民族文学中形成共同体意识的基础。各民族文学创作好比百川汇海或一源多流，形成强大的文化网络系统。和谐的共生性源于对中华民族的高度认同，而对多民族同源的认识与共生性的表达，促进各民族之间的相互学习与借鉴，从而促进各民族文化的共同进步，也成为各民族文化共享的重要支撑。这些神话丰富了民族文学的内涵与外延。促进各民族文学的共同体意识的形成与强化，为共同体的多元文化形成做出贡献。

中华民族五千多年的文明史中，神话可以说是最早的记忆之一。神话作为口耳相传的文化记忆在文字出现之前早已产生。即使出现文字之后，它仍然凭借其重要文化载体功能和强大的生命力融入世世代代的口头传统，不但历经时间的大浪淘沙没有消失，反而在漫长的口耳相传、典籍记载、文化改编等历史积淀中不断丰富和发展，以多种形态不断再现于人民群众的生产生活中，呈现出文学、历史、哲学、伦理、民俗、律法等多元素兼具的特色，许多神话已经成为不可再生的优秀非物质文化遗产，成为表现中华民族共同体意识的重要传统文化资源。尤其对于中华民族这个自古以来形成的血肉相连的民族大家庭而言，许多民族的神话都生动具体地表达出中华民族命运共同体意识。这一意识体现出中国各民族血肉相连与文化融合的优秀文化传统。

中国各民族中反映多民族同源的神话数量丰富。从不同地区的少数民族而言，都普遍存在关于多民族同源的神话。如果把民族划分出北方、西北、西南、华南、中东南等几个区域①，各个区域都可以发现此类神话具有诸多共性，如北方地区的蒙古族神话《天神造人》中说，天神造出的男人与动物变成的女人结婚生汉族和蒙古族；西北地区的塔吉克族神话《汉日天种》中说，塔吉克族的母亲汉土之人，父乃日天之种；中东南地区的苗族神话《谁来造人烟》中说，洪水后，兄妹滚磨成婚，生的怪胎砍碎后成为瑶、苗、彝、壮、汉等族和各种姓氏；等等。

不仅不同民族的神话中表达多民族"同源"或"共生"的母题非常普遍，有时还会在同一个民族不同地区或不同支系的神话叙事表现出大同小异而本质相同。中华民族的传统文化基因不会改变，但其叙事主题与核心母题基本一致，从很大程度上表现出神话创作的"理性"和"趋同性"。在神话中出现表现多民族"同源"或"共生"的诸多母题，这与中华民族的文明进程与客观历史是密不可分的。民族概念作为一个历史范畴，中国各民族在历史上有过各种变化，有些民族发生了分化与融合，有些民族名称甚至已经消失。

（二）多民族神话中"同源"或"共生"关系的塑造与表现形式

1. 神话对多民族同根同源关系的建构与表述

由灾难后人类的再生中塑造多民族同源关系。以目前搜集到的多民族同源神话为依据，可知产生民族的形式和主体的角度相当丰富，可以划分出如下六种基本类型：（1）造人时形成的多民族同源；（2）生人或化生人类时形成的多民族同源；（3）婚姻关系产生的多民族同源；（4）人类再生形成的多民族同源；（5）感生背景下的多

---

① 参见马学良、梁庭望、张公瑾主编《中国少数民族文学史》（修订本），中央民族大学出版社2001年版。

民族同源；（6）其他从某一个特定的地方出来的一些同源民族。

2. 多民族神话中各民族共同心理、共同审美趣味等方面的"同源"或"共生"性

我们今天考察多民族神话的同源共生性，不能仅仅局限在神话所叙述的具体内容上，只片面观察一则神话是否表现了几个民族的同源共生关系，而是要从神话的传承、传播以及不同民族对同一个神话人物、神话事件或神话主题的共同认可中，去思考中国各民族共同心理、共同审美趣味等方面的同源性与共生性。

（三）将民族同源共生观融入中华民族共同体意识文化实践

任何民族的文化追溯到最早的神话，并非一个简单的文化探源工程，而是在一个国家和民族在面临重大变局中必须弄清楚的意识形态问题。

从以往关于中国神话的研究而言，特别是关于神话中叙述的是否存在中国各民族同根同源问题而言，有些人采用非马克思主义的历史虚无主义研究方法，或简单借用西方的一些有关神话的理论评价中国神话的价值和意义，甚至出现了研究神话过程中"言必称希腊"，认为中国没有神话，不存在诸如炎黄子孙、龙的传人之类的有关中华民族同根同源关系的神话叙事。所以从中国多民族同源共生研究的总体而言，目前还比较薄弱，神话的采集不够深入，关于其中的中华民族认同意识的挖掘还不够到位，对民族文化认同的理论阐释还有待提升。

许多神话母题以其强大的生命力和影响力，与许多新生的文化种类有机结合在一起。神话在塑造文化观念和增强民族凝聚力方面发挥着积极作用。在多民族流传的"同源"或"共生"神话的多重表述中，无疑强调了各民族这种血肉相连的整体性。"你中有我，我中有你""谁也离不开谁"的意识，正是各民族共同意志和愿望的集中反映。在当今中华文化建设的大背景下，应该全面发挥少数民族神话中多民族同源共生母题的文化功能，认真探讨当今民族和谐共处的文化传统，积极推进民族民间文化的交流和交往，做好多民

族同源共生神话的文化引导与传承，使之真正为当今民族文化建设服务。

1. 以科学态度正确分析神话中民族同源共生性的当今文化价值

针对各民族神话出现的"同源"或"共生"母题，我们必须以马克思主义历史唯物主义和辩证唯物主义的原理看问题，站在铸牢中华民族共同体意识的时代高度分析问题，对于长期流传的神话去粗存精，去伪存真，既不过度解读神话本身的创作与表达规律，也不能戴上历史虚无主义的有色眼镜，忽视神话作为一种文化传统在民间传承中对塑造人生观、价值观、世界观和民族观的重要作用。

2. 积极发掘神话多民族"同源""共生"母题中的中华文化认同意识

许多民族和地区的民众都把神话当作民族的"历史"和赖以生存发展的"根谱"，是一个不争的事实，许许多多的神话观念融入民风民俗文化节日之中，也成为老百姓喜闻乐见的精神食粮，这些优秀的传统文化对表达与实践中华民族文化认同发挥出积极作用。多民族神话中表达的"同源""共生"母题也与中华民族的传统文化以及历史事实相一致。特别是我国许多地区民族混居程度高，一个地方常常生活着若干民族，他们在生产生活中实实在在感受到与中华民族的同源共生性。

3. 通过神话中的民族"同源""共生"阐释激发中华民族共同体意识

神话的同源性中展现的中华民族文化自信是颇具中国特色的文化自信，整体上体现出古老中华文明中"四海之内皆兄弟"的历史事实，具有丰富的历史内涵，也体现出文化表达的自觉，不仅孕育着中华文化的独具生命力的价值理念，同时也激励着中国各民族对中华民族文化的高度认同与对中华民族伟大复兴的积极参与，是中华民族共同体意识的有机构成和最深厚的文化软实力。

三 尊重差异、兼容并蓄的包容关系

中华文化具有极强的包容性,即兼收并蓄和求同存异,中华文化的源远流长得益于它的包容性。不同时期、不同社会的主体,对相同的客体具有不同的包容度。文化意义上的包容性概念包含了两个方面内容:一是兼容并包,二是求同存异。前者是平等对待和充分尊重其他各种文化形态,后者是在存异的基础上求同,重在以文化自信的心态与不同文化交流交融,吸其所长,从而促进自我可持续发展。不同文化之间的互鉴、包容是文化得以可持续发展的源头活水和根本保证。中华民族文学在内的中华民族文化是各民族共同创造的,中国多民族文学包容性与中华民族共同体意识之间的相辅相成、辩证统一关系。中国多民族文学包容性的形成和发展与中华民族共同体意识的产生和发展是同步同构的,是随着中华民族文化不断地学习互鉴不同民族文化的过程得以丰富、发展、创新的。

(一)中国多民族文学包容性的表现形式及内容

文学是最富有人文内涵和生命活力的一种文化表现。从文学角度看,中华民族共同体意识的形成与发展,同样可以得到深刻的历史启发与感悟。中华民族内部的不同民族之间在文体、题材、语言、思想价值观方面也存在着相互包容、相互欣赏、相互借鉴、相互促进的关系。

其一,从文体上看,楚骚、词、边塞诗、变文、志怪小说等就得益于民族文化交往。屈原长期生活在楚地,且其生活的时期,是中原文化与南方少数民族融合的时期。例如,屈原的代表作《离骚》就明显带有"巫风"。词始于南梁,形成于唐代,五代十国后开始兴盛,至宋代达到顶峰。词在形式上的特点是"调有定格,句有阕"。据《旧唐书》记载:"自开元以来,歌者杂用胡夷里巷之曲。"词起源于燕乐,而燕乐则主要来自北乐系统的西凉乐和龟兹乐,尤其是

"胡部新声"对词的产生、发展影响深远。边塞诗的产生、发展、内容与民族边疆地区间的戍边、战争密切相关,少数民族的风俗习惯、语言、宗教、精神气质都有着深层的影响。佛教通过丝绸之路上的民族地区传入中原过程中,对中国传统诗歌、传奇、变文、戏曲、绘画、音乐都产生了深远的影响。在几次大规模的民族文化大融合中,北方游牧民族的剽悍、雄浑、刚健之风气也深刻影响了中原传统文风,一扫以往颓废、靡丽、纤弱之文风,极大地提振了积极开朗、刚健有为的中国文学风气。

其二,中国多民族文学间的题材方面的相互影响借鉴也是很突出的。汉族的梁祝传说传到壮族地区后,壮族人民改编成叙事长诗《唱英台》,并对原传说的主题和人物形象进行了一番新的改造:梁山伯和祝英台成了壮家人,英台已不是汉族梁祝传说中的富家小姐,而是一个在封建土司制度下敢作敢为的壮族姑娘。汉族地区的牛郎织女传说流传到清水江流域一带的苗族地区后,其风格也与汉族传说大异其趣,破坏牛郎织女幸福生活的也不是玉皇大帝,而是织女的父亲——天公。蒙古族《格斯尔》一个篇章巧妙利用了宋代《板桥三娘子故事》,而蒙藏《格萨(斯)尔》开头部分均利用了汉族后稷传说,说明了中华文化是在彼此交往交流交融中用各民族文化元素创造的,"三大史诗"是中华民族共同创造的文化遗产。[①]

其三,语言文字是文化的重要载体,也是深化文化认同的重要因素。在我国少数民族文学中,既有本民族的传统文学,又有用汉语和汉族民歌形式创作和传唱的民间文学,这是长期以来各民族与汉族频繁交往交流交融的结果。各民族的"花儿"都共同使用汉语创作和财富,既便于相互交流,又形成自己独特的风格。广西壮族歌剧《刘三姐》中双方对唱的民歌,就直接借鉴了汉语唱的七言四句形式。锡伯族的《小曲子》受到汉族秧歌戏的影响,白族的吹吹

---

① 斯钦巴图:《以习近平新时代中国特色社会主义思想为指导做好"三大史诗"工作》,《中国社会科学报》2020年12月15日。

腔则受到滇戏影响，布依族的地戏受到明代军屯移民文化影响而形成。

自秦始皇统一文字以来，汉语言文字的使用、书写成为加强民族交流、交融的重要文化纽带。在中国历史上，诸多少数民族文学家用汉字写下了许多流传千古的文学名篇，为创造璀璨的中华文明作出了突出贡献。在中国文学史上，元好问、贯云石、萨都剌、丁鹤年、老舍、沈从文等民族作家的作品构成了中华民族文学史不可或缺的光辉篇章，他们在中国乃至世界文学史上的成就和地位是举世公认的。蒙古族、满族、藏族、维吾尔族、回族、白族、纳西族、彝族、羌族、土家族、布依族、苗族、侗族等多个民族中出现了作家群，这些作家群创作了大量的诗文作品集。满族文学家族多达八十家，曹雪芹的《红楼梦》、顾太清的《红楼梦影》、文康的《儿女英雄传》、纳兰性德的《纳兰词》成为文学名著。

其四，多民族之间的文学作品翻译也架起了深化中华民族共同体意识的文化桥梁。从早期的《诗经》、汉赋到唐诗、宋词、元曲、明清小说以及类型丰富的民间故事、传说，在民族地区有不同程度的翻译文本的流传。到近现代以来，《三国演义》《水浒》《西游记》《红楼梦》《隋唐演义》《说岳全传》等名著、话本通过书面或口头文本的翻译而在少数民族地区广泛传播。蒙古族文学家尹湛纳希把《资治通鉴纲目》《中庸》《红楼梦》等汉文经典作品翻译成蒙文，并参考《红楼梦》，创作了长篇小说《一层楼》《泣红亭》。至于原来在中原地区流传的《梁山伯与祝英台》《牛郎织女》等传说在南方少数民族地区也广有流传，这些源自中原的民间文学作品经过翻译进入民族地区时，根据当地的人文自然环境进行了相应的改编与创作，由此逐渐生成为本民族的文化传统。

其五，这种文学上的交流与互鉴更主要是体现在思想价值观念上。求同存异的"同"的所指，更多趋向于思想价值观念方面的认同。如果没有主流价值观念的认同，存异与兼收并蓄就成了无效的交流，甚至会引发冲突与战争。在五千年的漫长历史中，我国各民族间的经济、政治、文化、思想间的交流、交往、交融从未停止过，由此沉淀生成了中华民族共同体意识，其中共同的思想价值观的认同起了关键的凝聚与深化作用。这种不同民族间的思想价值观的相互影响在文学层面也有广泛体现。中原地区的《三侠五义》《三国演义》《水浒》《隋唐演义》《说岳全传》《孟姜女》《白蛇传》《梁山伯与祝英台》等小说、传说、话本在周边民族地区广泛流传，这些文学作品所包含的仁义礼信等道德观、价值观、人生观随之传播到不同民族中，并融入民族传统文化价值观中，为促进中华民族共同体意识的生成与发展起到了内化作用。

《青史演义》是一部在蒙古族地区广泛流传的历史小说，作者笔下的成吉思汗形象已经不再是以往作品中突出渲染的雄才大略的"战神"形象，而是一位胸怀博大的开明君主——睿智、宽厚、仁爱、贤德。可以说，《青史演义》是中原儒家思想影响下产生的历史小说。尹湛纳希以蒙汉文史料为依托，遵循儒家的审美准则，加以文学家的灵活手法，塑造出了"应天顺人，怀之以德，慈仁安百姓，情义动三军"的仁君成吉思汗形象。从蒙古史传作品到《青史演义》中成吉思汗形象的演变过程，我们也能窥探出蒙古文学审美意趣向中原儒家传统思想价值观念转变的清晰轨迹。①

孝道是中原传统文化的核心价值观，随着民族间文化交流，这种价值观也逐渐植根于在少数民族地区。关于孝道文化在民族文学作品中多有反映，如在云南少数民族民间文学作品中，拉祜族故事《瘿袋三姑娘》《三个放羊娃》《酒的传说》，普米族故事《世上没有后悔药》《攀天阁的来历》，白族故事《玉白菜》《峨眉访仙》，佤族故事《兄弟俩的遭遇》《求仙的传说》《岩章供佛》，彝族故事《媳妇坟》《阿依利里》《白鹦鹉行孝》，景颇族故事《兄妹俩》，就是典型的孝道故事。需要说明的是，中原地区的孝道文化传播到民族地

---

① 包红梅：《内蒙古近代农耕化与社会审美文化变迁——以近代蒙古族民间文学为例》，《内蒙古民族大学学报》（社会科学版）2015年第4期。

区，并不是一成不变、全盘接受的，而是进行了符合本民族自然、人文情境的消化处理。

（二）少数民族文学包容性对中华民族共同体意识的作用

中国多民族文学是中华文化的重要构成，从结构而言，二者是部分与整体的关系；从发展观点来看，二者是相互推动，渐进生成的；从逻辑关系而言，中国多民族文学的包容性与中华民族共同体意识是同源互构的，二者都源于中华民族的传统价值观念及中国传统文化精神。中国多民族文学的包容性是中华民族文化包容性在文学层面的反映，二者的包容性在中华民族共同体意识的产生、发展过程中得到丰富、深化，中国多民族文学的包容性极大地推动了中华民族文化包容性特征。具体而言，少数民族文学对中华民族共同体意识的作用主要体现在以下三个方面：

一是中国多民族文学是辉煌灿烂的中华民族文化的重要构成，中国多民族文学包容性的形成与中华民族共同体意识的形成和发展是同步的。

把《格萨尔》《玛纳斯》《江格尔》三大史诗与《诗经》、楚辞相提并论，并与万里长城、都江堰、大运河、故宫等伟大工程放在同等地位，这形象地阐述了我国少数民族文学是中华文学的重要构成。如果中国文学史少了元好问、萨都剌、蒲松龄、曹雪芹、纳兰性德、老舍、沈从文等民族作家的作品会成什么样子？更何况历史上中国任何时期文学类、风格的形成都少不了周边及域外不同民族或国家、地区文学样式的深层影响。从中国传统文学的两大源头——《诗经》、楚辞就能清楚地看到这一发展脉络。西周初年至春秋中期的《诗经》融合了黄河流域及周边不同民族的文学传统，尤其是来自15个不同地方的民歌集《风》更为典型，《风》总共有160篇，是《诗经》的核心内容，"风"的意思是土风、风谣。楚辞是公认的与《诗经》并峙的一座诗的丰碑，它打破了《诗经》四言为主、重章叠韵的体式，创造了新的诗体，开创了"浪漫主义"的文学传统，对诗歌的发展有极其重要的作用。楚辞以其运用楚地不同民族的民歌传统、方言声韵和风土物产等，具有浓厚的地方色彩，至今在南方民族——土家族、侗族、瑶族、苗族等民族的民歌中仍可探寻到楚辞的遗风。① 如果说《诗经》、楚辞两部诗歌传统局限于中国南北，不同民族文化也随之增多，其文学样式、内容、题材、风格、修辞也逐渐多样化，体现出不同民族文学间的包容性特征。如汉赋在继承楚辞文学传统的基础上开拓了文学类别、风格、修辞，其规模巨大，结构恢宏，气势磅礴，语汇华丽，这与汉帝国经济发达、国力强盛密切相关，同时与西汉时期不断拓展国土，疆域广大，融合了不同民族文化有内在关系。另外，汉武帝派遣张骞凿通西域，通过丝绸之路加强了与西域文化、经济的交流，这些客观因素为汉赋的新兴提供了雄厚的物质基础，使汉赋成为汉代400年间的主要文学样式。唐诗意境雄阔、风格刚健，与唐朝初期政治开明、文化上采取开放包容政策，不断吸纳外来文化有着直接的关系。这种开明的政治风气、开放包容的文化极大促进了经济社会、文化的可持续发展，提高了国家综合实力，同时提升了民族文化自信与自豪感，极大地促进了中华民族共同体意识的深化与巩固。也就是说，中国多民族文学包容性的形成与中华民族共同体意识的形成与发展是同步的。

二是中国多民族文学的包容性深化了中华民族共同体意识，中华民族共同体意识的形成与发展促进了中国多民族文学包容性。

孔子在阐述文学的社会功能时提出了"兴观群怨"的观点，其中的"群"指的是文学具有实现交流、达成共识，从而团结人民、凝聚人心的社会作用。可以说，不管是中原传统文学，还是少数民族文学，都有一个共同的文化趋向——和合共生。《山海经》《史记》《国语》等汉文献记载了炎黄二帝乃至大禹的世系与古羌有着渊源关系，而四周的少数民族祖先皆与华夏族源有着血缘关系。无独有偶，少数民族史诗、神话中关于不同民族同为一个神话的母题

---

① 林河：《试论楚辞与南方民族的民歌》，《文艺研究》1984年第1期。

比比皆是。这种不同民族文学中的祖先同源叙事无疑促进了中华民族共同体意识的形成。同时，创世神话、洪水神话、射日神话、盘瓠神话在我国不同民族中广为流传，这种不同民族间的文学传播与影响，实际上同中国疆域的不断扩大、民族融合的文化事实密切相关。儒家的仁义礼信的价值观通过《隋唐演义》《说岳全传》《三国演义》《水浒》《西游记》《西厢记》《红楼梦》传播到民族地区，融合生成了本民族的价值观，客观上促进了中华民族共同体意识的内化。

中华民族共同体意识的不断发展又促进了中国多民族文学包容性。首先政治上的大一统格局提供了文学在内的多民族文化之间的交流平台，经济上的交流为多民族间的文学交流提供了物质基础，以儒学为本兼容释道的意识形态为多民族文学交流提供了思想文化土壤。清代著名蒙古族文学家尹湛纳希创作了《青史演义》《一层楼》《泣红亭》等蒙古族文学作品，并大量翻译了《红楼梦》《中庸》等古代经典作品。尹湛纳希不仅熟谙蒙古族传统文化，也系统深入学习接受了儒家伦理思想与价值观念，并深刻影响了其创作，作品表现出强烈的爱国主义情操与民本思想。明代纳西族"木氏六公"作家群的作品明显受到儒释道价值观的深层影响，"忠贞爱国""诚心报国"成为共同的主题。木公的"忧国不忘弩马志，赤心千古壮山河""凤诏每来红日近，鹤书不到白云闲"的经典名句，至今在纳西族民间仍在传诵。

三是中国多民族文学的包容性源于厚德载物、和而不同、兼收并蓄的中华传统文化精神，并反映了这一文化精神与思想价值观念。

文学作品是意识形态与思想观念的产物，中国多民族文学所体现出来的包容性无疑与中国文化精神——内在逻辑相统一的，兼收并蓄、厚德载物、自强不息等人文理念。

据《后汉书》载，东汉永平年间，西南夷的白狼王唐菆等作诗三章——《远夷乐德歌诗》《远夷慕德歌诗》《远夷怀德歌诗》献给朝廷，把东汉王朝比喻为慈母，表达了心归慈母、慕化归义之情。

至今屹立于云南大理的《南诏德化碑》，最早立于唐代宗大历元年（公元766年），碑文详述了南诏王在天宝之战中的前后经过，不得已而叛唐的苦衷，表达了希望与唐王朝重结和好、永世友好往来的愿望。同样是建立于唐朝时期的唐蕃会盟碑反映了汉藏两族"欢好之念永未断绝"，"舅甥二主，商议社稷如一，结立大和盟约，永无渝替"，"立碑以更续新好"，成为吐蕃时期汉、藏人民情深谊厚、友好相处的历史见证。藏族英雄史诗《格萨尔王传》如是说："汉藏之间亦有缘，汉地善业传藏地，藏地善法传内地，藏汉如同日和月，彼此之间离不开，因缘相连成一家。"① 这里的"善业"和"善法"，就是指经济文化包括宗教传播与交流。藏族与内地各民族互相学习、取长补短、共同发展，结成深厚的民族友谊，藏族人民形象地喻之为一座民族友谊的"黄金桥"。

关于少数民族文人作家作品中反映中华民族的这种文化精神，从宋元时期的元好问、萨都剌到曹雪芹、老舍等诸多作家作品中都有广泛而深刻的反映，在此不再赘述。毕竟作为接受了汉文化教育的文人，他们能够主动接受主流文化的思想意识是最正常不过的。但要看一种主流思想意识对一个民族的影响，关键是要看广大民众，而不是少数精英，所以通过民间文学来检测其思想意识形态是有效的。

相形于中原汉文化浩如烟海的文献典籍，我国各少数民族以世代口耳相传的神话、史诗、故事而名。在这些少数民族广泛传播的口头传统中，既有盘古、炎黄、大禹、玉帝、王母、太上老君、天后、梁山伯与祝英台等传说、神话中的主人公，也不乏孔子、老子、屈原、关羽、诸葛亮、岳飞等历史人物，通过神话历史化、历史神话化的发展演变，仁义礼信、和而不同、厚德载物、自强不息、刚柔相济、兼收并蓄等传统思想也传播、渗透到民族地区，融入本民

---

① 甲措顿时珠译：《格萨尔王传·门岭之战》，西藏人民出版社1986年版，第60页。

族的文化体系及思想观念中。① 斯钦巴图认为，"三大史诗"看似叙述着战争故事，但最终表达的是人民渴望国家太平安宁，各民族和谐相处，人民安居乐业的美好愿望。②

（三）影响中国多民族文学包容性与中华民族共同体意识的因素分析

在我国多民族文学获得长足的、可持续发展的同时，中国多民族文学的包容性与中华民族共同体意识都得到了前所未有的增强，这是推进我国多民族文学发展与铸牢中华民族共同体意识的有利因素。

任何历史伟业都不是在一帆风顺中完成的，我国多民族文学的发展及铸牢中华民族共同体意识的历史进程同样如此，在前行道路上隐伏着诸多挑战与不利因素，对此我们要有充分的认识与把握。

第一，我国少数民族多处于边疆地区，区域经济社会发展不均衡，与外界联系渠道不畅，交流交往深度与广度不够充分，这些会对铸牢中华民族共同体意识产生制约作用。

第二，长时期以来，中国文学界，尤其是中国文学史的书写，忽视了多民族共同创造和发展的属性，因此使各少数民族对中国文学的历史贡献被忽视，各少数民族文学在中国文学史中的主体性地位被削弱。多民族文学史观在我国文学界、学术界亟待取得广泛共识。

第三，长期以来，文学界对中华文学的主干与枝叶认识不清，对于中国各民族文学是中华民族文学平等而不可分割的组成部分论述模糊，从而导致学术界的认识误区与社会上的错误观念。这也是通过文学领域铸牢中华民族共同体意识的制约因素。关于中华文学主干与枝叶，我们应当按照习近平总书记在 2021 年 8 月 27 日至

---

① 《中国社会科学报》2021 年 4 月 9 日第 4 版。
② 斯钦巴图：《以习近平新时代中国特色社会主义思想为指导做好"三大史诗"工作》，中国民族文学网，2020 年 12 月 15 日。

28日中央民族工作会议上的重要讲话中论述中华文化主干与枝叶的逻辑去理解和把握。按照这个论述，中华文学是主干，包括汉族在内全国56个民族的文学是其枝叶，56个民族的文学汇成中华文学主干。但这是理论上的认识，如何把民族文学创作与中华民族整体文化的有机组成部分相结合，把民族文学研究与铸牢中华民族共同体意识自觉地结合起来，仍是一个任重道远的过程。

四 互学互补、相得益彰的互鉴关系

多民族文学互鉴关系是指两个或以上民族的文学，在交流互动过程中形成的相互学习、取长补短、共同提高的积极的彼此借鉴关系。中国多民族文学正是在互动互鉴过程中发展壮大起来，并逐步加强我中有你、你中有我的关系纽带，最终形成了多元一体的中华文学格局。其中，少数民族文学积极借鉴了汉族文学，汉族文学也积极借鉴了少数民族文学。但是在以往的讨论中，对少数民族文学借鉴汉族文学方面谈得多一些，对汉族文学借鉴少数民族文学方面谈得少一些。其实，兼顾二者、双向对照，才能从多民族文学关系视角整体上把握中华文学多元一体格局。鉴于此，本文将从诗歌传统、叙事传统、文论传统等宏观层面，主题、情节、风格、典故、文字等微观层面上，双向对照，简明梳理中国多民族文学的互鉴关系，以期为全面认识中华文学多元一体格局提供一个具体的视角。

（一）诗歌传统的互鉴关系

中国汉语文学文体演变顺序为由诗到词，由词到曲，再到传奇、戏剧、小说。据钱穆所言，是韵文先于散文。少数民族文学文体演变也大致如此，韵文文学先于叙事文学，并与汉语文学的互动中得以丰富和发展。中国各民族文学之间的诗歌文体互鉴关系从楚辞、汉赋渊源与流布上可见一斑。

楚辞学习借鉴了当时楚地少数民族的古歌与史诗。屈原《九歌》

的大体结构由"迎神—娱神—送神"三段组成。据刘亚虎研究，这来源于沅湘之间"俗人"或"荆蛮"的祭祀歌舞顺序，与今黔东土家族傩堂戏"开坛—开洞—闭坛"结构形态相仿。《天问》与苗族《古歌》、白族《打歌》、彝族《梅葛》等古歌与史诗文体有紧密的互鉴关系，显然是那些少数民族古歌与史诗给了《天问》以不少的养分。楚辞借鉴了《诗经》，又摆脱了其四言句式，采用长短不一、参差有序的句式，同时借鉴了楚地少数民族古歌与史诗，启发了后世多样化诗歌文体的产生。

中原周边的少数民族则对汉族的古诗文体表现出浓厚兴趣，并积极地进行学习借鉴。据梁人钟嵘《诗品》里的说法，古诗文体实为汉代的创作。汉代一出现古诗文体，少数民族中便很快引进了该文体，秦汉至隋之间产生了少数民族的汉文诗。南方一些民族秦汉时期就有了汉文诗，北魏之后北方民族也有了汉文诗。这说明，中原周边的少数民族自秦汉时期开始，就对汉语文学新文体表现出较强的敏感性，并快速将其接受并学习借鉴。也是从这时起，中原周边的一些少数民族成为拥有双语或多语种文学的民族，那些少数民族诗人作家以母语创作的同时，逐渐把汉语文作为他们文学创作的通用工具。中原外围的"四方之民"也主要通过中原汉语文学彼此产生了文学联系。于是，围绕汉语古诗文体，各民族文学开始了积极的互动交流，中华文学互学互鉴的生命网络被正式编织了起来。

到了唐代，写汉文诗的少数民族诗人队伍更加壮大，在中原、北方、西北、西南、南方五大板块均产生了写汉文诗的少数民族诗人。元明时代形成的回族诗人作家们一直以汉文创作；元代，北方和西北少数民族中出现很多以汉文写作的诗人作家；清代，满族诗人作家们主要以汉文创作。他们的文学文体已不局限于律诗绝句，而是延伸到了词曲散文、传奇志怪、笔记骈文、杂剧小说等方方面面。各族诗人作家们不仅熟练地掌握了这些文体的结构，而且掌握了相应的美学艺术技法，产生了一大批传世佳作。东晋时代的陶渊明，唐代的白居易、刘禹锡、元结、元稹，辽代的耶律倍，金代的元好问，元代的萨都剌、马祖常、耶律楚材，清代的纳兰性德、梦麟、法式善等少数民族出身的诗人作家，在中华文学史上占据了举足轻重的地位。各族诗人作家们在接受汉文化影响的同时，把本民族文化元素和美学色彩融入自己的汉文作品当中，不仅丰富了本民族文学，也丰富了汉族文学，最终丰富了中华文学。

据以往的研究，《诗经》之后的汉族文学进入了以书面创作为主体的时代，没有再产生大型口头文学作品。相比之下，少数民族中产生了大量的口传史诗和叙事诗。如《格萨（斯）尔》（藏族和蒙古族）、《玛纳斯》（柯尔克孜族）、《江格尔》（蒙古族）、《乌力格尔》（蒙古族）、《阿勒帕米斯》（哈萨克族）、《满族说部》（满族）、《伊玛堪》（赫哲族）、《乌钦》（达斡尔族）、《梅葛》（彝族）、《亚鲁王》（苗族）、《布洛陀》（壮族）、《花儿》（回族、撒拉族等）、《创世纪》（纳西族）、《召树屯》（傣族）等，弥补了汉语文学的缺憾，丰富了中华文学宝库，为中华文学多样性格局的形成做出了贡献。

（二）叙事传统的互鉴关系

中国汉语叙事文学自周代起有了"左史记言，右史记事"传统，即《尚书》记言，《春秋》记事，且二者实为国家公文与史录类散文。由此发端的叙事作品，宋以前基本上都属于雅文学传统。宋代小说初兴，但尚未成熟臻美。直到元代，随着散曲与杂剧的盛行，中国汉语文学叙事传统发生了革命性变迁，完成了由雅文学向俗文学的转变，由此造就了明清两代乃至后世叙事文学的面貌格局。据扎拉嘎研究，在元代成为中国统治民族的蒙古族，从文学接受群体新成员的角度，支持俗文学，压制雅文学，促成了中国汉语文学由雅文学为结构主体向俗文学为结构主体的历史变迁。

元之前，汉文诗词和散文作品辞藻风雅、意境高深、典故繁杂，有的甚至晦涩难懂，大体上属于雅文学，其接受群体为贵族、官员和文人阶层，普通民众难以企及。作为元朝统治者，蒙古族上层集团来自北方草原，缺乏汉文古典文学熏陶，不精通汉文古典文学语言和典故，有的连日常汉语交流都不甚畅达，因此不习惯于欣赏雅文学，而是喜欢俗文学，即以俚语（白话）创作的散曲和同样以俚语创作并辅以表演的、易于看懂的杂剧。他们根据自己的审美需求，在文艺政策上压制了雅文学，支持了俗文学。这表现在他们制定科举政策时取消了诗赋科目，却给予主管戏曲的教坊以较高品秩，使戏曲和曲艺艺人的社会地位大大超过了前朝。由此，雅文学受牵制，俗文学获得自由发展空间，杂剧和散曲达到很高水准，成为当时汉语文学的主流。王国维称赞元曲为"中国最自然之文学"。胡适认为，元曲和元杂剧的进步意义在于均以俚语写成，使文学革命达到登峰造极的地步，可谓是一种"活文学"。如果这个"活文学"没有遭到明代"八股之劫"和明初七子诸文人"复古之劫"，中国文学应该早就是白话文学了。

也许元代俗文学转向过于迅猛，才导致了明代庙堂派、唐宋派高雅文人的反弹性复古运动。即便如此，宋话本和元杂剧已为后世俗文学开启了闸门，到明清两代，以"四大名著"为代表的长篇小说和以"三言两拍"为代表的短篇白话小说叙事洪流奔涌而出，占据了中国文学的主流。作为元朝统治者，蒙古族上层集团在文学史的关键节点上以接受群体身份主动参与推进了汉语文学由雅转俗的革命性变迁。类似现象也发生在金朝女真族及清朝满族的身上。在清代，京剧和子弟书等戏曲艺术的形成与发展，同满族上层社会偏爱俗文学的审美嗜好密不可分。

有趣的是，元代由蒙古族上层社会参与推进的俗文学潮流，到了清代又反方向流回到蒙古族社会，催生了蒙古语叙事文学中的章回小说流派，开辟了蒙古族文学由口头文学为结构主体向书面文学为结构主体的革命性变迁的先河。17—18世纪始，蒙古族社会兴起翻译汉族章回小说热潮，并由民间艺人把翻译的故事本子改编成长篇乌力格尔口头说唱文本，配以低音四胡伴奏，在民间说唱开来。同时，作家们学习借鉴章回小说，开始以蒙古文创作章回体小说。尹湛纳希创作的长篇小说《青史演义》是以蒙古族历史为题材、以章回体为叙事结构的长篇小说巨著。

其他民族也大量地引进并借鉴了明清小说。满族说部中除了本民族祖先的故事之外，《三国演义》《忠义水浒传》《杨家将》《施公案》等占据了很大比重；达斡尔族乌钦中除了史诗品格的《少郎和岱夫》之外，还有《三国演义》《水浒传》等故事；回族等民族的口头传统"花儿"里有一种"本子花"，内容为《水浒》《西游记》《封神演义》等。可见，多个民族中存在翻译借鉴明清小说现象，构成了少数民族学习借鉴汉语文学叙事传统的典型案例。

（三）文论传统的互鉴关系

汉语文学文论自春秋战国时期孔子编纂六经起，魏晋南北朝产生刘勰《文心雕龙》、锺嵘《诗品》、陆机《文赋》、萧统《昭明文选》，到北宋郭茂倩《乐府诗集》，文论传统源远流长，诗学浪峰此起彼伏。历代文论家们聚焦于中原汉族文学的同时，也兼顾周边少数民族文学，为少数民族文学的存世传世及经典化发展做出了贡献。

《敕勒歌》是北朝的鲜卑族民歌，一般被认为是由鲜卑语译成汉语。唐初李延寿撰《北史》卷六《齐本纪》里最先提到该歌及已知最早演唱者斛律金；宋人郭茂倩编《乐府诗集》第八十六卷《杂歌谣辞》中最早记录了该歌。后来，王世贞、王夫之、王士祯等人也做过注疏点评。这些辑录和点评奠定了该歌的经典地位。北朝鲜卑民歌《木兰诗》也由南朝陈代人沙门智匠最早辑录于《古今乐录》，后由郭茂倩归入《乐府诗集》第二十五卷《横吹曲辞·梁鼓角横吹曲》，并与《孔雀东南飞》合称为"乐府双璧"。明代钟惺、谭元春、胡应麟等名家也对其做过点评。如此辑录、点评和定位决定了《木兰诗》的经典地位。《敕勒歌》《木兰诗》是北朝歌，却皆由南朝人采录保存并给予很高的评价定位，实属难得。现存北朝文学文献极少，如果没有当时南朝文人的采录保存和汉译辑录，作为口头民歌，它们是很难流传下来的，更遑论被列入中华文学经典序列。正是南朝文人慧眼识珠，为北朝无文字民族辑录其文学作品留于后世，并经过历代汉族文论家们不断注疏品评，这些北朝文学作品才有了传世经典的地位。纵观文论史，无论是在随笔式诗话、词话、典话，还是在零散的序、跋、注、疏、评点、回批中，都能见到汉族文人对少数民族文学的评价和定位，这极大地推动了少数民族优秀文学作品在存世传世基础上向经典化方向发展的进程。清末民初的王国维承袭了这个传统，热情地称赞纳兰性德为"北宋以来，一人而已"，足见其对少数民族诗人近乎偏爱的赏识。

历朝汉族文人还采录刊布了一批南方少数民族文学文献。《赤雅》由明代文人邝露编著，其主体是中原史书所载南方各民族神话、传说、故事以及有关南方民族风物的中原古籍及名士诗词、典故、题词等，不仅是古代壮瑶等南方各民族民间文学之集大成者，也是南方各民族文学与中原汉文学合璧之作。《赤雅》一时被汉族文人誉为明代的《山海经》，可与《西京杂记》媲美。如此合编合璧的编纂法与评判定位的积极态度，无不体现着中原汉族文学与南方各民族文学之间深远的互补互鉴关系。

少数民族文学一方面受益于汉族文论，另一方面也发展出了自己的文论体系。魏晋南北朝时期不仅是汉族古典文论井喷之时，也是少数民族古典文论问世之际。其代表作是彝族举奢哲的《彝族诗文论》和阿买妮的《彝族诗律论》。二者皆具"以诗论诗"风格，在诗学旨趣上与同时代的《文心雕龙》《诗品》有平行关联。如《文心雕龙》提出"风骨"概念，把诗的"骨骼""骨力"作为中原古典美学核心范畴之一；《彝族诗律论》中也提出"骨"的概念，强调"写诗抓主干，主干就是骨"，把"骨"作为彝族美学的核心特质之一。可见，两部古典文论在一些概念范畴及相关阐释上具有异曲同工之妙。

唐代起，少数民族出身的文论家们才开始对汉语文学产生鲜明的影响。鲜卑族出身的元稹与白居易结为终生诗友，共同提倡"新乐府运动"，共创"元和体"，世称"元白"，成为文学史上的一段佳话。他们牵头提倡的"新乐府运动"，实为"眼光向下"的诗歌革新运动，主张恢复周秦民间采诗制度，发扬《诗经》中的反映现实、讽喻时事的传统，喊出"文章合为时而著，歌诗合为事而作"的口号，力求发挥诗歌"泄导人情""补察时政"的功能。虽然该运动因指斥时弊而触犯权贵，不久便遇到挫折，但是为中唐诗坛注入了新的活力，在中国诗歌史上留下了光辉的一页。

元稹之后，少数民族出身的文论家中，金代鲜卑族出身的元好问提出"以诚为本"的创作论；明代回族出身的李贽提出"童心说"；清代蒙古族出身的法式善提出"诗以道性情说"。这些文论思想与"新乐府运动"主旨一脉相承，主张恢复生活实感和自然本性，追求平易通俗、直切明畅的创作风格，很好地矫正了时下模仿古人、无病呻吟的文风。在汉语文论的影响下，少数民族母语文论也得到了长足进步。清末蒙古族批评家哈斯宝把120回的《红楼梦》摘译为40回本，起名《新译红楼梦》，并写了40篇回批以及序、读法、总录各一篇，留下很多有创见的分析评论。哈斯宝的文论动机源自汉族文论，经他消化吸收之后，形成新的创造性见解，再反馈给汉族文论界，与汉族文论形成对照与互补，体现了汉族文论与少数民族文论相互借鉴、取长补短、共同提高的积极的互鉴关系。

（四）微观层面的互鉴关系

如果说，中国多民族文学在宏观层面上的互鉴关系脉络尚能从上述三个方面粗略梳理，那么，其在微观层面上的互鉴关系则可能永远无法厘清。因为中国多民族文学在微观层面上的互动互学、互补互鉴案例实在是无边无际，很难理出其头绪。这也说明，中国多民族文学之间有千丝万缕的紧密关系，你中有我、我中有你，是无法分割的整体。鉴于此，下面举一些较为典型的例子，以呈现宏观关系网上的几个关键节点。

主题方面。汉族文学借自少数民族地域文化生活的一个典型主题是边塞，具体体现在边塞诗上。唐代边塞诗最为繁荣。唐朝国力强盛，边疆安定，很多诗人有机会奔赴边塞西域，遍览大好风光，体察各民族的生活习俗，有时还经历烽火硝烟，对边塞的体认和情感超过了以往历代诗人作家，所以写出了很多成功的边塞诗，其代表为岑参。火云山、天山雪、风卷白草、雨湿毡墙、夜来春风、俗语杂乐等是岑参诗中的常见意象。另外，古典诗中大胆地引入爱情主题的也是唐代诗人，这源于唐朝社会中突破传统礼教束缚的鲜卑遗风影响。李白的"当君怀归日，是妾断肠时"，刘禹锡的"东边日出西边雨，道是无情却有情"，李商隐的"春蚕到死丝方尽，蜡炬成灰泪始干"等千古名句，皆产自于唐朝胡汉融合、思想开放的社会氛围。少数民族文学借自汉族地域文化生活的主题也很多，其典型的例子见于元代回族诗人萨都剌的诗。萨都剌多年在南方任职，常驻杭州等地，时常登临山水、酬酢赋闲，写了不少中原主题的诗句，如："汉宫有女出天然，青鸟飞下神书传。芙蓉帐暖春云晓，玉楼梳洗银鱼悬。"

情节方面。如果说"主题"是诗歌的骨架，那么"情节"就是叙事作品的骨架了。少数民族叙事文学作品中向汉族叙事文学作品借鉴故事情节者很多，其中蒙古族作家尹湛纳希的长篇小说《一层楼》《泣红亭》《红云泪》是一组典型的例子。这三部小说不仅在故事情节方面，而且在人物形象、诗文典故、环境描写等诸多方面大量地学习借鉴了《红楼梦》与《金瓶梅》，与后者有着广泛而深远的互文性关联。少数民族出身的作家对汉族经典小说故事情节与人物形象的定型也做出过重要贡献。元代蒙古族出身的作家杨景贤写过杂剧《西游记》，早于吴承恩完成长篇小说《西游记》100多年。在杨景贤之前，宋话本《西游记》中的取经人数是7人，到了杨景贤杂剧《西游记》时才确定为4人，即唐僧、孙悟空、猪八戒、沙僧，以及外加一匹白龙马。正是杨景贤杂剧为《西游记》人物设计定型，并奠定了故事情节基本布局，为吴承恩《西游记》打下了坚实的基础。

风格方面。由于大量的少数民族出身的诗人作家加入到汉语文学创作队伍，中国汉语诗歌与叙事文学作品中平添了许多雄浑豪放、狂野遒劲、质朴明快、自然畅达的风格。同时，由于少数民族诗人作家不断向汉语经典文学借鉴和学习，少数民族诗歌与叙事文学作品中也多了许多典雅优美、含蓄深沉、清奇委婉、绮丽飘逸的风格。少数民族文学与汉族文学互学互鉴，彼此输送新鲜血液，取长补短，共同提高，相得益彰，竞相绽放，显示出中华文学多元多重的多样性美学志趣和共进共荣的勃勃生机。

典故方面。汉族诗人作家中使用少数民族历史地域文化典故较多的要数唐代诗人杜甫。他有百余首反映西域历史地理和文化生活的诗歌，使用了很多西域典故。其中，地名典故有西极、绝漠、流沙、大宛、交河、北庭、安西、花门、弱水、阳关；族名国名典故有回纥、楼兰、月支、大食；文化典故有胡笳、琵琶、羌笛、胡歌、胡舞；历史典故有苏武出使匈奴、张骞通西域、汉武帝公主出嫁乌孙王，等等。杜甫的诗被誉为"诗史"，从其西域系列典故看，他的诗在反映西域方面同样不失诗史品质。少数民族诗人作家也大量地使用了中原汉族历史文化典故。金代鲜卑族出身的诗人元好问在《赤壁图》一诗中娴熟地把握三国赤壁大战典故，把"疾雷破山出大火，旗帜北卷天为红"的战争场面表现得有声有色、荡气回肠。另外一个例子是北宋年间维吾尔族人玉素甫·哈斯·哈吉甫创作的《福乐智慧》。其散文体序言中称，本书是"以秦国哲士的箴言和马秦学者的诗篇装饰而成"。也就是说，《福乐智慧》中汇融了诸子百家的哲学思想和契丹诗人的诗篇，凝聚了中国多民族文化的结晶。

文字方面。汉文与汉字记音符号对少数民族文学一些重要古籍的存世传世具有历史性贡献。先秦时期的《越人歌》是古越语歌，但以汉字记音记录下来后才得以存世传世。汉代文献《白狼王歌》是今存古代藏缅语族语言创作的最古老的诗歌，全诗共 3 章 44 句，每句 4 字，共 176 字，通篇有白狼语的汉字记音和汉译内容。这篇珍贵的文献是借助汉字记音和汉文译文得以存世传世的。以汉字记音符号记录少数民族重要古籍的传统一直延续到明朝。现存的《蒙古秘史》（又称《元朝秘史》）既不是回鹘体蒙古文原著，也不是古代汉文文言文史书，而是通篇以汉字记音并辅以汉文直译的版本，其内容以正文、旁译、总译三个部分组成。其中，正文指的是通篇以汉字记音的蒙古语文本；旁译指的是正文右侧逐字注译的译文；总译指的是每一段内容之后附录的汉文缩译文本。这样一种特殊形式的古籍是在明初完成的，一般被认为是出于培养蒙汉翻译人员的目的，将其作为一种蒙汉语教材使用的。就这样，一部蒙古族历史与文学经典得以存世传世。文学史上，少数民族语言融入汉族文学现象也屡见不鲜。元杂剧中就留下很多蒙古语词汇，如，"把都儿"（英雄）、"抹邻"（马）、"米罕"（肉）、"倒剌"（歌唱）、"孛知"（跳舞）等。《汉宫秋》《赵氏孤儿》《苏武牧羊记》《牡丹亭》等数十部杂剧中均见蒙古语词汇，可见杂剧中夹带蒙古语词汇现象具有一定的普遍性。

（五）中国多民族文学互鉴关系形态特征与功能意义

多民族文学之间的交流互动方式很多，但并非只要有了交流互动就一定会产生有益的结果。有时，交流互动也难免带来相互排斥或冲突的负面结果。多民族文学之间的互鉴关系则本质上是一种积极的交流互动关系，其结果一定会是民族文学之间互学互补、相得益彰、共进共荣。多民族文学之间的互鉴关系不是一般意义上的文学影响与被影响关系，而是一种必然会产生有益影响的文学关系。这种一以贯之地保持着一种积极的、有益的互鉴关系，具有鲜明的形态特征和有利的功能意义。自楚辞、汉赋开始，中国多民族文学之间就建立起相互学习、取长补短、共同提高的积极的借鉴关系，并逐步扩展到散文、戏曲、小说等主要文体，乃至文论层面，由微观层面到宏观层面，形成多层次的互鉴关系。这种多层次的互鉴关系又不是单向度的，而是双向度的，甚至是多向度的，即一个民族的文学不仅与另一个民族的文学产生了互鉴关系，而是与多个民族的文学产生了互鉴关系。也就是说，少数民族文学积极借鉴了汉族文学，汉族文学也积极借鉴了少数民族文学，少数民族文学彼此之间也进行了积极的相互借鉴。在这过程中，不仅是少数民族文学得到了丰富和发展，汉族文学也得到了丰富和发展。可以说，中国多民族文学互鉴关系具有一种多层次多向度的关系形态，其脉络纵横交叉，盘根错节，千丝万缕，难见头绪。由于这种多层次多向度的互鉴关系是有益的、不间断的，因此随着时代的发展又变得越来越紧密，使中国多民族文学你中有我、我中有你的复合化整体化趋势越来越鲜明，最终定型为中华文学多元一体格局。

这种多层次多向度的互鉴关系网，实质上是一种多层次多向度的审美关系网。在这个审美关系网里，各民族一代又一代的作者和读者相识相知、相互认同、增强互信、增进互赏，从而进入了一个各美其美、美人之美、美美与共、天下大同的审美理想世界。那里没有彼此诋毁和争相排斥，只有求同存异、守望相助、共同提高。这种相互认同、相互欣赏、相互学习的境界是多民族文学关系的最高境界，是多民族文学发展的重要支撑，它以彼此包容、相互尊重为基础，以彼此借鉴、取长补短为方式，面向共进共荣的美好未来。可以说，中国多民族文学多层次多向度互鉴关系具有增进各民族之间互赏互信、互敬互爱，从而使中华民族凝心聚气、团结奋进的重要功能。承袭这一文化血脉，发扬这一精神传统，对促进各民族在理想、信念、情感、文化上的团结统一，不断地铸牢中华民族共同体意识具有重要的政治意义。

五　守正创新、共同进步的共进关系

（一）中国多民族文学共进关系的表现形式

1. 中国多民族文学艺术形式上的共进关系

少数民族文学丰富多彩，被誉为民族生活的百科全书。历史证明，凡经得起时间考验而流传下来的少数民族文学艺术形式，大都表达了少数民族群众的愿望，代表着中华文学的方向。少数民族文学从表层结构到深层意蕴，都有浓郁的地域性和民族性。其鲜明的民族特点和艺术特征，与汉文学一起成为中华文学的宝贵遗产。少数民族文学以其先进性与汉文学共同繁荣发展进步。

少数民族民间长诗发达。汉文学格律诗典型，唐诗宋词堪为文学高峰。汉文学民间长诗虽有《孔雀东南飞》《木兰诗》，但不够丰富，而少数民族民间长诗则得到充分发育。从东北森林经过蒙古草原，到西北天山再到青藏高原，英雄史诗特别发达，出现了闻名世界的《格萨尔》《玛纳斯》和《江格尔》三大史诗。在南方藏缅语族、壮侗语族、苗瑶语族中，创世史诗、叙事诗、哲理诗浩如繁星。在各民族中都充分发育，蒙古族的英雄史诗多达300多部，傣族的各类长诗500多部，壮族的民间长诗包括异文本在内超过1000部。最长的史诗《格萨尔》长达120万行，是世界上最长的史诗。这些少数民族民间长诗互相影响、共同发展，如藏族史诗《格萨尔》流传在藏、蒙古、土、撒拉、保安等多个民族之中，成为多民族共同的文化财富。壮侗语族和苗瑶语族民族也广泛从汉族中吸取题材，如《梁山伯与祝英台》《孟姜女》《毛红玉音》《李旦与凤娇》《朱买臣》《陈世美》《三国歌》等民间长诗就与汉族题材有关。

少数民族文学语言丰富。绝大多数少数民族都有自己的语言，分属汉藏、阿尔泰、印欧、南亚、南岛五个语系，它们又有众多的方言、次方言、土语，这些文学语言异彩纷呈。在历史上曾经有21个少数民族用24种文字进行创作。突厥文、回鹘文、察合台文等17种民族古文字留下了众多佳作。据不完全统计，少数民族语言的方言土语多达400多个。西北诗人许多都能够用波斯语和阿拉伯语写作，被称为"双语诗人""三语诗人"，甚至是"多语诗人"。由于各民族语言使用的词汇和表达方式多种多样，使中华文学的语言大大丰富，异彩纷呈。

少数民族宗教文学非常丰富。藏族史传文学、纳西族东巴经、彝族毕摩经、傣族小乘佛教《经藏》《律藏》中的文学、壮族的麽经和师公经、布依族摩经等。《甘珠尔》的1108部经典和《丹珠尔》的3461部经典中，就要有许多佛本生故事、诗歌和戏剧等篇目。这里面就体现了各民族文化的融合。壮族师公经的题材就有来自汉族的神话传说，从《白马三娘》《雷公雷母》《董永行孝》《二十四孝》《三光》等经书名录看，就与汉族题材内容密切相关。

少数民族诗词韵律丰富。汉族诗歌的格律为偶行脚韵，而少数民族诗歌的格律有头韵、腰脚韵、调韵、内韵、勾韵、勒脚韵、复合韵、回环韵等20多种韵律，丰富了中华文坛的韵律。具体说，维吾尔族、蒙古族、柯尔克孜族、鄂伦春族、鄂温克族等阿尔泰语系民族民歌使用头韵。壮侗语族诸族民歌多使用腰脚韵、尾颈韵、首尾韵，壮族勒脚歌达72行。苗瑶民歌多押调。侗歌多押复合型韵（正韵、勾韵、内韵交叉使用）。土族民歌多押回环韵。藏族民歌多押单句回旋、双句回旋、全首回旋、特殊回旋韵律。少数民族韵律形式多变，丰富多彩。

少数民族说唱文学体裁丰富。蒙古族"好来宝"、撒拉族"科尔特"、壮族"末伦"、侗族"琵琶歌"、满族"说部"、瑶族"石牌话"、锡伯族"念说"、土族"舞蹈歌"、达斡尔族"乌钦"，等等，说唱文学风格独特，语言特色鲜明，展现了各民族文学的精髓。这些少数民族说唱文学发生发展就充分吸收了周边各民族文学的精华，与各民族文学一起共同发展进步。比如，壮族民歌"刘三姐"及其相关传说，不仅影响到瑶、苗、仫佬、毛南、布依、侗等少数民族，还广泛影响到汉族。影响面达到广西各地、云南、贵州、湖南、广东、海南岛、江西、香港和台湾，国外达到越南北部，形成了广阔的刘三姐故事圈和刘三姐民歌风格圈。

少数民族文学功能丰富。少数民族文学除了具有审美功能，同时还具有教育功能、认识功能、娱乐功能，以及社会调节功能、社会组织功能、交往功能、了解功能、鼓动功能、择偶功能、传授功能等。少数民族哲理诗教育引导人们积极向上。比如产生于11世纪的维吾尔族《福乐智慧》，以诗剧的形式论述为君之道、为臣之责及如何对待学者、诗人、农牧民、工匠、医生和贫民,使民富而后国强。产生于13世纪的藏族《萨迦格言》,提出了处世、治学、识人、待物的一系列主张。约形成于明代的壮族《传扬歌》,分天下不公、官家、百姓、养育、孝顺、兄弟、妯娌、夫妇、交友、睦邻等20章,全面论述了做人的道理和不同阶层、不同年龄段及家庭成员的道德规范。少数民族民歌《季节歌》《十二月农事歌》《牧歌》《打渔歌》《栽秧歌》《畜牧生产歌》《连枷歌》《打场歌》等,具有生产知识的传授特点。壮族明代的《嘹歌·建房歌》把建干栏的整个过程表现出来,囊括了干栏的建造程序、结构、布局及相关风俗。

2. 中国多民族文学思想内容上的共进关系

近代以来,面对外国列强入侵之时,少数民族文人自觉地站在了维护国家利益的立场上,表现出了深深的爱国之情。东北达斡尔族诗人敖拉·昌兴《巡察额尔古纳、格尔毕齐河》赞扬了历史上中国人民抵抗沙俄侵略的斗争精神,抒发了保卫国家领土完整的英勇之气。北方蒙古族诗人古拉兰萨的《祝消灭英吉利侵略者》赞扬蒙古军队讨伐侵略者的昂扬士气,表达了强烈的反帝国主义侵略的思想。南方壮族诗人郑献甫面对第二次鸦片战争英法入侵,在《丁巳十月十日夷人入城,十六日携家出城,记事一首》中发出"神州远去鬼国来,那有桃花源可避"的呐喊。西南白族诗人赵藩在《昆明怀古》中发出"沧桑往事不胜哀,又见花门酿祸胎"之感,表现出对法帝国主义的愤恨和对边关安危的忧虑。

左右江革命时期,韦拔群把歌圩改进为歌会,组织民间歌手通过歌会以壮歌形式和板报方式激发群众的革命热情。1930年3月2日,中国左翼作家联盟在上海成立,对少数民族作家产生很大的影响。满族作家舒群30年代初期加入东北义勇军和中国共产党,并与东北进步作家一道开拓北方的左翼文艺活动。满族作家李辉英短篇处女作《最后一课》是现代文学史上最早以东北人民反对日本帝国主义为题材的作品,李辉英以表现抗日生活题材的小说著称于文坛。藏族诗人格达活佛运用西康藏区民间"锅庄"的形式创作诗歌，歌颂红军，在藏族地区广为传唱。维吾尔族诗人库特鲁阿吉·舍吾克创办维吾尔文《觉悟报》，致力于宣传新思想，在《致同胞》《团结起来吧，我们的民族》等诗作中，号召"有骨气的人"勇于为祖国献身。

1942年5月，毛泽东发表《在延安文艺座谈会上的讲话》，给中国革命文艺指明了发展方向，也给中国少数民族作家带来动力。满族作家马加1938年到延安，先后在陕北公学、中央党校学习，后参加战地文工团，深入晋察冀根据地体验生活。抗战胜利后到东北，参加农村土改运动。中篇小说《寒夜的火种》以伪满洲国为背景，描写沦为日本帝国主义殖民地的东北农村尖锐复杂的阶级矛盾，以及生活于水深火热中的农民被迫走上反抗道路的过程。维吾尔族作家包尔汗1942年在狱中写成《火焰山的怒吼》，歌颂了农民起义和民族团结。哈萨克族作家阿力木江创编的电影剧本《姑娘坟》，反映了哈萨克族人民与大牧主及国民党进行针锋相对的斗争。哈萨克族诗人唐加勒克·焦尔迪深受苏俄进步文学的影响，以民间歌手"阿肯"的身份游遍伊犁地区，在广大牧民中编写、演唱诗歌，宣传进步思想。《狱中实况》对现实社会的黑暗和反动政权的残暴进行了愤怒的控诉。维吾尔族诗人黎·穆塔里甫1945年被国民党反动当局秘密枪杀，诗人就义前在牢房的墙壁上写下了两句绝命诗："这广漠的世界对于我恰似一座地狱，万恶的刽子手使我青春的花朵枯萎。"

中华人民共和国成立后，各民族作家歌颂党、歌颂新社会。彝族作家李乔50年代创作的《欢笑的金沙江》则被誉为反映彝族人民历史命运的巨幅画卷，是一曲奴隶解放的颂歌。现代西北地区各族诗人众多，创作收获巨大。维吾尔族、哈萨克族、回族、锡伯族等民族诗人，带着西北独特的韵味，唱出了控诉苦难、热爱祖国、赞美新生活的诗篇，构成了现当代中国少数民族诗歌的西部乐章。老舍的剧本《龙须沟》通过天桥东边一条臭水沟的变化，深刻揭示了旧社会人民的苦难，热情讴歌新社会对人民的关怀和建设新生活的日新月异，反映了劳动人民顽强坚韧的生活力量和建设美好生活的热情。回族作家穆青1966年合写的长篇通讯《县委书记的榜样——焦裕禄》鼓舞人心、催人奋进。20世纪70年代后期，国家进入了新的发展阶段。满族柯岩的《周总理，你在哪里？》发出亿万人民对总理的呼唤，传递了人民无限的哀思与深情的怀念之情。白族诗人晓雪《祖国的春天》借春天或秋天起笔，满怀深情地歌颂祖国的新景象。

21世纪的中国多民族文学蓬勃发展，国家颁布"扶持人口较少民族发展规划"，促进了人口较少民族书面文学的全面发展。新世纪以来，少数民族文学与时俱进，网络文学、动漫创作迎接时代潮流。中国多民族文学已成为主流文学的一部分，日益融入中华文学和世界文学。

（二）中国多民族文学共进关系的内在关系

1. 少数民族文学始终吸收汉文学来促进发展

随着汉文化影响的深入，一些少数民族文人逐步掌握了汉语汉文，产生了用汉文创作的书面文学，其肇端大约在秦始皇统一中国之后。特别是盛唐，壮族、白族、彝族等民族中都产生了一些吟诗作赋的诗人。唐宋以后，出现了大批以汉族诗词反映社会生活的诗人，仅壮族便达到100多人。南诏时期白族即产生用汉文吟诗作赋的诗人。宋辽金到元明清，以汉文创作诗词、戏剧、散文的少数民族作家、诗人大批出现。由包衣而入旗籍的曹雪芹以一部《红楼梦》把中国古典小说推到高峰。阿鲁威（蒙古族）、杨景贤（蒙古族）、石君室（女真人）、李直夫（女真人）、萨都剌（回族）、迺贤（回族）、杨黼（白族）、郑献甫（壮族）、文康（满族）、老舍（满族）、沈从文（苗族）等一大批作家诗人，使中华文坛异彩纷呈。

少数民族文学引入汉族古典名著和民间传说故事，汉族《梁山伯与祝英台》被侗族、壮族、苗族、瑶族、白族、仫佬族、布依族等南方各民族所吸收。汉族《西游记》也影响到边陲各族人民。《西游记》被壮剧改编为70多台连台戏，对壮族民间故事传说、民歌、长诗产生巨大影响。壮族的8种民间戏剧的1000多个剧目，一半以上的题材来自汉族。总之，汉族文学的文学思想、题材、主题、人物、体裁、结构、语言、风格、手法等对少数民族文学产生了深刻的影响，促进了少数民族文学的发展。

2. 少数民族文学为汉文学补充了先进成分

汉文史籍里很早就留下了《越人歌》《白狼王歌》《敕勒歌》等少数民族名篇。刘三姐故事最初产生于桂西北壮族地区，后来其故事圈不断扩大，传播到广东梅县汉族地区，把她当成是梅县人，并且产生若干当地独有的刘三姐故事。在甘肃、青海等地的"花儿"，最初是藏族僧侣和牧民朝山进香时的娱神曲词，后来汉、回等民族迁入该地，娱神曲词逐渐演变为娱人的"苦心曲儿"和情歌。在汉族神谱里，盘古地位显要，实质是来源于南方少数民族的开辟神，有人认为是壮侗语族诸族的开天辟地大神，总之是南方少数民族神祇。秦汉及先秦古籍均不见载，直到三国时代徐整所著《三五历纪》才有记录，自此盘古神话进入汉族神话系统，成为重要的开辟神话。

汉文学文体发生离不开少数民族文学的促进。不仅词的发生离不开少数民族文学，就是其他一些文体也离不开少数民族文学。比如楚辞，《九歌》原为楚地沅湘之间的民间祭歌即民间仪式歌。楚地的民俗歌舞和地理条件是楚辞产生的重要因素。可见，楚辞深受楚地民族"鄙俚"之词的影响。进一步说，当时楚人所包容的"九夷八蛮"，即南方越、苗、氐、羌、巴等民族的文化在楚古歌中表现出来，这对楚辞的形成具有重要作用。诸宫调也是多民族文学融合的结果，今存的董解元的《西厢记诸宫调》就是明证。从诸宫调发展而来的元杂剧及散曲，更不用说是含有少数民族文学贡献。至于发展到以后的宝卷、弹词、鼓词、子弟书，则更多有少数民族文学的含量。

3. 中国多民族文学吸收周边国家文学以保持先进性，同时也向周边国家输送优秀文学

印度的《诗镜》传到藏族中，经过改编成为藏族的诗歌理论。

《阿凡提》来自叙利亚，经过维吾尔族和哈萨克族民族化处理，几乎看不出是舶来品，发展为这些民族的作品。译自印度的简本十三册《维先达拉》中许多佛祖成佛的故事传说，成了傣族民间文学的重要原料。在傣族的 500 多部长诗中，有不少取材于小乘佛教经典，特别是《本生经》。西双版纳一套多达几百部的"阿銮故事"长诗，几乎都与《本生经》有联系。傣族长诗《兰嘎西贺》来自印度的著名史诗《罗摩衍那》，还演绎出《十二头魔王》；《帕罕》《阿銮莫协罕》则来自佛经。藏族《格萨尔王传》不仅国内异文众多，国外蒙古人民共和国、不丹、锡金、拉达克等国家和地区还有多种异文。全世界流传的"灰姑娘"型故事，大约在 500 种以上，其中以德国格林童话影响最大。但这类故事中最早的当属中国壮族的《达架》，故事产生于秦汉，这比 18 世纪末格林兄弟所记童话《灰姑娘》早上千年。少数民族文学无论是吸收周边国家文学，还是给周边国家文学输送优秀成分，始终保持与时俱进的品格。

（三）中国多民族文学共进关系在铸牢中华民族共同体意识方面发挥的作用

中国少数民族文学在发展过程中，始终以其先进性为汉文学输送养料，同时，也积极吸收汉文学来促进自身发展。中国少数民族文学与汉文学形成了互相补充、互相渗透、互相影响、互相促进的有机整体，构成中华文学多元一体格局。

中国多民族文学在铸牢中华民族共同体意识方面充分发挥了交往交流交融的作用。中国少数民族历史上的优秀人物松赞干布、王昭君、成吉思汗、努尔哈赤、刘三姐、阿诗玛、也兰公主等等，以电影、电视剧等艺术形式，展现在中国各民族当中。英雄史诗《格萨尔》《江格尔》《玛纳斯》以动漫、歌剧等艺术形式，展现在中国各民族当中。中国少数民族文学先进的内容和形式，增进了少数民族之间的了解，增进了汉族对少数民族的了解。

中国多民族文学可以促进不同地区、不同民族之间相互沟通、彼此了解。在南方许多民族中，普遍有以对歌沟通情感的习俗，主客之间、亲友之间、行人之间、情侣之间，以咏唱为相互了解的手段，即通常所说的以歌代言。在侗族地区，客人进寨要唱开路歌，主人要唱拦路歌。有的民族还有拦门歌，到了门口，主人以歌问客人来自何处，又去往哪里，客人答歌后才能进屋。路上相遇，以歌问候。这都促进了各民族之间交往交流交融。

促进各民族互帮互助，共同建设小康社会，实现伟大复兴的中国梦，具有重要的现实意义。构筑各民族共有的精神家园，需要包括少数民族在内的各民族共同努力，这将会为各民族发展提供精神动力，将会进一步促进民族团结进步事业。

发展中国多民族文学，能够进一步增强少数民族对中华文化的认同感，使各民族充分认识到中华文化由各民族共同书写。文化认同是最深层次的认同。文化是重要的精神纽带，文化凝聚人心。中国多民族文学反映了各民族对中华文化的认同，体现了各民族你中有我，我中有你，谁也离不开谁的命运共同体。发展中国多民族文学，就是在努力推动中华文化的繁荣发展。

六　同气连枝、共荣发展的共享关系

从中华民族文学传承与传播的过程中，溢出的民族文学在民族间的互惠互鉴已成为普遍事实，伴随着历史演进逐步形成了"我中有你、你中有我，兼容并包、休戚与共"的民族文学整体态势。中国各民族文学存在的差异与趋同形成的张力结构，使得中国文学拥有着独特的内部发展动力，这是在世界文学之林中拥有多样性传统的中国文学具有的不可多得的文化优势。中华民族文学在各自的发展中，以多种多样的方式，生动印证了文化通过共享获得繁荣进步的普遍规律。在民族间、民族与中华民族共同体的辩证关系总体视野中，开展关于民族文学共享关系的论证，对深入把握少数民族文学是中国文学的必要组成部分的理解，实现中华多民族共同体话语的理论和实践创新，可以发挥积极的作用。

（一）民族文学共享关系发生的基本结构

民族文学共享关系指的是，在民族多元一体社会结构和文化多样性基础之上形成的民族间文学共享事实。民族文学共享关系是经过长期历史积淀形成并且普遍存在的中华民族文学特性，集中体现了中华民族共同体意识在民族文学中的即有存在事实，亦证明了民族文学对铸牢中华民族共同体意识存在现实意义，使得民族文学从共享走向共荣。

民族文学共享的产生、效果和范围，取决于文学共享的场结构。我国使民族文学得以实现共享的场主要分为三类：民族国家、民族间、民族内部。

1. 民族国家的共享场，突出了社会主义社会的优越性，采用以国家为主导自上而下的共享模式，搭建的是最大范围内的多民族文学公共共享空间。主要方式是由国家调动各方面优质资源，通过文学创编并顺应时代需求，将民族文学有选择性地共享给所有的国家公民，同时推动民族文学共享发展。国家层面通过发现、整理和艺术生产等方式，将民族文学话语转化成民族国家话语，从而有利于民族文学在国家层面得到认同，引领和激发各民族从事民族文学事业群体的表现与创作欲望，拓展民族文学发展的公共空间，促进民族文学文化传播，并且在强调国家意识形态一体化的同时，对各族既有的民族认同和国家认同起到很好的巩固作用。据统计，1950—1960年十余年间，在条件极为有限的情况下，我国上映的少数民族题材电影就有37部，涉及蒙古族、藏族、维吾尔族、彝族、回族、苗族、羌族、壮族等19个民族。① 家喻户晓的《刘三姐》《五朵金花》《阿诗玛》等由民间文学改编成的歌剧、电影、音乐等，至今仍被各族人民熟知。事实证明，依据国家文艺方针，民族文艺作品传达

---

① 李晓峰：《集体记忆·文化符号·民族形象》，《民族文学研究》2013年第6期。

出的信息自觉地认同了主流政治意识形态话语的规范和标准，起到了很好的整体引导效果。

2. 民族间共享场内的共享关系，体现了民族间交往交流过程中民族文学发挥的原生动力，是民族文学横向平等对话的结果，相对自主发生。各民族互为他者关系上的主体性认同是民族民间共享关系形成的前提条件。在民族间交往交流中，可以重新审视和发现本民族文学、文化的价值、独特性和可调试的空间。我国民族间文学共享形成和而不同的文学传播过程，其间文学可能面临着与原有的传承方式相异的应时、应景的变化，但也反映了对民族文学的主体性解读与接受程度。《格斯尔》是蒙古族与藏族文学文化交流的产物。《格萨尔》从藏地传入蒙古族地区之后形成《格斯尔》，在相似的历史背景、宗教信仰和社会条件等促进下，经过时间的打磨，蒙古族按照本民族的心理、风俗习惯、审美情趣和固有的史诗创作传统等，对藏族《格萨尔》进行了民族化，利用原有的题材、故事情节、结构顺序等，进行增添修改、加工编纂等再创作，使《格斯尔》逐步发展成为一部独立完整的、具有蒙古族特色的英雄史诗。可以发现在互通有无的过程中，文学共享的要素越多，民族间的交流与认同就会越发紧密和充分。但是，应该认识到民族间的文学共享在进行选择性接受的同时亦具有不确定性，从共享的时间到方式到内容侧重于自然发生发展，最终还是需要内化到各民族文化文学内部，融会贯通，这是个潜移默化的过程。

3. 民族内部的共享，是最基本的共享单元，发挥了民族文学创编传承的族群内在机制作用，多是以"传帮带"的方式实现。民族文学在民族内部的共享，是指对文学在一个完整的、系统的文化情境内部的传承与发展，它源自于民族自觉意识和主体意识的驱使，亦有自身的尺度规范着创作或演述。这种族内的共享反映出传承人通过文学对文化本体的认知。《玛纳斯》史诗是柯尔克孜族人以口头形式世代相传的英雄史诗杰作，是典型的主要在族群内共享的民族文学经典。在千余年的传承过程中，《玛纳斯》是柯尔克孜族民族的灵魂、民族的精神以及民族行为的规范。在新疆各地的柯尔克孜族聚居区，《玛纳斯》史诗仍然保持着口头传承的状态，很多史诗歌手"玛纳斯奇"（manaschi）仍然活跃于民间，为民众演唱这部古老的英雄史诗，他们将柯尔克孜人美好的追求和向往，全部灌注于史诗中的英雄人物身上。正如《玛纳斯》演唱大师居素普·玛玛依演唱的《玛纳斯》序言中这样唱道的："这是祖先留下的故事，我们怎能不把它演唱；这是先辈留下的遗产，代代相传到了今天。"① 民族内部的共享以传承为主。但是，民族内部的共享处于变与不变的权衡调试过程中，变化和发展速度是缓慢的，需要外力激活，国家和民族间的场来平衡共享。

由此看来，民族文学的共享关系不应仅停留在个别单一的共享场，三种共享模式缺一不可，弱化了哪一种，都会使民族文学的共享关系出现问题。只有在三种共享场都运转起来，形成良性的循环关系，民族文学的共享关系才能在各层面意义上真正地发挥作用。

从效果来看，我国民族文学的共享关系实现于文本共享、实践共享和精神共享，三个层面发生在每个共享场内，逐层递进深化中华民族共同体意识。

民族文学文本的共享。文学文本的共享具有权威性，包括口头文本和书面文本。民族文学口头文本，更具有当代性和创造力，特别是产生于无文字民族的文学，主要以口头的形式保存，是"活"的文本，权威性表现在文本的传播接受范围、公认度等层面；书面文本更清晰明确，易于留存与解读，权威性主要从族群认可程度、官方出版、社会精英认证等方面获得。文本是民族文学共享的基础，没有扎实的口头书面文本作为载体，谈民族文学共享将流于表面。

民族文学实践的共享。如今民族文学不仅以文本方式进行小范

---

① 阿地里·居玛吐尔地译：《玛纳斯》第一部第一册"序诗"部分，新疆人民出版社2009年版。

围的共享实践,亦可以并且正在通过立体的方式开展实践。如不同的民族文学通过戏剧、动漫、电影、小说、短视频、音乐、诗歌等多种方式,在多民族间形成了跨民族、跨地域、跨文化传播,更加扩展了民族文学共享实践的边界、丰富了民族文学共享的内涵。

精神的共享属于更高层次的文学共享表现。狭义是指民族文学如何适应现代社会,在保持本族群精神要义的同时,通过传播路径被外界理解与接受的问题。广义而言民族文学精神共享最终是要通过民族文学的传播与发展形成民族国家精神层面的共享与统一。

现如今,我国民族文学的共享关系处于民族文学实践共享向精神共享推进的努力过程中,各民族精神的更充分的普及共享将有利于民族共同体意识的形成。

(二) 民族文学共享关系建构民族记忆和共同体认同

运用民族文学共享关系建构集体记忆,进而促成民族国家共同体认同。在民族文学共享的过程和成果中,国家对各民族历史文化的认同,与各民族对新中国共同体的认同,形成双向互动结构。

首先,民族文学的共享关系可以引发中华各民族的共识和共情,并产生"共通感"。20世纪90年代末,当代作家阿来在自述中便提道:"我并不认为我写的《尘埃落定》只体现了我们藏民族的爱与恨、生和死的观念。爱与恨、生和死的观念是全世界各民族所共同拥有的,并不是哪个民族的专利。当然,每个民族在观念上有所区别,但绝非冰炭不容,而是有相当的共通性。"[①] 文学意义理解同主观体验之间的断层并不会阻碍审美经验的产生,"共通感"对于民族文学族群语境中认同感生成具有普遍性的作用。来自民族文学审美经验中的"共通感",可以消解间性,达成共识,上升到共情。这种对文学艺术的审美体验的能力是民族共同体意识的直接体现。

---

① 冉云飞、阿来:《通往可能之路——与藏族作家阿来谈话录》,《西南民族学院学报》1999年第5期。

其次，中华民族文学创造出的民族共享关系是历史的结果。民族文学的共享关系是根植于历史条件中的，在社会和存在的连续性中发展而来。对"传统"进行"发明"的人不仅仅是本族内的，更包括处于其他民族文化背景中的外部创造主体，而跨地域、跨族群的具有共享性的民族文学及其部分，更易于在民族文化解释方面占据主导。在历史的进程中，通过民族交往交流、互学互鉴，多民族共享的文学及其部分，大多要从其本身产生、存在的环境中被选择性地抽离出来，当文学文本与其经验背景，在时间、空间意义上产生了距离，离开了原初情境后，就需要在新的土壤中形成自洽，也就是消解间性，形成共性。在这个过程中，铸牢民族共同体意识即可相伴产生实效。

再次，民族文学共享是民族文化共享、产生集体记忆和形成文化认同的过程。民族认同总是产生于特定的相似的社会历史情境中，而民族文学正可以成为记录、表述各方均理解或接受的历史性表述的重要载体。产生认同并得以被实践的文学的过程，构造了潜在的认同形态的国家文学体系。这个体系是由族群自我观的特定地方文学实践与在国家中的定位动力之间的互动提供的。如中国当代汉族作家创作了大量具有少数民族风貌的文学作品，优秀代表作有红柯《西去的骑手》、周涛《神山》、高建群《胡马北风大漠传》、范稳"藏地三部曲"、马丽华《青藏苍茫——青藏高原科学考察五十年》、姜戎《狼图腾》，等等。文学作品传达出的与少数民族生活、文化密切相关的文学创作观，不仅体现了汉族作家对于少数民族文化传统和文化优势的认同，还彰显了作家对民族生存、民族命运和民族文化的高度关注和深入思考，集中表现了当代中国汉族作家的文化自觉意识和跨族群、跨文化的文学创作特征，并表达出对民族共同文化价值的追求。作家们力图通过对少数民族文化的重新发现、认识和理解，实现建立在文化认同基础上进行创作的愿景，从而获得对中华民族传统民族文化的深入观照，并力图通过文学跨地域、跨族群的交流碰撞，重建民族传统文化之自我认同和多民族集体性认同。

最后，民族文学的共享关系日益增强民族共同体文化价值观的趋同性，从创造集体记忆到促进文化认同，对铸牢中华民族共同体意识发挥固本的作用。毛泽东在实践中以马克思主义民族观审视多民族的中国，提出了"中华民族"是各民族的总称和各民族共同建立"统一的国家"的思想，指出"中国是一个由多数民族结合而成的拥有广大人口的国家"①；习近平总书记在中央民族工作会议暨国务院第六次全国民族团结进步表彰大会上要求，"加强中华民族大团结，长远和根本的是增强文化认同，建设各民族共有精神家园，积极培养中华民族共同体意识"②；中共中央政治局常委、全国政协主席汪洋在内蒙古自治区调研时强调，"要正确把握民族意识与中华民族共同体意识的关系，在增强对中华文化认同的基础上，促进各民族文化传承保护和创新交融"③，等等。中央的民族精神、民族政策指引着民族文学发展的方向，荣辱与共的民族国家情怀在各民族文学创作与共享中得以贯彻，这在民族革命文学中表现得尤为突出。经历了抗日战争、解放战争的洗礼，在共同的国家民族共同体心理基础之上，自20世纪五六十年代以来，革命文学是中国民族文学中的亮点，强化了少数民族作家对多民族国家的集体记忆和认同，充分表现出了崇高且统一的爱国主义精神。文学精神和民族精神在革命文学的创作发展中合二为一，找到了共同的民族精神、意识的契合点，确立了全民性质的民族文学观。

（三）中华民族文学共享关系的当代叙事

关于叙事主体，民族文学共享关系促使当代民族文学的主体性转移。近些年，人们对民族文学的理解与创作，已经从少数民族族

---

① 毛泽东：《中国革命和中国共产党》，《毛泽东选集》第二卷，人民出版社1991年版，第622页。

② 《中央民族工作会议暨国务院第六次全国民族团结进步表彰大会在京举行 习近平作重要讲话》，新华网，2014年9月29日。

③ 《汪洋在内蒙古调研时强调 坚定不移铸牢中华民族共同体意识 牢固建设祖国北疆安全稳定屏障》，新华网，2021年4月14日。

群内，向更广阔的大众群体间扩散。这使得更多的人有机会或者有意识地去行使自己享有地方文化、文学艺术的权利。这正是由于城市化建设的兴起，市民逐步养成的文化参与意识和大众对精神文化艺术的强烈需求，持续促进了大众文化市场的兴起和繁荣，更多的人同其他民族分享文学艺术资源。这样的精神需求与新中国城市化带来的巨大公共空间、分散的人群分布，以及城市不断地完善其自身功能以求对人的现实境遇有所改善的内部驱动力是分不开的。

从叙事空间来看，越来越多的民族文学正在走进公共空间。公共空间可以打破族群区隔，形成的是一种相对独立、能够产生可验证暂时性真理的科学场域，有利于创造更自由的民族文学创作环境，实现族群更近距离的接触和创造社会影响力。随着国家城镇化发展和公共空间的不断扩展。从实体公共空间，如场馆、公园、街道等，到虚拟公共空间，如网络、手机App等，为民族文学共享创造了更便利的条件。使民族文学文化交流更频繁，表现方式更多样，传播速度更快捷，更易于理解与接受等，从而推助民族文学共享关系的搭建。

如今以民族文学文化进入大众文化向公共领域过渡，所带来的民族文学共享的现实成绩和机遇是明显的。在中国文学的历史版图中，各少数民族文学不仅丰富了中国文学，而且以其活形态的存在方式，成为民族文化认同的重要资源和艺术创作的源头活水。从纯粹的民族作家文学创作，到地道的民间口头传统，其间有着大量过渡形态的表现，在现代化语境中衍生出丰富的民族文学共享叙事。民族文学的内容符号和民族精神，已经融入了更充分的文学转化和共享空间中。小到文创纹饰大到现代节日，民族文学正在以影视剧、音乐、诗歌、舞蹈、话剧、动漫、自媒体等多种形态共享呈现，在具象民族文学符号的同时共享民族文学传达出的民族共同体概念。如2021年的大型动画电影《格萨尔之磨炼》，主要讲述了格萨尔王带领百姓与邪恶势力展开殊死搏斗的传奇故事。影片采用巨幕立体动画电影技术，以高科技和强烈的视觉冲击力让观众身临其境地领略《格萨尔》史诗所描述的神话世界，生动、立体地再现了关于格萨尔王的神奇传说。再如作为入选国家文化和旅游部"庆祝中国共产党成立100周年舞台艺术精品创作工程重点扶持剧目"的歌剧《玛纳斯》，从柯尔克孜族英雄史诗资源宝库中提炼题材、获取灵感、汲取营养，将民族史诗浓缩成歌剧，在音乐内涵、人物塑造、舞美设计、服装、舞蹈等方面，既尊重民族文化特色，又注重时代创新意识，展现出独特的艺术魅力和新时代风采。民族文学共享过程中的再创作总会带来不一样的审美体验，其传达出的英雄气节、民俗风貌、信仰哲学等都在与现代社会进行着积极的对接，从而轻而易举地促发异质文化的"杂交"，构成了中华民族文学的当代共享叙事。

总之，中华各民族文学关系中普遍存在共享关系，充分体现了中华民族具有的共荣观，充分表达了中华民族间"多与一"的辩证关系。当民族文学创作不再以孤立的形式存在而成为共享的产物，更多地通过文学的方式去阐释人类生命意义与美化了的生存意义之间的本质性关联，通过融入国家大环境，更多地超越"纯艺术"的乌托邦和生命价值意识衰落所致的虚无主义的两难境地，并超越以往艺术仅为少数知识精英或国家权力意识服务的单一化情形，民族文学对铸牢中华民族共同体意识的功能才能真正地发挥出来。这种通过共享到共荣从而催化民族文学丰富性与整体性的态势，成为当代民族文学介入铸牢中华民族共同体意识过程的当代哲学。

七 充分发挥文学在铸牢中华民族共同体意识中的积极作用

课题组在吸收前人研究成果基础上，发现共生关系、包容关系、互鉴关系、共进关系和共享关系是促进中华民族共同体意识形成的重要因素，这五个关系相辅相成、互为基础、缺一不可、构成一体。

其中，共生关系是多民族文学中共同体意识形成的基础，包容关系是多民族文学中共同体意识形成的前提，互鉴关系是多民族文学中共同体意识形成的支撑，共进关系是多民族文学中共同体意识形成的动力，共享关系是多民族文学中共同体意识形成的目的。在中华民族伟大复兴的社会实践中，需要正确把握同源认同、存异求同的共生关系，尊重差异、兼收并蓄的包容关系，互学互补、相得益彰的互鉴关系，守正创新、共同进步的共进关系，同气连枝、共荣发展的共享关系，为五个关系的发展创造更多、更好的社会文化环境，就会有效巩固中华民族共同体意识。

（一）中国多民族文学五个关系的关联性

中华各民族文化在交流交往交融与发展进程中，始终存在着共生关系、包容关系、互鉴关系、共进关系和共享关系，以此不断促进和激励各民族形成中华民族的共同体意识。正如费孝通先生指出的，各民族文化在交流交往交融过程中形成的"各美其美、美人之美、美美与共、天下大同"的多元文化体系。

第一，共生关系是多民族文学中共同体意识的形成基础。各民族文学创作好比百川汇海或一源多流，形成强大的文化网络系统。和谐的共生关系源于对中华民族的高度认同，而对多民族同源的认识与共生关系的表达则奠定了相互学习与借鉴，从而促进各民族文化的共同进步，也成为各民族文化共享的重要支撑。

第二，包容关系是多民族文学中共同体意识形成的前提。中国多民族文学的包容关系与中华民族共同体意识是同源互构的，二者都源于中华民族的传统价值观念及中国传统文化精神。中国多民族文学的包容关系在中华民族文化包容关系发展过程中得到丰富、深化，中国多民族文学的包容关系极大地推动了中华民族文化的发展进步，深化、形塑了中华民族共同体意识，中华民族共同体意识又进一步加强了中国多民族文学的开放性、包容性特征。另外，在各民族文学的包容与互鉴中促进相互开放，在民族文学的开放中促进文学与文化创新。包容关系是形成民族文化多样性的基础，也是促进各民族文化量的增加和质的提升的基础和保障。包容关系体现了各民族吸收外来优秀文化的基本功能。

第三，互鉴关系是多民族文学中共同体意识形成的支撑。多民族文学在相互借鉴中坚持特色，在坚持特色中吸收外来养分，不断创新、保持不断进步的状态。这种相互认同、相互欣赏、相互学习的境界是多民族文学关系的最高境界，它以彼此包容、相互尊重为基础，以彼此借鉴、取长补短为方式，面向共进共荣的美好未来。因此，互鉴关系与进步性、创新性密切相关。互鉴关系是各民族文学与文化形成多元化、多样式的基础，各民族之间的文化交流互鉴学习，才能促进各民族文化的创新与发展。互鉴关系来自包容性和进步性，没有包容的心态，就难以学习其他民族的优秀文化。但是，在包容基础上，只有处于不断进步的文化，才能够在社会生活中做到相互欣赏、相互学习、相互借鉴、取长补短，这就形成了各民族文化创新的动力。

第四，共进关系是多民族文学中共同体意识形成的动力。先进性与共进关系密切关联，各民族文学的先进性，是其文学传承与发展的重要动力，是各民族文学实现共进关系的基础。各民族文学的先进性，也是其他民族文学不断地吸收、学习和借鉴的重要动力。各民族文学的先进性，是形成中国多民族文学共进关系的重要基石。包容关系、互鉴关系与共进关系密切相关，包容关系与互鉴关系是形成各民族文学共进关系的基础，也是各民族文学乐于共享的动力。中国多民族文学的共进关系，是实现中国多民族文学共同繁荣发展的重要动力。

第五，共享关系是多民族文学中共同体意识形成的目的。在共有中交流，在交流中共享，在共享中共有，促进各民族共同繁荣发展。共享关系与共生关系、包容关系、互鉴关系、共进关系密切相关。共享关系来源于共生关系，没有共生关系和亲缘关系，就难以实现平等的、心甘情愿的共享局面。没有包容关系，就不可能形成多元文化的丰富成果让各民族共享。没有互鉴与交流，就不可能把各民族的优秀文化吸收到本民族的文化中，形成具有本民族特征的进步文化。没有共进关系，就难以形成具有时代特征和先进性的文化成果让多民族共享。共享关系体现了民族多元一体的有效路径。

（二）当前中国民族文学五大关系方面面临的问题

中国多民族文学的共生关系、包容关系、互鉴关系、共进关系和共享关系，不断促进和激励着各民族形成中华民族的共同体意识。这种状态是历史形成的。但在当前，如何维护和发展这"五个关系"，使其更好地服务于铸牢中华民族共同体意识方面还存在一些问题和短板。主要有：

第一，在一些地区，我国民族文学的文化部分执着于追求制度化模式，甚至将文化传播相关设置的规范视为是当代文学改创的基本精神。比如，民族文学进入公共空间后，过度强调商业性、市场化，试图通过民族文学文化运作急速塑形，猎奇现象突出，而忽略了各民族自己的意愿和能动性，对民族文学形成了强制化的牵引和约束。有一些地区民族文学共享与互鉴流于表面、碎片化，存在生搬硬套的情况，难以由表及里，缺乏历史连续性和过程性解读。

第二，由于中国的发展还不充分、不均衡，个别边疆少数民族地区的文化发展相对比较落后，文化发展与文化交流相对不足或滞后。这些因素将成为阻碍或制约促进中国多民族文学五个关系的主要因素，需要从多领域、多视角、多层次加以克服和解决。

第三，互相尊重、平等交流方面有待加强。长期以来，文学界对中华文学的主干与枝叶认识不清，对于中国各民族文学是中华民族文学平等而不可分割的组成部分论述模糊，从而导致学术界的认识误区与社会上的错误观念。这也是通过文学领域铸牢中华民族共同体意识的制约因素。按照习近平总书记论述中华文化主干与枝叶的逻辑，中华文学是主干，包括汉族在内全国56个民族的文学是其枝叶，56个民族的文学汇成中华文学主干。因此各民族文学能否相互尊重、平等交流，就成为制约中国多民族文学"五个关系"能否在铸牢中华民族共同体意识方面发挥作用的重要因素。

第四，有效发挥文学的宣传教育功能，促进各民族优秀文学作品进入基层社区教育方面成果寥寥。高校和科研院所有关中国多民族文学关系的研究有待进一步加强。我国多民族优秀文学作品进入各级教材工作严重滞后，阻碍各级教材中贯彻落实铸牢中华民族共同体意识。

第五，中国多民族文学信息数据化建设力度仍不能满足需求。运用信息数据化、互联网、融媒体、智媒体等平台，是通过多民族文学资源推动铸牢中华民族共同体意识的有效途径之一。然而，与这一目标相比，中国多民族文学信息的数据化建设捉襟见肘，滞后于文化发展需求。这里有多重原因，其中各民族语言文字资料的信息化处理是难点之一。

第六，中国多民族优秀文学作品互译工作有待加强。多民族多语种文学之间互译工作对于推助学习民族语言，规范倡导文学翻译，缩小共享对话误差具有重要意义。文本翻译工作在民族文学文本产生五个关系并发展过程中，对铸牢民族共同体意识，会起到关键作用，如增进各民族之间的相互了解和团结互助、发展各民族的语言文字等。语言文字多样性是民族文学的特点，语言文字的使用与翻译影响着民族文学共享的广度与深度。然而目前多民族多语种文学互译工作仍不能满足现实需求，这也成为用多民族文学"五个关系"促进铸牢中华民族共同体意识的制约因素之一。

（三）充分发挥多民族文学在铸牢中华民族共同体意识中作用的对策与建议

铸牢中华民族共同体意识，从中国多民族文学视角看，可以从几个方面考虑：从古代文学中挖掘各民族文学的共同体意识富矿，以史为鉴，古为今用，从各民族的共生性、亲缘关系视角，构筑中华民族的共同体意识；从近代以来，中华民族共同抵抗外寇，共同斗争与奋斗的历史中，取长补短，从促进中华优秀传统文化创造性转化与创新性发展方面，铸牢中华民族共同体意识；从各民族文化共享成果视角，促进各民族文化在共享中发展与提升，在发展中共享，铸牢中华民族共同体意识。

1. 统一思想、坚定立场，促进各民族文化相互尊重、平等交流

中国民族文学传承、发展与研究，必须坚持以习近平新时代中国特色社会主义思想为指导，认真贯彻落实习近平总书记关于哲学社会科学工作的系列重要论述，坚定站在马克思主义辩证唯物主义立场科学分析多民族文学，特别是科学理解与阐释各民族史诗、神话、传说等早期文学作品所表达的各民族团结意识。

要正确对待民族关系中共同性与差异性的辩证关系。其实自古以来大部头的民族文字成果往往是民族间平等交流、融会贯通的结晶。因此，需要在中华民族优秀传统文化保护传承以及创造性转化和创新性发展中，突出各民族文学文化之间的五个关系，既要保护各民族文化特色，又要强调各民族文化之间相互学习、取长补短的必要性，使各民族文化在统一的中华大花园中争奇斗艳，共进共荣。

2. 用本土话语进行主体间对话，摈弃历史虚无主义

民族文学作品一定不止于文字与结构，而是会反映出健全的群体精神和社会思想。在不同时空及社会价值的差异中，各民族作家如何在创作过程中，对"创作动机""创作思维"本身和创作语境产生相互依存的关系，是文学产生民族集体记忆的关键。具有五个关系特点的民族文学，可以使"个人记忆""集体记忆"和"历史记忆"之间产生关联性思考，形成整体化一的精神层面的共同体关系。在此基础上形成具有中国本土特色的话语体系，并开展主体间对话。应摈弃民族文学研究的历史虚无主义论点，激发民族主体性反思和族群对话。如关于神话、传说中是否存在中国各民族同源共生问题的讨论等，不能简单借用西方的一些有关神话的理论评价中国神话的价值和意义，不能言必称希腊，要提出中华文化传统的本土特色，将中华民族文化发展史与中国历史有机结合起来。

3. 充分发挥民族宣传教育工作的引导作用

多领域、多层次在基层加大宣传和培训，可以通过教育培训、

专家讲座、文艺会演、知识读本、互联网、融媒体、智媒体等灵活多样、群众喜闻乐见的方式抓好宣传教育工作。为了进一步研究和总结中国多民族文学的五个关系，可考虑把"中国多民族文学的文学关系学"设为相关高校和科研机构重要学科之一，培养该学科高级科研人才，支持发展相关学术研究，加强学术体系和话语体系建设。在各中小学校大力宣传我国多民族优秀文学作品，在各级教材中贯彻落实铸牢中华民族共同体意识的思想内容，让中华民族共同体意识进校园、进课堂、进教材，入脑入心。少数民族要学习汉民族文学经典名著，汉民族也应该全面系统地深入了解少数民族文学，汲取双方文学作品中所承载和蕴含的生存智慧和精神力量，从民族身份的认同升华到中华民族文化和核心价值观的认同。

4. 强化信息数据化建设，重视民族语翻译工作

针对中国多民族文学同源共生研究比较薄弱的实际，加大各民族传统文学作品的采集、分类、梳理与数据库建设，提升对民族文化认同的理论阐释与研究成果的创造性发展与创新性转化。

推动汉文和少数民族语言文学作品的互译工作。这项工作应统筹考虑，顺序渐进地展开。比如，可以从各少数民族母语文学资料中选择汉译一批具有互鉴性品质的文学作品，同时从汉语文学中筛选一批具有互鉴性品质的文学作品，并将二者合璧出版，以彰显中华文学美美与共的历史传统，在潜移默化中影响各民族读者，加强民族团结，铸牢中华民族共同体意识。沟通交流的屏障、语言文化的屏障会大大减缓民族文学发展与共享的步伐。在多民族国家，民族语言间翻译是实现民族文学文本共享的重要方式，翻译工作具有重要意义，优秀的翻译工作可谓在民族文学共享中搭建起了绿色通道。

第六章 中国典型民族地区铸牢中华民族共同体意识的实践探索

一 新疆铸牢中华民族共同体意识的实践探索

摘要：铸牢中华民族共同体意识，边疆地区是重点，增强边疆民族对于中华文化的认同是固本之策，中华文化的认同关键在于中华优秀传统文化的创造性转化和创新性发展，要有具体的可操作性的举措。从复杂性角度而言，新疆地区又是重中之重。

关键词：边疆地区；民族；新疆

铸牢中华民族共同体意识，是以习近平同志为核心的党中央准确把握我国基本国情和历史传统而作出的重大论断，是对中华民族团结进步规律的深刻揭示，是全党全国各族人民实现中国梦征程上的共同意志和根本遵循，是新时代民族工作的主基调主旋律，是全国各族人民共同的责任。铸牢中华民族共同体意识，重点在边疆民族地区，特别是新疆地区。边疆地区直接关系到国家的主权和领土，关系到国家的统一和强盛，国家统一是中华民族的最高利益。

（一）边疆地区铸牢中华民族共同体意识存在的问题及相关思考

1. 中华民族共同体意识构建存在的问题

（1）经济民生发展失衡威胁中华民族共同体意识推进的物质基础

边疆地区的经济发展整体水平不高、发展不均衡等问题依然存在。"民不足而可治者，自古及今，未之尝闻。"

（2）边疆"民族特性"的过分强调增加中华民族认同难度

自中华人民共和国成立以来，形成一系列适合中国国情与边疆民族地区实际情况的融合边疆治理与民族问题处理的政策经验，比如长期坚持并推行民族区域自治、优惠援助政策、"兴边富民"行动等，在促进民族团结和谐与边疆稳定发展共生共建中取得了显著的成就。但与此同时，在实施中因缺乏标准把控与衡量支持程度，比较容易助长"民族特性"。

（3）敌对势力渗透威胁中华民族共同体意识推进的思想基础

国内外各种敌对势力为了遏制中国发展，长期以来一直对我国实施"分化""西化"战略，其中分化战略的重点地区是边疆地区。一是打着经贸往来、文化交流等各种旗号，通过向边境地区输送图书、影像资料等宣传品；二是直接支持国内"三股势力"；三是鼓动我国边民外流。

2. 边疆地区铸牢中华民族共同体意识的举措建议

十九届四中全会通过的《中共中央关于坚持和完善中国特色社会主义制度推进国家治理体系和治理能力现代化若干重大问题的决定》指出："坚持不懈开展马克思主义祖国观、民族观、文化观、历史观宣传教育，打牢中华民族共同体思想基础。全面深入持久开展民族团结进步创建，加强各民族交往交流交融。支持和帮助民族地区加快发展，不断提高各族群众生活水平。"这为铸牢中华民族共同体意识指明了基本方向。边疆地区的各族群众是推动该地区发展的主体性力量，作为凝集万众、团结一心的中华民族共同体意识的推进，承载着边疆地区的稳定、和谐、发展的民心基础。结合边疆地区实际，建议在以下几方面采取措施。

（1）深入持久地在边疆地区开展爱国主义教育

铸牢中华民族共同体意识要始终在爱国主义精神的统领下，一是要在边疆民族地区深入持久地开展爱国主义教育，使各族群众树立起正确的国家观、民族观、历史观、文化观、宗教观，增强抵御西化、分化等各种思想的意识与能力；二是中华民族共同体意识要积极整合好各民族、宗教和地域问题，在尊重与包容基础上，努力消除对于中华民族共同体意识、国家认同意识的消极影响；三是要深入发掘中华民族团结的深厚历史根基，特别是维护国家统一、开发边疆、抵御外辱的共同历史经历，要通过民族团结培育边疆民族地区的中华民族共同体意识，使边疆地区各民族形成血浓于水的共同情感，这种情感是铸牢中华民族共同体意识的天然优势。

(2) 深入持久地在边疆地区开展民族团结教育

要在边疆地区细致入微地开展民族团结教育。一是整体规划上更要推进民族团结的社会心理建设，要找准各民族团结心理上的契合点与情感上的共鸣点，在全社会营造中华民族团结一家亲的社会心理氛围。二是在民族团结宣传教育活动中，要将边疆的一线乡村以及寺庙这些抵制敌对势力渗透重点地区及主体的民族团结教育作为重中之重。三是对于为国家固有边疆、维护民族团结的先进集体及个人，更要加大物质、精神等表彰力度，进而使边疆地区不同民族身份的公民形成维护中华民族共同体意识的自觉性、主动性与积极性。

(3) 加快边疆地区经济社会发展

在边疆地区的发展中，一是要坚持均衡发展的科学发展理念，缩小边疆地区与全国、边疆地区内部之间、城乡之间、民族之间在经济、教育、医疗等各方面的发展差距，从而为中华民族共同体意识的推进奠定坚实的物质基础；二是贯彻落实屯垦戍边和兴边富民战略规划，通过"强基固边、民生安边、产业兴边、开放睦边、生态护边、团结稳边"等六项工程发展边疆地区经济。

(4) 通过"一带一路"倡议加快边疆地区发展

"一带一路"倡议在国内重点实施区域几乎涵盖了整个边疆地区，边疆地区成为中国连通世界的"一带一路"前沿地带，将边疆地方置于国家开放战略的桥头堡，要在国家进一步扩大开放战略中助推铸牢中华民族共同体意识，将边疆地区打造成中华文化的安全屏障。在承接"一带一路"对外开放实践中，通过完善立体交通运输网络建设、能源建设、通信建设等改善边疆基础设施，为经贸往来畅通渠道和优化环境，可将带动边疆城市及区域产业提档升级，推动民族地区的经济发展，为构建中华民族共同体意识打下坚实的物质基础。

（5）持续打击暴恐活动维护边疆地区社会稳定

边疆地区稳定与否，直接关系到国家经济社会发展的全局。对边疆地区发展最大的危害是暴恐活动，要毫不动摇地防范和打击恐怖主义、民族分裂主义、宗教极端主义，使边疆地区各族群众能够安全、安心地扎根生活。

（二）边疆民族地区传统文化的创造性转化和创新性发展

新时代，实施中华优秀传统文化传承发展工程，是建设中国特色社会主义，实施文化强国战略，增强国家文化软实力，实现中华民族伟大复兴中国梦的重大举措。在我国边疆地区，中华优秀传统文化创造性转化和创新性发展具有更加特殊的战略意义，是维护边疆地区意识形态领域安全、铸牢中华民族共同体意识、增强各族人民中华文化认同的迫切需要。

中华优秀传统文化是包括56个民族的优秀传统文化，每一个民族不论大小，都对中华优秀传统文化的形成和发展作出了贡献，各民族优秀传统文化的多样性和差异性，为中华优秀传统文化提供了多姿多彩的精神源泉。在历史长河中，中华各民族手足相亲、守望相助，分布上交错杂居、文化上兼收并蓄、经济上相互依存、情感上相互亲近，通过不断迁徙、聚合、和亲、互市等，进行多种经济文化互补和民族融合，形成你中有我、我中有你、谁也离不开谁的多元一体格局，最终形成了气象恢宏的大一统的中华优秀传统文化。

1. 边疆地区传承发展中华优秀传统文化进程中面临的主要问题

（1）边疆地区顶层设计缺失

2017年1月，中共中央办公厅、国务院办公厅印发《关于实施中华优秀传统文化传承发展工程的意见》（以下简称《意见》），是新中国历史上第一次以中央文件形式，专题阐述中华优秀传统文化传承发展重大问题。传承发展中华优秀传统文化是久久为功的战略工程，需要边疆省区结合各自民族文化特点，进行总体政策的制定和实施。当前，边疆地区在传承发展中华优秀传统文化仍处于不系统、不深入的状态；对中央《意见》文化缺乏深入阐发，在国民教育、保护传承文化遗产、滋养文艺创作、推动中外文化交流互鉴等方面缺乏成熟、可操作的具体方案，不利于边疆地区持久、系统、深入地推进中华优秀传统文化的传承发展。

（2）文化产业的单一性和局限性

新时代，通过着力发展边疆地区文化产业传承发展中华优秀传统文化，首先要解决思想认识问题，确立一系列文化产业发展理念。文化产业是当代中国先进文化发展的重要载体和实现途径，我们一贯强调唱响主旋律，实际上主旋律必然体现于文化产业发展之中。当今世界正处在大发展大变革大调整时期，各种思想文化交流交融交锋更加频繁，中国面临着美国等西方国家成熟文化产业的竞争。在此背景下，如果我们在竞争中无力占据市场，势必失去传播中华优秀传统文化的有效渠道，影响全民族文化创新创造活力的激发，甚至阻碍社会主义文化强国建设进程。

2. 推动边疆地区传承发展中华优秀传统文化发展的对策建议

传承发展中华优秀传统文化，前提是系统梳理，核心是创造性转化、创新性发展，即"活起来"，着力点是文化产业。发展文化产业，是将中华优秀传统文化资源优势转化为产业优势、传承发展中华优秀传统文化的重要路径。

关于中华优秀传统文化的核心思想理念、传统美德、人文精神；关于各民族是中华民族血脉相连的家庭成员、各民族文化是中华文化的组成部分等基本观点，我们在整体上缺乏通俗化的阐释，比如通俗理论读物、本土原创的文艺节目、吸引人的影视剧和动漫等。

(1) 正确理解传承发展中华优秀传统文化的基本方针

习近平总书记提出的"创造性转化、创新性发展",是传承发展中华优秀传统文化的重要遵循。创造性转化,就是要按照时代特点和要求,对那些至今仍有借鉴价值的内涵和陈旧的表现形式加以改造,赋予其新的时代内涵和现代表达形式,激活其生命力;创新性发展,就是要按照时代的新进步新表现,对中华优秀传统文化的内涵加以补充、拓展、完善,增强其影响力和感召力。

坚持"两创"方针,关键是把握处理好继承和创新的关系,处理好传统文化与当今时代的关系,主要看能不能解决今天中国的问题,能不能回应时代的需求和挑战,能不能转化为民族复兴、国家富强、人民幸福的有益精神财富。换言之,要使中华民族最基本的文化基因与当代文化相适应,与现代社会相协调;使中华优秀传统文化成为有利于解决现实问题的文化,有利于助推社会发展的文化,有利于弘扬民族精神和时代精神的文化。

坚持"两创"方针,要正确把握坚持马克思主义和传承发展中华优秀传统文化的关系。传承发展中华优秀传统文化必须坚持中国特色社会主义文化发展道路,立足于巩固马克思主义在意识形态领域的指导地位,巩固全党全国人民团结奋斗的共同思想基础。中华优秀传统文化是发展当代中国马克思主义的丰厚滋养,是建设中国特色社会主义事业的实践之需。传承发展中华优秀传统文化,要在辩证唯物主义和历史唯物主义指导下,结合时代实践特点,科学地传承和发展中华优秀传统文化,抵制历史文化虚无主义,抵制复古主义。

坚持"两创"方针,要正确把握传承发展中华优秀传统文化和借鉴吸收外来优秀文化的关系。坚持交流互鉴、开放包容。坚持以我为主、为我所用、取长补短、择善而从,既不简单拿来,也不盲目排外,吸收借鉴国外优秀文明成果,积极参与世界文化的对话交流,不断丰富和发展中华文化。

(2) 尽快制订新疆传承发展中华优秀传统文化的工作方案

方案须坚持马克思主义国家观、历史观、民族观、文化观、宗教观,以习近平新时代中国特色社会主义思想为指导,认真学习领会《意见》,以习近平同志为核心的党中央治疆方略,特别是以社会稳定和长治久安总目标为统领,以新疆各民族文化是中华文化的组成部分为贯穿通篇的红线。

方案要阐明新疆传承中华优秀传统文化的重要意义和总体要求;以中华优秀传统文化深入人心、面向未来、深化交流等为视角,提出研究阐释优秀传统文化核心内容和时代精神、贯穿国民教育始终、加强文化遗产保护传承、融入生产生活、拓展对外文化交流合作等任务,并进一步细化工作、明确牵头部门;最终,方案须清晰阐述工作机制,以保障新疆传承中华优秀传统文化获得实效。

特别是当今世界正处在大发展大变革大调整时期,各种思想文化交流交融交锋更加频繁,中国面临着美国等西方国家成熟文化产业的竞争。在此背景下,如果我们在竞争中无力占据市场,势必失去传播中华优秀传统文化的有效渠道,影响全民族文化创新创造活力的激发,甚至阻碍社会主义文化强国建设进程。

非物质性的文化资源更是天下之公器,谁先开发、谁开发得好,就会为谁带来效益。比如日本人把《西游记》《三国演义》编成游戏,美国人演绎中华传统文化出品了《功夫熊猫》《花木兰》等风靡世界的电影,再加之延伸开发的玩具等商品,上述品牌营造了庞大的市场空间。因此,发展新疆文化产业,需要在政府主导的宏观环境中,逐步培育市场配置资源意识,通过市场行为运作资本、聚集人才、挖掘创意、营销产品、塑造品牌、赢得收益,并持续拓展新疆优势文化资源开发利用的空间。

通俗化阐释中华优秀传统文化,是坚持创造型转化、创新性发展原则的体现,是文化文艺工作、哲学社会科学工作坚持以人民为中心的体现。通俗化阐释中华优秀传统文化,要求文化文艺工作者、哲学社会科学工作者不断探索,把艰深的学术话语转化成接地气的、具有生活魅力的通俗话语;用文创+综艺的形式使传统文化走入人们心灵,激发大众对中华优秀传统文化的挚爱等。

（3）中华优秀传统文化通过边疆地区对外传播

通过深刻阐明丰富多彩的各民族文化是中华文化的基本构成；把中华优秀传统文化贯穿于边疆民族地区的启蒙教育、基础教育、职业教育、高等教育、继续教育各领域；努力保护边疆民族地区令人目不暇接、不胜枚举的珍贵文物、古籍；重视保护、传承和弘扬熠熠生辉的非物质文化遗产；从中华文化资源宝库中汲取养分，把中华优秀传统文化的有益思想、艺术价值与时代特点和要求相结合，运用丰富多样的艺术形式进行当代表达；鼓励发展对外文化贸易，让更多体现中华文化特色、民族地区魅力、具有较强竞争力的文化产品走向国际市场等，我们将不断传承发展中华优秀传统文化，推进新疆丝绸之路经济带文化中心建设，逐步提升新疆文化软实力。

（三）新疆地区加强各民族对中华文化的认同

当前，新疆社会大局总体稳定，向好因素不断增加，但稳中有变数、稳中有风险、稳中有忧虑，"三股势力"潜行地下，转入蛰伏期，"三期叠加"的特点短期内难以改变，反恐维稳斗争任重而道远。在未来相当长的一段时间内，新疆的稳定需要新疆几代人持续不断地努力发展经济，最大限度地团结各族人民，以发展促稳定，以稳定保发展，通过弘扬中华文化，通过采用"文化润疆"等润物细无声的方式、在国语教学等特定领域采取强有力的方式，不断增强新疆各族群众对伟大祖国的认同，对中华民族的认同，对中华文化的认同，对中国共产党、对中国特色社会主义道路的认同，才能在更长远的意义上从实现新疆的社会稳定和长治久安。

1. 文化认同是民族团结最根本、最基础和最长远的关键

党的十八大报告明确指出："文化是民族的血脉，是人民的精神家园。"文化认同是民族团结之根、民族和睦之魂，是"五个认同"当中最根本、最基础和最长远的。

文化是维系一个民族团结和一个国家稳定的重要基础，是一个国家综合国力的重要组成部分。文化的发达，不仅可以形成巨大的民族凝聚力和文化认同感，而且这种认同感和凝聚力所形成的文化

屏障可以极大地提高国家的整体安全度，赢得良好的国际安全环境。对于多民族共生的中国来说，文化认同显得尤其重要。当下，要想增强新疆各民族对中华文化的认同，首先就是要大力弘扬中华文化，让中华文化先进的因子吸引、影响、感召和凝聚新疆各民族，增强各民族中华文化认同感。

中华文化是历史上各民族在相互交往、交流过程中集聚各民族文化精髓而形成的一种全新的文化，它承载了各民族共同发展进步的历史记忆，是中华各民族共同认同的精神家园。历史多次证明：对中华文化的认同是维系统一多民族国家的关键所在。新疆要实现长治久安，必须以弘扬中华优秀传统文化为抓手，不断增强新疆各族人民对中华文化的认同。弘扬中华文化，当前增进中华文化认同要强调三点：一是坚持中国共产党的正确领导是增强新疆地区中华文化认同的基本前提；二是把文化治疆纳入新疆治理体系是实现新疆实现长治久安的内在要求；三是要处理好新疆各民族多元文化与中华文化之间的关系是增强新疆地区中华文化认同的关键问题。

2. 新疆少数民族存在对中华文化认同弱化的问题

20世纪初"双泛"思潮传入新疆后，迅速被新疆的民族分裂分子接受，他们开始从民族、历史、宗教、文化等意识形态领域的各个方面为其分裂活动炮制所谓历史依据，并编造了所谓的"东突厥斯坦独立论"的分裂思想体系，其目的就是要用错误的国家观、民族观、历史观、文化观和宗教观来曲解和解构历史上新疆各民族早已形成的牢固的国家认同、民族认同和对中华文化的认同。

20世纪70年代末、80年代初，国际上出现的第三次民族主义浪潮和伊斯兰宗教复兴运动对新疆的民族与宗教产生负面影响，又出现了宗教反弹和宗教狂热现象，一部分民众的民族意识开始增强。隐藏在人民内部的民族分裂分子与宗教极端分子沆瀣一气、相互勾结，为民族分裂活动推波助澜。80年代民族分裂分子公开出版了《维吾尔人》《匈奴简史》《维吾尔古代文学史》三本书。这三本书打着学术研究的幌子，实则是为民族分裂分子分裂祖国、破坏国家统一摇旗呐喊。书中竭力歪曲和杜撰新疆的历史，传播"双泛"思想，否认我国自古以来就是一个多民族统一的国家，其目的就是为民族分裂主义颠覆国家的民族分裂活动炮制所谓的历史依据、营造社会舆论。三本书在社会上的公开出版对新疆意识形态领域的建设危害极大，它搞乱了一部分干部和群众的思想，尤其影响了青少年爱国主义思想的培养，弱化了部分群众对中华文化的认同。第二次中央新疆工作座谈会召开以来，从中央到自治区地方政府不断加大改善民生力度、不断加大对南疆少数民族政策扶持力度、加大对暴力恐怖犯罪的打击力度，究其原因，影响新疆社会稳定的原因极其复杂，有历史遗留因素、有当今国际大气候的影响，以及国内现代社会转型中所出现的各种社会矛盾等诸多方面的影响。但从更深层次的角度来剖析，新疆各族民众对中华文化认同的不断弱化是一个不可回避的现实问题。

3. 增强中华文化认同的具体举措和建议

（1）坚定不移地推行国家通用语言教育

2017年发生的"教材问题"所造成的流毒和危害需要一两代人才能逐渐消除，由此也可见"三股势力"通过修改中小学生教材来强化民族语言，从而制造民族仇恨进而实现分裂的险恶用心。我国是统一的多民族国家，普及和使用国家通用语言文字在边疆民族地区是最基本要求。

只有掌握了国家通用语言，才会有利于各民族之间的交往、交流，有利于增进民族团结，有利于提升"多元一体"的中华民族凝聚力和向心力，有利于增强各民族对祖国、对中华文化的认同，有利于更好地维护祖国统一和边疆社会稳定。如果不学习国家通用语言文字，就会产生文化的隔膜，任何一个自我封闭的民族都不会有前途和希望。

放眼长远，推行国家通用语言文字需要久久为功，除了教材之外，要把国家通用语言的推广和全面普及进行重点任务研判和整体规划，重点人群针对幼儿园、小学、初中、高中等义务教育阶段的青少年，重点区域是南疆四地州的广大农村地区，力争运用五年时间实现增量人群的普及的全覆盖。

(2) 广泛利用公共媒体进行中华文化认同教育

增进中华文化认同，仍需要充分利用广播、电视、电影、报纸、杂志、书籍、网络传媒等多种形式，这些形式具有覆盖率高、信息量大、影响面广、冲击力强的特点。据了解，境内外分裂主义势力非常注重利用现代大众传媒的传播功能及其影响力，通过广播电台、互联网络等多种途径传播具有分裂主义思想的暴恐音频视频，进行宗教极端主义渗透，煽动和蛊惑理性判断能力不强的普通群众，影响极为广泛而恶劣。对此，除了依法进行严厉打击和治理之外，政府部门应该大力加强对大众传媒的正确引导、建设和监督，努力塑造良性运转的公共文化空间，形成各族民众牢固的中华文化认同氛围，对冲、消除分裂主义的舆论攻势。

在新疆，大部分的维吾尔族民众，特别是农村地区的维吾尔族民众，更多是通过收看维吾尔语的电视节目、阅读维文的报纸杂志、听广播等途径来了解国家政策和法律。电视节目因其类型丰富、涉及面广泛、内容直观，而在文化理念、价值观传播的过程中具有重要作用。因此，电视是文化认同建构的一个不断增长的来源，能够关照少数民族观众的心理，丰富其民族文化，也能够加强不同民族间的文化互动。

习近平总书记指出，在新的时代条件下，党的新闻舆论工作的职责和使命是：高举旗帜、引领导向，围绕中心、服务大局，团结人民、鼓舞士气，成风化人、凝心聚力，澄清谬误、明辨是非，连接中外、沟通世界。这就指明了媒体文化舆论传播的导向、原则和方向。主要媒体应充分发挥其彰显主流文化优势，增强国家文化的吸引力和向心力，激发群众的文化自豪感。要深度挖掘和创作能够唤醒全疆各族人民共同历史记忆的、共同价值观的文艺精品，在少数民族聚居区播放这些文艺节目的时候，采用汉语播放，下加民族语言字幕的形式，一方面强化各民族对国家通用语言文字的学习，另一方面增进"五个认同"。

（3）广泛利用公共空间进行中华文化认同教育

新疆地区公共空间是进行文化认同教育的重要场域。各类文化馆（站）、图书馆、博物馆、纪念馆、美术馆、艺术馆和广播电视台（站）等公共文化服务设施承载着重要的文化教育功能，公共文化空间以其公共性、开放性、公益性、包容性、实践性、影响广泛性等特征而成为有助于形成强大凝聚力的"文化场"。

笔者 2018—2019 年走访了新疆多个地州的博物馆、文化馆和图书馆等，发现更多的还是反映了当地的民族文化，缺乏对中华文化整体性的展示。2019 年 7 月国务院新闻办出台了《新疆的若干历史问题》白皮书，新疆各地州的博物馆、文化馆、图书馆等需要贯彻落实好白皮书的内容，这是最好的进行群众集体教育的空间，建议新疆地区就公共空间是否按照白皮书的内容进行第三方评估，通过五年时间进行整体规划，就有问题的进行改造和升级。

（4）通过全民参与国家重要仪式活动塑造国家荣誉感

笔者近两年去南疆调研发现，"访惠聚"驻村工作组每周一上午都在村里组织升国旗、唱国歌活动，这种增强仪式感的活动非常重要，这也是中央倡导的"开展礼节礼仪教育，在重要场所和重要活动中升挂国旗、奏唱国歌，在学校开学、学生毕业时举行庄重简朴的典礼，完善重大灾难哀悼纪念活动，使礼节礼仪成为培育社会主流价值的重要方式"的目的之所在。

2019 年，中华人民共和国成立 70 年的阅兵、国家荣誉勋章的颁发，都有效地增强了全国人民的民族自豪感、国家和文化认同。笔者认为，这种全体民众共同参与国家重要仪式活动需要制度化、常态化。在新疆地区可以借助全民参与的国家庆典仪式和节日庆典，积累共同经验，制造集体记忆，感知中华文化，塑造一体感。特别是负载着特定文化意义的全国性节日如抗日战争胜利纪念日、国庆节等节日，给人们讲述着中华民族共同的命运和中华人民共和国的来之不易。同时，在节日庆典创造的独特文化空间，通过亲身参与和现代传媒全方位的传播，国家倡导的主流文化理念自然而然地与传统庆典仪式相结合，潜移默化地影响人们形成中华文化认同。

（5）用社会主义核心价值观引导中华文化认同

习近平总书记特别强调，要切实把社会主义核心价值观贯穿于社会生活的方方面面。要通过教育引导、舆论宣传、文化熏陶、实践养成、制度保障等，使社会主义核心价值观内化为人们的精神追求，外化为人们的自觉行动。要利用各种时机和场合培育和弘扬社会主义核心价值观，使核心价值观对人们的熏陶和感染"像空气一样无所不在、无时不有"。

根据中央的要求和指示，结合新疆地区民族多样、文化多元、经济文化相对落后、思想保守等社会实际，要发挥社会主义核心价值观对中华文化认同的统领作用。首先，应该通过各种途径让群众切身了解和理解社会主义核心价值观的内容是什么，知道国家在倡导什么样的价值准则和行为规范；其次，应注重在各族群众日常生产生活、工作学习的实践活动中全面融入社会主义核心价值观，真正达到家喻户晓、耳熟能详、深入人心的程度；最后，可结合少数民族的相关谚语弘扬社会主义核心价值观。

（6）深度发掘新疆地区的中华文化多元形态，提高中华文化的凝聚力与向心力

《新疆的若干历史问题》白皮书指出，新疆各民族文化从一开始就打上了中华文化的印记。中华文化在新疆地区的传承与发展新疆地区自古就同中原地区保持着密切联系。要以弘扬中华优秀传统文化为宗旨，通过"文化润疆"彰显中华文明和中华文化的博大精深和丰富多彩，以身边的文化现象追溯自古以来西域与中原文化的同根同源。

比如说新疆的玉文化，习近平总书记2014年在南疆调研时提到和田玉文化产业发展，总书记指出："南疆发展要因地制宜，丝绸、地毯、和田玉，都是发展方向，一定要抓住实际效果。一招鲜，吃

遍天。"总书记的讲话为玉文化及产业的发展指明了方向。

新疆的和田玉石早在商代就运往了中原，商代妇好墓发掘的755件玉器大部分都是和田玉，通过考古证明，玉石产自新疆，却在中原开花结果，这是中华民族统一共融、共同繁荣的确凿证据，也是我国西部和中原地区几千年来文化和物质交流的最有力证明，玉文化是中国各族人民共同创造的多元一体、融合开放的特殊文化形式，也是最具有地域性的新疆特色文化之一。通过传播玉文化，一是可以弘扬中华优秀传统文化的"玉德"文化；二是可以不断增强新疆各族人民对国家、对历史、对中华传统文化的认同；三是可以发展当地的文化产业，促进当地和田玉采掘、原料销售、旅游产品的加工等，从而扩大三地州就业规模，促进旅游业，改善民生。

（7）发挥各省市文化援疆的优势

对口援疆工作是党中央制定治疆方略的重要组成部分，对于当下新疆治理和发展意义重大，应倡导各援疆省市运用多种文化传播媒介，弘扬中华优秀传统文化。具体建议如下：

一是可由各援疆省市协助发掘和整理新疆各地州旅游文化资源，请内地专业团队帮助新疆研发一条可持续发展的旅游文化循环产业链，其中各个环节中的文化产品都应烙上中华优秀传统文化的印记，使消费者在享用文化产品的同时接受中华文化认同的教育。

二是各省市根据受众年龄、学历、职业的不同，开展各种形式的民汉共同参与的文艺活动，加强民族团结和文化认同的教育，协助帮扶当地少数民族文化产业尤其加强对少数民族非物质文化遗产的传承、创新和保护，把少数民族文化作为中华文化的一部分向外推介，增强少数民族文化在国际上的影响力，帮助少数民族树立文化自信。

三是发挥各省市教育资源优势，继续扶持新疆贫困地区义务教育，使各族儿童感受中华民族大家庭的温暖，提高中华民族凝聚力和向心力。

四是协助受援地培养一支政治立场坚定、熟悉新疆区情并自觉认同中华民族的少数民族知识分子队伍，让他们带领各族民众自觉践行社会主义核心价值观，润物细无声地增强新疆各民族对中华文化的认同。

（8）加强兵团文化示范区建设，发挥兵团在新疆传播中华文化的作用

兵团文化是新疆社会主义文化重要的组成部分。20世纪五六十年代，兵团文化作为先进生产力的代表，曾对新疆社会经济的发展发挥过巨大作用。当前围绕着实现新疆社会稳定和长治久安的总目标，兵团文化要更好地发挥传播中华文化、先进生产力和先进文化的示范作用，让先进的文化引领新疆各民族文化的发展，夯实新疆各民族对伟大祖国的坚强信心，夯实各民族对中华文化认同的基础。

一是制定兵团文化体制顶层设计，把兵团文化的发展上升到国家层面，从国家层面制订一套切实推动兵团文化中期、长期发展的战略规划，提供资金保障，并形成配套的长效管理机制。

二是集中各师团优势文化资源，打造一个能反映兵团文化的重量级文化品牌，形成循环产业链，吸收各民族专业技术人才和普通技术工人参与文化的生产和制作过程，把各师团打造成中华文化安全屏障。

三是设专项基金培养一批接地气、能挖掘精品力作的专业文艺创作队伍，让他们深入基层、发掘和创作能反映新时期兵团人先进事迹的文艺精品，通过广播、电影电视、图书、互联网等媒介对外宣传中华文化。

四是自治区、兵团的文联、电视台、广播电台报刊等部门应发挥文化主阵地作用，多创作、生产和发行以弘扬中华传统文化、宣传兵团文化为题材的优秀的广播、影视和图书精品，大力宣传中华文化。

五是组织一支专业的文艺演出队深入基层，长期地、经常性地为群众提供丰富多彩的文艺演出，从时间和空间上挤压非法宗教活动生存的空间，把各族群众争取过来让他们团结在党中央的周围，

广泛、长期、经常性地开展丰富多彩、群众喜闻乐见的文化活动，传播中华文化和社会主义先进文化，促进各民族文化交流交融，夯实各民族对中华文化认同的思想和感情基础。

二 西藏铸牢中华民族共同体意识的实践探索

摘要： 党的十八大以来，在中央第六次和第七次西藏工作座谈会精神和中央民族工作会议精神的指引下，西藏站在国内和国际两个大局，贯彻落实新时代中央治藏方略，在加强民族团结、建设美丽西藏工作中绵绵用力，深入开展反分裂斗争，引导藏传佛教与社会主义相适应，积极探索民族工作法治化建设，创新民族团结进步创建工作新局面，把铸牢中华民族共同体意识贯彻落实在稳定、发展、生态、强边四项工作中。

关键词： 民族团结；西藏治理；治边稳藏

铸牢中华民族共同体意识是新时代民族工作的主线，开展民族团结进步创建活动，是铸牢中华民族共同体意识的具体实践。党的十八大以来，西藏民族工作贯彻落实中央治藏方略，把民族团结工作与稳定、发展、生态、强边四件大事紧密结合，探索符合西藏特点的民族团结创建之路。

（一）西藏民族团结工作是新时代国家治藏方略的重要内容

近现代以来，西藏治理始终是中央政府边疆治理的重要议题。70年前，中国共产党和平解放西藏，粉碎了帝国主义列强分裂中国的企图，中央政府进一步加强了对西藏的治理。民主改革使西藏彻底摆脱三大领主的统治，藏族群众历史上第一次获得人身权利和土地权利。西藏自治区的成立，西藏人民第一次获得了当家做主的权利。只有中国站起来，西藏才能免遭外敌的觊觎与侵略，各族人民才能当家做主。改革开放以来，西藏经济社会发展突飞猛进，历史证明，西藏各族人民始终与中华民族同呼吸共命运，是中华大家庭的成员，是中国不可分割的一部分。

党的十八大以来，以习近平同志为核心的党中央站在实现两个一百年的奋斗目标和中华民族伟大复兴的战略高度，坚持中国特色解决民族问题的正确道路，提出"治国必治边、治边先稳藏"的重大判断，作出"加强民族团结　建设美丽西藏"和"做神圣国土的守护者、幸福家园的建设者"等一系列重要指示，形成了治边稳藏重要战略思想，为西藏工作提供了根本遵循西藏民族工作不断得到创新推进，进入各民族人民团结奋斗、不断创造美好生活、逐步实现共同富裕的新时代。这一系列治边稳藏、治藏兴藏的新思想、新观点和新论断，成为新时代西藏民族工作的重要指南，在 2015 年中央第六次西藏工作座谈会和 2020 年中央第七次西藏工作座谈会上得到集中体现。

（二）西藏民族团结进步创建的新实践

1. 坚定不移进行反分裂斗争，确保国家安全和长治久安

西藏位于我国西南边疆地区，地缘政治敏感，肩负着反分裂的重要使命，西藏工作在党和国家全局工作中的地位更加凸显。在党中央正确领导和西藏各族人民共同努力下，今日的西藏呈现出政治稳定、经济发展、社会进步、民族团结、边防巩固、人民群众安居乐业、欣欣向荣的大好局面。这样的局面来之不易，我们必须清醒地看到，影响社会稳定的因素仍然存在，维护社会稳定工作还面临许多新情况和新问题。

一是充分认识反分裂斗争的长期性与艰巨性。长期以来，西方反华势力从未停止利用所谓"西藏问题"挟制中国、遏制中国、扰乱中国。

十四世达赖集团从未放弃过"西藏独立"的图谋。长期以来，十四世达赖和达赖集团与美国等西方反华势力相互勾结，"逢庆必扰、逢喜必闹"，不断渗透和干扰破坏西藏社会的和谐稳定，危害国家安全和人民福祉。1959 年，西藏反动上层武装叛乱失败后逃往印

度，在美国中情局支持下，重组"四水六岗"，在尼泊尔木斯塘建立武装基地，长期在中尼边境进行骚扰活动，妄图以暴力手段实现"西藏独立"。1962年，组建以流亡藏人为主的"印藏边境特种部队"，不断袭扰中国边防军队和边境地区的平民。冷战结束前后，十四世达赖集团误判国际形势，连续制造骚乱暴力事件向中央政府施压，1987年、1988年、1989年多次策划煽动暴力事件，2008年达到高峰，策划实施拉萨"3·14"打砸抢烧暴力事件，并在北京奥运会筹办期间在国际上制造一系列干扰破坏活动，引起国际社会极大愤慨。2011年以来，十四世达赖集团公然在网上发布《自焚指导书》，煽动蛊惑境内藏族僧俗信众自焚，造成一段时间中国部分地区接连发生自焚事件。另一方面又提出所谓"中间道路"，1987年在美国国会人权核心小组会议提出"西藏和平五点计划"，1988年在法国斯特拉斯堡提出解决所谓"西藏问题"的"七点新建议"，2008年提出《为全体藏人获得真正自治的备忘录》。所谓"中间道路"，其核心内容"不承认西藏自古是中国一部分"，宣称"西藏历史上是一个完全独立的国家"；要求实行不受中央约束的"高度自治"，宣称建立"自治政府"；无视青藏高原自古多民族杂居共处事实，要求驱赶在青藏高原世代居住的其他民族。可见"中间道路"既不符合中国的历史与现实，也不符合西藏地方的历史与现实，更有违包括藏族人民在内的青藏高原各族群众的根本利益。

二是充分认识反分裂斗争的阶段性特征，积极应对反分裂斗争新形势新变化，确保政治安全、政权安全，牢牢掌握全局性主动。做好西藏工作对于实施中央的全局战略，防范应对美国等西方反华势力"以藏制华"图谋，维护总体国家安全，保障中华民族伟大复兴的步伐不断向前迈进，具有极端重要性。西藏党委政府不断增强贯彻落实的自觉性，以铸牢中华民族共同体意识为主线，全面深化落实各项维稳措施，有力防范和打击各种形式的分裂破坏活动，继续夯实"我要稳定"的基础，确保社会局势持续稳定、长期稳定、全面稳定。

历史昭示未来，面对世界百年未有之大变局和中华民族伟大复兴的大格局，十四世达赖集团与西方反华势力将会进一步勾结且会加紧勾结，不断制造事端，危害西藏安定团结的大好局面，我们必须防患于未然，坚决维护国家安全和西藏稳定。西藏和平解放以来的实践证明，没有国家的安全，西藏各族人民的根本利益就难以得到维护，没有稳定的社会环境，经济、文化、生态等各项事业就难以得到发展，人民的安定幸福生活就难以得到保障。对于西方反华势力干涉中国内政的图谋和十四世达赖集团的分裂活动，西藏各族人民和全中国人民一样，坚定维护祖国统一、维护国家主权，同任何分裂势力、反华势力进行坚决斗争，坚决抵制十四世达赖集团的渗透破坏活动，深入持久地开展民族团结进步创建，不断铸牢中华民族共同体意识。

三是不断健全公共安全体系。西藏深化市域社会治理现代化试点，坚持和发展新时代"枫桥经验"，化解风险隐患。提升社会治理法治化水平，加快出台宗教事务、网络管理、重大突发事件处置等法规规章。推进"雪亮工程""智慧公安"等项目建设。保障无线电安全。加强政法队伍、铁路护路队伍建设和保障。启动"八五"普法，推进基层公共法律服务实体中心建设。

2. 坚持宗教中国化方向，引导藏传佛教与社会主义社会相适应

一是依法保障宗教信仰自由与秩序。西藏是一个宗教多元、文化多元的社会。"现有藏传佛教宗教活动场所1700多处，僧尼约4.6万人，清真寺4座，世居穆斯林群众12000余人，天主教堂1座，信徒700余人。"① 中国法律保护各宗教、各教派一律平等，信教和不信教群众一视同仁。

二是依法管理宗教事务，坚持我国宗教中国化方向。依法管理宗教事务，是全面贯彻党的宗教工作基本方针和依法治藏的具体体现，是宗教与社会主义社会相适应的必然要求。党的十八大以来，

---

① 《西藏和平解放与繁荣发展》，国务院新闻办公室2021年5月21日发表。

第六章　中国典型民族地区铸牢中华民族共同体意识的实践探索

西藏自治区深入贯彻习近平总书记关于宗教工作的重要论述，全面落实党的宗教工作基本方针和国家管理宗教事务的法律法规，取得了宗教和睦、佛事和顺、寺庙和谐的显著成绩。认真学习十八大以来习近平关于涉藏工作的重要讲话精神，积极推进中央第七次西藏工作座谈会涉宗教工作六个方面的具体任务。依照《宗教事务条例》制定《藏传佛教活佛转世管理办法》，并制定《西藏自治区实施〈宗教事务条例〉办法（试行）》《西藏自治区大型宗教活动管理办法》《西藏自治区藏传佛教活佛转世管理办法实施细则》等一系列政策措施和规范性文件。认真贯彻落实2017年新修订的《宗教事务条例》和2019年颁布的《宗教团体管理办法》并将《全国宗教工作会议精神学习要点》主要内容在修订《西藏自治区实施〈宗教事务条例〉办法》中加以贯彻落实。

活佛转世是藏传佛教特有的历史传统，有特定的宗教仪轨和历史定制。中国政府在继承历史遗产基础上，从法律上保障活佛转世认定有序开展。"1995年，通过金瓶掣签，经国务院批准，完成十世班禅转世灵童寻访、认定以及十一世班禅坐床工作。2010年，经金瓶掣签，报西藏自治区人民政府批准，完成六世德珠活佛的认定和坐床工作。截至2020年，已有92位新转世活佛严格按照宗教仪轨和历史定制，得到批准和认定。依法开展正常宗教活动，寺庙学经、辩经、受戒、灌顶、修行等传统宗教活动和寺庙学经考核晋升学位活动正常进行。"① "西藏佛学院及其10所分院现有学经僧尼3000余人，2005年到2020年共有240人获得藏传佛教最高学衔'拓然巴'。寺庙传统印经院得到保留和发展，现有布达拉宫印经院等规模性传统印经院3家。信教群众正常参加萨噶达瓦节、拉萨祈愿大法会、马年转冈底斯山、羊年转纳木错等各种各样的宗教和传统活动。当前各级人民代表大会、政治协商会议中，有600余名宗

---

① 《西藏和平解放与繁荣发展》，国务院新闻办公室2021年5月21日发表。

教界人士担任代表、委员。"①

在僧尼教育上，常态化推进"遵行四条标准、争做先进僧尼"教育实践活动，不断巩固和扩大教育实践活动成果，持续在寺庙僧尼中开展党史、国史、中华民族史和现代文化知识的学习教育，铸牢中华民族共同体意识，牢固树立国大于教、国法大于教规、公民大于教民的意识，不断增强"五个认同"。以"四条标准"和"五个有利于"为标准，进一步探索和创新新时代藏传佛教中国化的思路和举措，发挥宗教工作干部在推进藏传佛教中国化的主导作用。组织编写《寺庙僧尼学习国家通用语言文字教材》，积极推进国家通用语言文字学习培训进寺庙工作，同时指导中国佛协西藏分会编写完成藏传佛教教义教规阐释和坚持中国化方向读本。支持和指导中国佛协西藏分会、西藏佛学院继续办好藏传佛教阐释论坛，组织专门力量对藏传佛教典籍选优择重、去粗取精、推陈出新，实施教义新阐释工程，引导宗教界作出变革，改进传统学经制度，优化宗教经典学习，完善寺规僧约。尊崇宪法、遵守法律、敬畏法治是对公民最基本的要求，也是争做先进僧尼的题中之意。积极组织引导寺庙僧尼和信教群众深入学习宣传贯彻好《宗教事务条例》等宗教事务管理方面的法律法规，积极支持和配合政府依法对藏传佛教事务进行管理，自觉在法律法规允许范围内开展活动，确保藏传佛教活动规范有序。在全自治区宗教部门扎实推进抓基层组织强党建、抓基础工作强担当、抓基本能力强素质"三基三强"教育活动，调动宗教干部工作积极性和创造性，强化日常考核监督管理，树立新气象新作风，争做风清气正的模范。

在寺院管理上，按照中央提出的"一寺一策"要求，结合西藏实际，制定《区宗教局领导干部联系市地寺庙制度》，分门别类，建立各级、表层次、各种管道的寺庙联系体制机制。全力做好了藏传佛教寺庙财务工作，稳步推进全区社会流动从事宗教服务人员调研，

---

① 《西藏和平解放与繁荣发展》，国务院新闻办公室 2021 年 5 月 21 日发表。

提升宗教事务治理能力和水平。

3. 积极推进民族团结进步创建法制化建设

坚持依法治藏重要原则，用群众对法律的遵守保障民族团结的牢固不破。加强民族团结，需要借助法制的力量，用法律保障民族团结。西藏自治区制定出台了《西藏自治区学习、使用和发展藏语文的规定》[①]《关于设立"西藏百万农奴解放纪念日"的决定》等290多部地方性法规和具有法规性质的决议决定，对多项全国性法律制定了符合西藏实际的实施办法，形成了具有中国特色西藏特点的较为完善的民族政策法规体系。

2010年2月，中央宣传部、中央统战部、国家民委联合下发《关于进一步开展民族团结进步创建活动的意见》。[②] 2013年9月，国家民委在总结新疆昌吉回族自治州创建民族团结进步示范州经验的基础上，决定以新疆伊犁哈萨克自治州等13个州（市、盟）作为开展创建全国民族团结进步示范州（地、市、盟）试点，并在县级以下（含县级）普遍开展创建示范单位活动。2013年以来，拉萨市作为全国民族团结进步创建活动示范州（地、市、盟）试点，将创建工作作为贯彻落实习近平总书记"治国必治边、治边先稳藏"重要战略思想的有力抓手，立足全局、把握方向，夯实基础、丰富载体，培树典型、示范引领，高位推动、全员参与，举全市之力、聚全市之智，扎实推进示范市创建工作，始终坚持把发展落实到增进各族群众福祉、促进民族团结上，坚持繁荣发展民族文化，增强各民族文化认同，坚持提升民族事务治理能力，用法律来保障民族团结，坚持创新理念、方式和载体，搭建各民族交往交流交融平台，推动民族团结进步事业不断取得新成果。2016年，国家民委关于命

[①] 该规定1987年7月9日西藏自治区第四届人民代表大会第五次会议通过，2002年5月22日西藏自治区第七届人民代表大会第五次会议第一次修正，2019年7月31日西藏自治区第十一届人民代表大会常务委员会第十二次会议第二次修正。

[②] 《中央宣传部、中央统战部、国家民委关于进一步开展民族团结进步创建活动的意见》，中央政府门户网站（www.gov.cn），2010年7月9日。

名拉萨市为"全国民族团结进步创建活动示范市"。拉萨市的生动实践，对于全国藏区、民族地区首府城市民族团结进步创建有着重要的示范意义，为西藏乃至全国民族工作创造了宝贵经验。经考核验收，决定命名拉萨市为"全国民族团结进步创建活动示范市"。

2011年，西藏自治区党委常委会通过《关于开展民族团结进步模范创建评选活动的决定》，规定自2012年开始，西藏自治区在每年3月召开民族团结进步表彰大会，对上一年度模范集体和模范个人进行表彰。西藏自治区每年评选30个民族团结进步模范集体，原则上从地市级民族团结进步模范集体中产生；每年评选50个民族团结进步模范个人，原则上从地市级民族团结进步模范个人中产生。被评为民族团结进步模范集体和先进个人的，分别由各级党委、政府颁发奖牌、荣誉证书和奖金。2013年，西藏自治区制定《民族团结进步模范评选表彰办法》，为把西藏建设成为民族团结典范提供了法律基础。2013年9月，开启创建全国民族团结进步示范州（地、市、盟）试点，西藏自治区拉萨市成为首批13个创建试点之一。[①] 作为民族团结的首善之市2012年，拉萨市将每年9月17日定为"民族团结节"，并出台《拉萨市民族团结进步条例》《拉萨市民族团结进步条例实施细则》。2020年1月，西藏自治区第十一届人民代表大会第三次会议审议通过《西藏自治区民族团结进步模范区创建条例》，将每年9月确定为自治区民族团结进步宣传活动月。

当前，西藏民族工作正在积极推进"两个建设"：一是扎实推进依法行政制度体系建设。自2019年年初开始，按照区党委全面依法治藏委员会年度工作要点和自治区人大常委会年度立法工作计划部

---

① 其他试点州（地、市、盟）为新疆维吾尔自治区伊犁哈萨克自治州、吉林省延边朝鲜族自治州、湖北省恩施土家族苗族自治州、湖南省湘西土家族苗族自治州、云南省西双版纳傣族自治州、云南省大理白族自治州、甘肃省临夏回族自治州、青海省海北藏族自治州、广西壮族自治区南宁市、宁夏回族自治区吴忠市、贵州省铜仁市、内蒙古自治区兴安盟。

署，自治区民委组织召开依法治理民族事务推进会，专题研究民族工作领域法治建设，研究起草《西藏自治区民族团结进步模范区创建条例》，并于2020年1月颁布实施。《关于全面推进民族团结进步模范区建设　铸牢中华民族共同体意识的意见》印发后，研究制定《自治区民族团结进步模范区创建工作规划（2021—2025）》。

二是扎实推进法治能力现代化建设。完成《西藏自治区民族宗教系统"十三五"时期网络信息化建设项目初步设计及概预算方案》编制并通过发改委专家评审；完成"西藏民委"微信公众号、"西藏自治区民族事务委员会"门户网站建设。用好微信公众号、门户网站平台，积极转发法治资讯、法治建设文章等，编发法治宣传工作和专题学法活动简报，开展全区民族团结进步知识竞赛活动，切实提高各族群众对民族政策、民族知识的普及面和知晓率，让社会各界全面了解民族政策法规、了解西藏民族工作。深入开展民族团结法治宣传教育。

法治建设的重要工作之一就是推进法制宣教，培养公民法治意识和宪法精神。为此，自治区民委一是会同自治区普法办制订实施《西藏自治区2019年民族政策法规宣传教育工作方案》，以民族法规政策宣传教育活动进机关、学校、企业、乡镇、社区、单位、寺庙为平台，广泛深入开展宪法、民族区域自治法和党的民族理论政策为主要内容的宣传教育，引导各族干部群众进一步树立法治观念，自觉遵守国家法律和有关规定，自觉用法治来维护民族团结。二是抓好重要节点普法宣传。坚持在"3·28"西藏百万农奴解放纪念日、"9·16"平安西藏建设宣传日等节点广泛开展法制宣传活动，引导各族群众知法、守法、用法、护法，在全社会营造自觉守法、遇事找法、解决问题靠法、化解矛盾用法的良好氛围。三是着力抓好宪法宣传。按照《区党委依法治藏办、区党委宣传部、区司法厅关于开展2019年"宪法宣传周"活动的通知》要求，开展"12.4"宪法日宣传活动，发放《宪法》《民族区域自治法》等法律法规以及其他宣传品，突出宣传宪法关于铸牢中华民族共同体意识、增进民族团结进步等内容，教育各族干部群众尊崇宪法，争做"神圣国土守卫者、美好家园建设者"。配合司法部门开展弘扬宪法精神、礼赞我的祖国、守护神圣国土为主题的"中国宪法边疆行"活动，增强了各族干部群众对伟大祖国向心力。

4. 积极开展民族团结进步创建活动

(1) 民族团结进步宣传教育

西藏民族团结进步宣传教育，主要围绕以下几个方面开展：一是把西藏民族团结进步工作放在国内和国际两个环境条件下，站在世界百年未有之大变局和中华民族伟大复兴大格局中，认真学习宣传贯彻落实习近平新时代中国特色社会主义思想，特别是习近平总书记关于民族工作和治边稳藏的重要论述。二是以中国历史特别是中华民族发展史、中华文化发展史、中国近现代史、中国革命史，中央政府与西藏地方关系史，西藏和平解放、民主改革、社会主义建设、改革开放史为主要内容，引导各族群众深刻认识中华民族多元一体格局，树立正确的祖国观、民族观、文化观、历史观、宗教观，开展中华民族共同体意识教育，引导各族群众认识中国梦就是各民族的团结奋斗梦、繁荣发展梦，增强对伟大祖国、中华民族、中华文化、中国共产党、中国特色社会主义的认同。三是开展社会主义核心价值观教育，在宣传教育中，把弘扬"老西藏精神""两路精神"与宣传民族团结进步模范典型和先进事迹深入融合。70年前，以中国人民解放军第十八军为主力的进藏部队，徒步在平均海拔4000米的高原行军3000公里，翻雪山、过草地、蹚冰河，完成了和平解放西藏的历史使命，随即"长期建藏、边疆为家"，为西藏解放和发展献出了自己的青春韶华甚至宝贵生命。在历史坐标中，他们共同镌刻出一个名字——"老西藏"，共同锻造出"老西藏精神"——特别能吃苦、特别能战斗、特别能忍耐、特别能团结、特别能奉献。"在高原上工作，最稀缺的是氧气，最宝贵的是精神。"70年前如此，在社会主义建设时期，在改革开放新时期，在中国特色社会主义建设新时代亦如此。20世纪50年代中期，10多万军民在极其艰苦的条件下团结奋斗，建成川藏公路、青藏公路，创造了世界公路史上的奇迹，结束了西藏没有公路的历史。2014年是两条公路通车60周年，这两条公路的建成通车，是在党的领导下新中国取得的重大成就，对推动西藏实现社会制度历史性跨越、经济社会快速发展，对巩固西南边疆、促进民族团结进步发挥了十分重要的作用。60多年来，在建设和养护公路的过程中，煅烧出坚如磐石的"两路"精神，即"一不怕苦、二不怕死；顽强拼搏、甘当路石；军民一家、民族团结"，且一代一代不断传承，发扬光大。川藏公路、青藏公路成为民族团结之路、西藏文明进步之路、西藏各族同胞共同富裕之路。

（2）民族团结进步创建进寺庙

深入开展法制宣传主题教育活动是关系藏传佛教健康发展的大事，是引导藏传佛教与社会主义社会相适应的一项重要工作，意义重大、影响深远。寺庙管理与僧尼教育是西藏民族团结进步创建活动的重要领域。西藏把法制教育与民族政策宣讲融合，力争在全西藏形成尊法学法守法用法的浓厚氛围。这是创新寺庙管理的拓展延伸，是深化寺庙法制宣传教育的重要举措。西藏各级党委、政府和寺庙管委会高度重视，认真贯彻落实党的宗教工作基本方针和国家管理宗教事务的法律法规，充分运用加强创新寺庙管理、开展寺庙法制宣传教育的成功经验。西藏自治区结合寺庙法制宣传教育和平安寺庙创建活动，在寺庙僧尼中深入开展民族团结宣传教育，引导广大僧尼深刻认识维护民族团结是每个公民应尽的责任和义务，并组织宗教界爱国人士到寺庙和信教群众中开展民族团结教育。

例如，西藏自治区昌都市察雅县香堆寺片区以"遵行四条标准 争做先进僧尼"教育实践活动为载体，增强广大僧尼"四个意识"和"五个认同"的自觉性，发挥高僧大德的宣讲作用，开展民族团结进步宣传教育活动。活动重点围绕深入揭批十四世达赖集团在政治上的反动性、宗教上的虚伪性、手段上的欺骗性的"三性"

本质开展宣讲。香堆寺、旺布寺共 50 余名僧人参加了此次宣讲活动。宣讲活动上，香堆寺民管会副主任益西扎巴结合自己的宗教知识从爱国思想、道德建设、持戒守法、和谐进步等角度，向广大僧人深刻阐释了藏传佛教的教规教义。他强调：一定要深刻认识到十四世达赖集团长期从事分裂祖国的活动，既违背了各族人民的共同利益，也背离了藏传佛教的传统，大家一定要始终保持清醒头脑，从思想上深刻理解和准确把握党中央对达赖集团的一贯方针政策，坚决从政治上划清同达赖集团的界限。

（3）民族团结进步创建进田野

针对我区民族成分较多，容易因风俗习惯、宗教信仰差异等影响民族团结的实际，我区充分发挥正在开展的创先争优强基惠民活动驻村工作队的作用，利用民族传统节日、农闲时节，组织农牧民群众开展丰富多彩的文体活动，组织开展创建"民族团结乡村""民族团结家庭"活动以及"党的民族政策使我过上幸福生活""民族团结使我走上小康之路"等现身说法活动和践行社会主义核心价值观及弘扬"老西藏精神"宣传教育活动，积极组织专业和业余文艺团体、民族团结宣讲员深入田间、地头、牧场，演出农牧民群众喜闻乐见的民族团结文艺节目，使广大农牧民群众在潜移默化中接受民族团结教育。

广大农牧民党员是推动农牧区各项事业发展的中坚力量，发挥好农牧区基层党组织和党员的模范带头作用至关重要。农牧民党员在本村（居）带头维护党和人民的利益，带头做好农牧区的民族团结及维稳等各项工作，带头遵守社会公德，带头遵纪守法，还要协助农牧区各党支部做好农牧区社会管理工作，做到同管理、同服务，积极维护农牧区的和谐稳定，推进社会和谐发展。

林周县旁多乡达龙村，是拉萨市 2019 年民族团结进步模范集体，该有 4 个村民小组、223 户 1098 人，组与组之间相对分散，不便于管理，最远的组距村委会有 20—30 公里，但就是在这样的情况下，达龙村"两委"班子仍然积极开展民族团结工作。2020 年秋季,在宣传中央第七次西藏工作座谈会精神期间,正值金秋时节,达龙村的饲草进入收割期,村里十分忙碌。村"两委"班子主动帮助缺少劳动力的家庭收割饲草。村"两委"班子想老百姓所想,急老百姓所急,与村民一同劳作,一起享受收获的欢欣和喜悦。通过各种交流活动,村"两委"班子真真切切拉近了与村民间的距离。秋收间隙,达龙村党委书记兼宣讲员扎西次仁宣讲刚刚召开的中央第七次西藏工作座谈会精神、习近平总书记关于民族团结的重要讲话精神,让民族团结的内涵更加深入村民心间。村里很多产业项目里有很多汉族员工和本村村民,他们在工作、生活中都会互相尊重、互帮互助。

为取得良好的宣传效果,西藏自治区组织编写了一套通俗易懂的《民族团结百题问答》,印成藏文下发农牧区,以村为单位,在群众中开展民族团结宣教活动;在农牧民中开展"民族团结使我走上小康之路"宣讲活动;精心组织一批歌颂民族团结的文艺节目和优秀影片,在农牧区巡回演出和放映。在活动中,宣讲员用通俗易懂的藏汉两种语言向过往各族群众讲解党的民族政策和民族团结进步知识以及《西藏自治区民族团结进步模范区创建条例》,发放藏汉双语的《民族区域自治法》《城市民族工作条例》《西藏自治区民族团结进步模范区创建条例》和标有民族团结宣传标语的笔、笔袋、宣传海报等,并在现场解答党的民族政策和法律法规、民族团结方面知识。在宣传活动中发放了宣传资料和文具,张贴宣传海报,接受群众咨询。通过一系列宣传活动,进一步增强了各族群众的民族团结意识,营造了"人人都树立民族团结的思想,人人都懂民族政策,人人都讲民族团结的话,人人都做民族团结的事"的良好氛围。

(4) 民族团结进步创建进学校

学校是培育接班人的摇篮,是意识形态的主阵地,将民族团结进步内容纳入学前教育、义务教育、中等教育、职业教育、高等教育的全过程,列入教育教学计划,是教育行政部门的重要任务,以此推动党的民族理论、民族政策进教材、进课堂、进头脑。各级党校（行政学院）、社会主义学院等干部教育机构也都积极推动将民族团结进步内容作为国家工作人员初任培训、任职培训的必修内容。此外，各类教育培训机构、教育基地、图书馆、博物馆、文化馆（站）、少年宫、纪念馆等也都将民族团结进步列入宣传教育内容。

（5）搭建民族团结进步教育平台

西藏爱我伟大中华，抗击外敌入侵，维护祖国统一，播撒红色火种方面，拥有众多历史和文化资源。西藏充分利用这些资源，建基地，创示范，积极开展爱国主义和民族团结进步教育。目前，西藏有全国民族团结进步教育基地8个（见表6-1），全国民族团结进步示范区示范单位48个（见表6-2）。全区每年围绕"3·28"西藏百万农奴解放纪念日等重大节日庆点，充分发挥民族团结教育基地、民族团结示范单位的作用，推进民族团结宣传教育"七进"，突出宣传社会主义核心价值观、中国梦主题教育、中华民族传统美德教育、爱国主义教育等内容，努力创建民族团结模范区，为西藏改革发展稳定汇聚了正能量。

表6-1　　　　西藏全国民族团结进步教育基地列表

第一批（2006年）	西藏军区军史馆
第二批（2007年）	江孜宗山抗英遗址
第三批（2011年）	西藏自治区博物馆
第四批（2014年）	西藏自治区拉萨海关关史馆
第五批（2016年）	山南市烈士陵园、阿里地区狮泉河烈士陵园
第六批（2019年）	西藏自然科学博物馆、西藏自治区"两路"精神纪念馆

表6-2　　　　西藏全国民族团结进步示范区示范单位列表

2012年	华泰龙矿业开发有限公司（全国民族团结进步创建活动示范企业）
2013年	拉萨市（全国民族团结进步示范市试点）

第六章 中国典型民族地区铸牢中华民族共同体意识的实践探索 189

续表

2014 年	南地区乃东县、昌都地区洛隆县硕督镇、日喀则市江洛康萨社区、拉萨中学（第二批全国民族团结进步创建活动示范单位）
2016 年 2 月	拉萨市（全国民族团结进步创建活动示范市）、林芝市人民医院、那曲地区那曲镇塔恰拉姆社区、阿里地区噶尔县狮泉河镇藏布社区、拉萨市城关区、大昭寺、西藏公安边防总队日喀则支队立新边防派出所（第三批全国民族团结进步创建活动示范单位）
2016 年 12 月	拉萨市堆龙德庆区乃琼镇乃琼村、拉萨市市民服务中心、山南市隆子县斗玉珞巴民族乡、林芝市巴宜区、昌都市卡若区如意乡达若村、那曲地区申扎县买巴乡东热寺、阿里地区噶尔县（第四批全国民族团结进步创建活动示范单位）
2017 年	拉萨市城关区吉日街道河坝林社区、西藏桑昂曲宗生态农业有限公司、山南市唐布齐寺、那曲地区索县藏医院、西藏阿里陕西实验学校（第五批全国民族团结进步创建示范区/单位）
2018 年	日喀则市亚东县、阿里地区日土县、拉萨市堆龙德庆区、林芝市波密县、山南市隆子县玉麦乡、昌都市芒康县纳西民族乡、那曲市安多县公安局（第六批全国民族团结进步创建示范区/单位）
2019 年	昌都市洛隆县孜托镇、拉萨市曲水县、那曲市巴青县中学、日喀则市亚东县下亚东乡、山南市错那县勒门巴民族乡（第七批全国民族团结进步示范区/单位）
2021 年	昌都市、阿里地区、日喀则市桑珠孜区、昌都市江达县、阿里地区普兰县、林芝市朗县、山南市洛扎县拉郊乡、阿里地区噶尔县扎西岗乡典角村、拉萨市委宣传部（第八批全国民族团结进步示范区/单位）

西藏自治区通过开展民族团结进步模范创建评选活动，使各族群众牢固树立"三个离不开"的思想，引导各族人民不断增强对伟大祖国和中华民族大家庭的认同感、增强对中华文化和中国特色社会主义道路的认同感，深切地认识到西藏的每一个民族都是中华民族的重要一员，都能享受到社会主义大家庭的温暖，进而不断增强维护国家统一和民族团结的责任感，不断深化民族团结进步宣传教育，铸牢中华民族共同体意识。

5. 坚持守土固边与兴边富民相结合推进边境地区发展步伐

西藏边境线长达 4000 多公里，多数地方生产生活条件十分恶劣，贫困发生率高，兴边富民一直为各级政府所重视。习近平总书记指出，要加强边境基础设施建设，鼓励各族群众扎根边陲、守护国土、建设家乡。西藏承担起守土固边兴边职责，采取特殊支持政策，推进边境地区建设，帮助边境群众改善生产生活条件、解除后顾之忧。进一步筑牢国家安全屏障第一道防线，坚决捍卫国家主权和领土完整。坚持把人力物力财力向边境一线倾斜，大力推进边境基础设施建设，强化兴边富民行动，切实推进边防安全稳固、社会和谐稳定、民族团结进步、边民安居乐业等各项工作。

西藏逐年增加边境地区投入。特别是2012年以来，边境县、乡、村充分享受到国家更加优惠的政策，水、电、路、居等人民生活急需的基础设施加大了建设力度。西藏林芝市是最早实施边境小康村建设的地区，在林芝经验基础上，西藏自治区大力实施边境地区小康村建设。2017年西藏发布《西藏自治区边境地区小康村建设规划（2017—2020年）》，主要建设内容包括住房改善、基础设施、公共服务设施、产业建设、生态与人居环境建设。截至2020年底，西藏已高标准建成边境小康村604个，206个边境地区产业项目全部开工。边境一、二线行政村公路通达通畅，新建改建边境公路130条、3080公里。主电网延伸到全部边境乡（镇），实现村村通邮，移动通信网络全覆盖，农村人口饮水安全得到保障。边境村庄基础设施条件显著改善，各类产业蓬勃发展，边民生产生活水平明显提升。

6. 保护和发展西藏优秀传统文化

国家高度重视保护和发展西藏传统文化，投入巨大人力、财力、物力，运用法律、经济和行政等多种手段，使西藏优秀传统文化在有效保护的基础上得到了弘扬和发展。

一是藏语言文字得到广泛使用。藏语文的学习、使用受到法律保护。自治区成立以来，西藏自治区人民代表大会通过的决议、法规，西藏各级政府和政府各部门下达的正式文件、发布的公告都使用汉藏两种文字。地方各级政府和企事业单位组织的大型会议和主要活动中，行文坚持使用汉藏两种文字。司法诉讼活动中，根据藏族诉讼参与人的需要使用藏语文审理案件、制作法律文书，保障藏族公民使用藏语言文字诉讼的权利。目前，西藏公开发行藏文期刊

16种、藏文报纸12种，累计出版藏文图书7185种、4009万册。此外，藏语言文字在卫生、邮政、通信、交通、金融、科技等领域都得到广泛使用。

二是藏文典籍得到保护和利用。1984年，国家拨款新建西藏自治区档案馆，保存和收藏了大量珍贵的藏文档案，目前馆藏档案达300多万卷（册、件）。持续支持重要藏文经典的搜集、整理、翻译和出版工作，组织对勘出版《中华大藏经》藏文版，抢救整理《格萨尔王传》，出版《先哲遗书》丛书、《中华大典·藏文卷》、"雪域文库"丛书等众多宝贵藏文典籍。

三是风俗习惯得到充分尊重。国家尊重和保障西藏各民族按照传统风俗习惯生活和进行社会活动的权利。各族群众在保持服饰、饮食、住房的传统方式和风格的同时，也吸收了不少新的现代文化习俗。藏历新年、拉萨雪顿节、那曲赛马节等一大批群众性文化传统节庆得到继承和创新。近年来，增设"西藏百万农奴解放纪念日"，以及日喀则珠峰文化节、山南雅砻文化节、林芝桃花节等各种文化旅游节，丰富了广大人民群众的精神生活，展示了新时代西藏人民的精神风貌。

四是文化遗产得到有效保护传承。几十年来，西藏多次组织大规模、有系统的文化遗产普查、搜集、整理和研究工作。现已调查登记的各类文物点4277处，各级文物保护单位1985处，其中国家级文物保护单位70处。2018年底，启动了周期10年、投资3亿元的布达拉宫文物（古籍文献）保护利用项目。2006—2020年，安排资金34亿多元，实施西藏博物馆改扩建工程等155处文物保护单位的维修工程。35个村落列入中国传统村落名录，中央财政支持6900万元，保护了农耕文明传承和文化遗产，改善了农牧民居住环境。

国家重视支持藏医药的传承发展。建立西藏藏医药大学，培养了7000余名藏医药专业人才。规范藏医诊疗标准，目前西藏公立藏医医疗机构达44所，乡镇卫生院和村卫生室藏医药服务覆盖率分别达到94.4%和42.4%。藏药生产迈向标准化、规范化、规模化的工业化生产，藏医药产业体系基本形成。西藏已有17家藏药生产企业通过国家GMP认证，拥有311个藏药国药准字号。启动民族医药古籍文献整理项目，截至2020年，已完成145部藏医药、天文历算的古籍整理与出版发行。国家已先后整理出版300多部藏医药古籍文献，收集珍贵古籍文本600多卷。

自2006年以来，中央财政累计投入2.09亿元，用于西藏国家级非物质文化遗产代表性项目的保护、国家级代表性传承人的抢救性记录、非物质文化遗产传承人群培训以及扶持传承人开展传习活动、非物质文化遗产保护利用项目基地建设等。目前，西藏有联合国人类非物质文化遗产代表作3项［格萨（斯）尔、藏戏、藏医药浴法］；国家级代表性项目89项，国家级代表性传承人96名，自治区级代表性项目460项，自治区级代表性传承人522名。

（三）西藏加强民族团结铸牢中华民族共同体意识的启示

1. 党的领导是西藏民族团结进步创建的坚强保证

党政军民学，东西南北中，党是领导一切的。新时代党的治藏方略，以坚持党的领导为根本，凸显了党的领导在西藏工作中的核心地位和关键作用。历史充分表明，没有中国共产党就没有社会主义新西藏，就没有西藏各族人民今天的幸福生活，这也是雪域高原各族儿女的共同心声。

西藏和平解放70多年来，特别是党的十八大以来，党在西藏的执政根基得到不断巩固和加强，基层党组织战斗堡垒作用得到充分发挥，为推进西藏经济社会发展作出了巨大贡献，为西藏长治久安和高质量发展提供了基本保障。在党中央的坚强领导和全国各族人民群众的大力支持下，通过西藏各族干部群众的团结一心、艰苦奋斗，西藏取得了辉煌成就。正如习近平总书记在中央第七次西藏工作座谈会上总结的，西藏"解决了许多长期想解决而没有解决的难题，办成了许多过去想办而没有办成的大事，各项事业取得全方位进步、历史性成就"。实践充分证明，西藏的一切实践成果、理论成果都是在党中央的坚强领导下取得的。加强党的领导,是西藏在新时代实现长治久安和高质量发展的根本保证,是凝聚西藏各族干部群众共识、最大限度聚集推动发展合力的保证。

2020年8月,中央第七次西藏工作座谈会在继承前次会议精神的基础上,提出新时期党在西藏工作的"十个必须",再次强调"必须坚持中国共产党领导"。这是新时代党中央对西藏工作提出的根本要求,也是从西藏发展历程中总结出的宝贵经验。面对国内外局势的变化以及疫情影响下新型衍生风险的发生,坚持党的全面领导,仍然是西藏解决新形势下出现的新问题的根本保证。站在新的起点上,必须持续坚持和加强党对西藏工作的全面领导,维护党中央权威和集中统一领导,才能做好西藏工作,才能把西藏建设成为团结富裕文明和谐美丽的社会主义现代化新西藏。

在新时代,只有在中国共产党的全面领导下,才能实现中华民族伟大复兴,西藏各族人民才能与全国人民一道共享国家发展成果和荣耀,共同走向更加美好的未来。

2. 党政协同用力理顺民族工作机制

各级党委、政府要坚持把做好民族工作始终放在心上、牢牢抓在手上。主要负责同志要定期听取民族工作汇报,及时研究解决工作中出现的新情况新问题,为开展好民族工作提供必要保障。统战、民族工作部门要发挥组织协调、综合服务作用,当好参谋助手。各级各部门要主动作为、积极配合,形成党委领导、政府负责、部门配合、全社会共同参与的民族工作格局。要加强干部队伍建设,大力培养使用少数民族干部。截至2018年,全区20名全国人大代表中,少数民族代表占70%;自治区人大常委会组成人员中,少数民族干部占57%。全区29名全国政协委员中,少数民族委员占89%。

各级新闻宣传部门要用先进典型激励人、鼓舞人、教育人,使民族团结成为全社会的自觉行动和良好风尚。

党委研究制定了《中共西藏自治区委员会关于贯彻落实中央第七次西藏工作座谈会精神进一步推进西藏长治久安和高质量发展的

实施意见》，各部门分别制订了实施方案和具体措施，明确工作举措、责任人、责任处室，切实履行意识形态工作主体责任。坚决贯彻落实《党委（党组）意识形态工作责任制实施办法》，充实和加强意识形态工作领导小组办公室力量，提升工作能力和水平，具体抓好意识形态工作。形成书记亲自抓、党组成员主动抓、各处室负责人具体抓的工作格局。

3. 深刻认识西藏各民族都是中华民族大家庭的一员

大力宣传西藏自古以来就是伟大祖国不可分割的一部分，中华文化始终是西藏各民族的情感依托、心灵归宿和精神家园，西藏各民族文化是中华文化不可分割的一部分。进一步加强民族团结宣传教育，大力宣传总书记和党中央的特殊关怀、全国人民的无私支援，大力宣传在总书记和党中央坚强领导下西藏发生的历史性变革、取得的历史性成就和各族群众享受到全国其他地方没有享受到的优惠政策，教育各族群众更加自觉地爱戴总书记、拥护党中央，把对人民领袖、对党、对国家的深厚感情转化为建设西藏、报效祖国的自觉行动。不断深化和丰富"四讲四爱"等教育实践活动载体，夯实民族团结进步事业的社会基础。

4. 营造各民族交往交流交融的机制

以市场为主导，以就业创业为抓手，积极推动建立各民族相互嵌入式的社会结构和社区环境，创造各族群众共居、共学、共事、共乐的社会条件。教育引导鼓励我区高校毕业生和农牧民群众到内地就业创业、工作生活。2020 年 12 月，在湖北援藏帮助下，西藏大学生首次"组团"前往区外寻求市场化就业，有 28 名西藏籍高校毕业生在湖北黄石就业。鼓励从内地引进种植养殖大户、致富能手和种植养殖企业到我区创业兴业，吸引更多适合我区经济发展、有一技之长的内地群众与西藏本地群众结成互帮互助对子。继续把发展旅游作为促进民族团结的重要抓手，让全国人民走进西藏、了解西藏，让各族群众越走越近、越走越亲。"十三五"期间，西藏组织动员全区近 300 家旅游企业开展结对帮扶，打造具备旅游接待能力的乡村旅游点300余个，家庭旅馆达到2377家。2016—2020年，通过直接或间接的方式，旅游产业带动2.15万户、7.5万建档立卡贫困人口实现脱贫，圆满完成旅游带动7.2万贫困人口脱贫目标。"十三五"期间，西藏累计接待国内外游客15763.26万人次、完成旅游收入2125.96亿元。推进民族团结进步创建活动进机关、进企业、进社区、进乡镇、进学校、进宗教场所，增强创建活动吸引力、感染力。

5. 依法治理民族事务，不断提升民族事务治理能力

结合西藏实际，用法治思维和法治方式治理民族事务，依法保障各民族公民合法权益。把深入开展对达赖集团的斗争作为做好民族工作的重中之重、作为巩固民族团结的长期任务，深入揭批十四世达赖和达赖集团的反动本质，深入开展反分裂斗争，对蓄意挑拨民族关系、破坏民族团结的犯罪分子，对搞民族分裂和暴恐活动的犯罪分子，要坚决依法打击。处理好"管肚子"和"管脑子"的关系，持续在"导"上下功夫，坚持尊重信仰、依法管理、长期坚持、形成习惯，旗帜鲜明地消除十四世达赖利用宗教所产生的负面影响，引导群众理性对待宗教，过好今生幸福生活。

新时代的西藏各族人民既享受着现代文明成果，又按照自己的传统风俗习惯进行社会活动，实现了传统与现代交相辉映，实现了社会发展进步与个人发展完善的内在统一。在习近平新时代中国特色社会主义思想指引下，西藏人民正满怀热情地与全国人民一道，朝着全面建成小康社会宏伟目标迈进，为实现"两个一百年"目标而奋斗。

第七章 民族事务治理体制机制的发展与完善

摘要：民族事务治理主体关系的现代化既是中华民族不断巩固中华民族共同体共同性的重要表现，也是国家治理现代化的一个"缩影"。就中国的民族事务治理实践而言，民族事务治理主体关系现代化是指在中国共产党的领导下，国家权力机构与其他推动中华民族共同体建设的各类主体围绕实现中华民族伟大复兴和中华民族永续发展的共同伟大目标，结成共商共建共治共享的关系格局。民族事务治理主体关系现代化，既包含参与民族事务治理的主体类型不断增多，也包含各类治理主体之间关系的和谐有序，还包括治理主体之间的合作越来越朝着增进共同性的方向开展，形式多样的合作对提升民族事务治理效能起着十分重要的作用。在民族事务治理主体关系现代化进程中，各方参与民族事务治理的主体地位得到提升和重视，治理主体之间的团结推动着各族人民大团结的实现。民族事务治理主体关系现代化的特征表现在六个方面，即坚持党的统一领导；强化权力部门的统筹与管理；坚持群众路线与方法；坚持目标一致性与主体多元性相统一；坚持以法治化原则保障治理主体关系的和谐；主体之间的合作方式灵活多样。推进民族事务治理主体关系现代化的理论意义则在于：提供阐释民族事务治理体系和治理能力现代化的视角；强调治理主体的全民性和主体性；探讨民族事务治理主体关系的过程性；批驳西方治理理论的理论缺陷。

关键词：国家治理；民族事务治理；主体关系；现代化

第七章　民族事务治理体制机制的发展与完善

民族事务治理作为国家治理的重要内容，不可避免地要回应并处理好国家与民族、公共事务与民族事务、民族问题与社会问题、各民族之间等多个维度的关系，这就决定了建构并发展民族事务治理主体关系是一项重要的治理实践。尤其是中国这样一个少数民族人口超过 1.25 亿（占全国总人口 8.89%）[1] 的统一多民族国家，形成何种民族事务治理主体关系对于维护国家统一、民族团结、社会稳定至关重要，但也容易面临着来自现实中的复杂挑战。在中国特色社会主义现代化话语体系下，民族事务治理主体关系的建构与发展可以视为民族事务治理主体关系的现代化。围绕铸牢中华民族共同体意识主线，梳理我国民族事务治理主体关系的演进与发展，阐释我国民族事务治理主体关系现代化的特征，论述我国民族事务治理主体关系现代化对民族事务治理体系与治理能力现代化的意义，是一项重要的研究议题。习近平总书记在 2021 年中央民族工作会议上强调"把党的领导贯穿民族工作全过程，形成党委统一领导、政府依法管理、统战部门牵头协调、民族工作部门履职尽责、各部门通力合作、全社会共同参与的新时代党的民族工作格局"[2]，为整体性、系统性、学理性阐释民族事务治理主体关系的现代化指明了方向。从实践层面来看，推进民族事务治理主体关系的现代化，是不断推进中华民族共同体建设的重要任务。只有推动民族事务治理主体关系现代化以满足各族人民共同繁荣发展的需要，中华民族共同体建设才能真正激发全国各族人民、各部门、各地区、各行业的共同参与，用好全国各族人民的集体智慧。从某种程度上讲，民族事务治理主体关系的现代化既是中华民族不断巩固中华民族共同体共同性的重要表现，也是国家治理现代化的一个"缩影"。基于中国民族事务治理现

---

[1] 国家统计局．第七次全国人口普查公报（第二号），http：//www.stats.gov.cn/tjsj/tjgb/rkpcgb/qgrkpcgb/202106/t20210628_ 1818821. html．

[2] 习近平：《以铸牢中华民族共同体意识为主线　推动新时代党的民族工作高质量发展》，《人民日报》2021 年 8 月 29 日。

代化理论建设任务和推进中华民族共同体建设现实需要，本文立意于论述中国民族事务治理主体关系的现代化，以期在民族事务治理现代化理论建构和中华民族共同体建设方面做一点推进工作。

一 民族事务治理主体关系的研究回顾

民族事务主体关系的演进与民族事务的内涵密切相关，一般而言，定义哪些事务属于民族事务往往也牵涉到哪些主体可以成为参与民族事务治理的主体。党在不断加强和改进民族工作的进程中，持续深化了对民族事务内涵的认识，也引导了学术界有关民族事务治理主体关系的研究走向深入。

中华人民共和国成立初期，为了消除历史上遗留下来的民族不平等关系，落实民族平等原则，党在治国理政中将民族事务摆在了重要位置。各级党委和政府部门是处理民族事务的最主要主体，如中央统战部、全国人大、全国政协等。而民族事务委员会则是处理民族事务最直接的主体。1949年11月1日，我国正式成立了中央人民政府民族事务委员会，作为统一的民族事务管理机构对全国的民族问题进行全方位处理，并协调全国范围的民族关系。在此之后，全国各大行政区以及一些民族事务较多的省、市、行署、专区以及县级政府成立了主管民族事务的机构。1952年2月22日，政务院第125次政务会议通过了《各级人民政府民族事务委员会试行组织通则》，规定了民族事务委员会必须执行十个方面的职责。① 从民族事

---

① 检查和监督中国人民政治协商会议共同纲领民族政策及中央人民政府关于民族事务的各项法令和决定的执行；督促和检查关于民族区域自治及民族民主联合政府政策的实施；协助关于逐步发展各少数民族政治、经济和文化的事宜；办理关于加强民族团结的事宜；协助少数民族语言文字的研究；领导和管理民族学院及研究、编译工作，并协助有关部门培养民族干部；联系同级各部门，办理其他有关少数民族的事务；指导下级民族事务委员会及各级人民政府民政部门专管民族事务的机构或专人的工作；承办人民

务委员会的十项职责来看，中华人民共和国成立初期的民族事务，其内容主要体现为民族平等的落实、民族关系的建设、少数民族和民族地区的发展。在消除历史上遗留下来的民族不平等的背景下，打破汉族和少数民族之间的隔阂，增进汉族和少数民族之间的相互了解和信任，是这一时期民族事务治理的重要任务。国家在中华人民共和国成立初期的民族工作过程中，出台的民族政策也多以消除民族歧视、帮扶少数民族加快发展等内容为主，因此，中华人民共和国成立初期以来的民族事务在一段时期内被认为是党和政府帮扶少数民族发展的事务。在这种观念中，民族事务治理的主体是党和政府，民族事务治理的对象是少数民族发展问题，治理主体和治理内容都呈现单一化的特征。因此，在早期关于民族事务内涵的研究方面，民族事务等同于少数民族事务是一个比较流行的观点。例如，龚荫（1992）认为民族事务是指有关少数民族的所有事情，民族事务管理也就是政党或国家对少数民族事务的管理；换言之，也可以说是政党或国家对少数民族及其地区的治理。[①] 赵丽华（2005）认为，中国的民族事务主要是指与55个少数民族有关的所有事情。但哪些是与少数民族有关的事务，理论界迄今没有形成定论。[②] 作为民族事务治理的最主要、最直接的主体，国家民族事务委员会的职权范围也被认为是覆盖了我国少数民族及其地区的所有事情，大到政治、经济、文化，小到风俗习惯，无所不包。[③] 早期学者们对民族事务治理的认识主要聚焦于政府部门的管理，因此对民族事务治理的认识也主要定位为党政部门的管理。例如，赵野春（2004）认为，

（接上页）政府交办的事项；接受和处理各民族人民对民族事务的意见。参见何龙群《民族关系与社会主义和谐社会建设的历史考察》，人民出版社2015年版，第102—103页。

① 龚荫：《中国土司制度》，云南民族出版社1992年版。

② 赵丽华：《中国民族自治区民族事务行政管理研究》，博士学位论文，中央民族大学，2005年。

③ 赵野春：《新中国民族事务管理命题定位问题的思考》，《西南民族学院学报》（哲学社会科学版）2000年第6期。

新中国民族事务管理是党和国家在解决民族问题、处理民族关系过程中对民族政策的运用过程，也是民族政策的具体条款产生、发展、消亡或者制定、实施、修改和完善的运行过程。①

改革开放后，一方面我国人口流动加速，另一方面各地的市场经济发展程度不断提升，少数民族人口流动到东部、中部地区现象的增多，各民族人口之间的经贸往来、社会交往等越发频繁，保障好少数民族人口权益和维护好民族关系、民族团结成为民族事务管理部门的重要工作，而且民族问题的解决、民族关系的维护也越来越需要放到整个社会问题中予以观察和解决。例如，益民（2000）认为，民族纠纷和矛盾的处理，民族事务的协调，是一种具有特殊意义的社会事务。② 周竞红（2004）认为，民族事务关涉社会生活的各个方面，对于一个常态发展的多民族社会来说，民族事务的行政管理在很大程度上体现着政府对社会事务管理的能力和效力。③ 随着改革开放后民族工作重心转为加快少数民族和民族地区经济文化事业发展，民族事务内容也有了扩展，除了党和政府继续创新扶持少数民族和民族地区发展的政策之外，处理好全国各地因人口流动而带来的各种涉及民族因素的问题的任务也不断增加。以往在民族事务治理中党和政府作为单一治理主体的局限性也逐步显现。例如，周竞红（2004）认为，从转型社会特点来看，民族事务行政管理在很多方面还不适应社会发展和稳定的要求，存在着一系列需要改进的问题。具体包括：管理理念有待改进，管理职能需要进一步协调。④ 赵丽华（2007）则分析了民族自治地方政府这个民族事务治理主体内部关系问题，认为民族自治地方的民族事务委员会在

---

① 赵野春：《新中国民族事务管理原则性问题初探》，《民族研究》2000 年第 4 期。
② 益民：《协调和处理民族事务的几点体会》，《民族论坛》2000 年第 3 期。
③ 周竞红：《论中国民族事务行政管理机制的发展和创新》，《民族研究》2004 年第 3 期。
④ 周竞红：《论中国民族事务行政管理机制的发展和创新》，《民族研究》2004 年第 3 期。

民族事务治理中陷入"大到无所不管，小到无事可做"的窘境。① 刘振宇等（2012）认为社会主义市场经济体制的建立，少数民族和民族地区的特殊性要求决定了构建民族事务管理法治化的必要性。一些地方民族事务管理部门存在机构设置交叉、重叠，职能被弱化、制度被虚化的问题，民族事务管理工作中侵权、越权、消极不作为的现象尚未得到有效遏制，民族事务管理的监督检查机制尚不健全，有法不依、执法不严、违法不究的现象还很严重，尚未形成解决民族纠纷和应对突发性事件的有效机制。② 在反思党和政府作为单一治理主体的局限性的同时，也有学者开始从社会工作的角度提倡让更多的社会力量参与到民族事务管理中。如，柏贵喜等（2007）建议将社会工作的理论和方法合理地运用到民族事务管理中，转变民族工作部门的职能，充分发挥社会工作主体在增强服务意识、健全民族事务管理评估体系、强化独立的社会评价监督、开展族际关系个案调节和民族社区建设等方面的功能。③ 张小蕾（2011）从城市民族工作的角度出发，建议明确城市民族工作"安全阀"的定位，明确城市民族事务部门的责任和权力，破解城市民族事务部门权力有限与城市民族事务内容面广的矛盾，推动城市民族事务部门的职能化和对城市民族工作的法制化、制度化和社会化。④ 尽管学者们在积极探讨如何扩展民族事务治理主体以适应民族事务内容的变化，但是"民族事务等于少数民族事务、民族工作等于管理少数民族的工作、管理民族事务等于管理少数民族、民族政

---

① 赵丽华：《民族自治地方民族事务行政管理：问题及对策》，《内蒙古大学学报》（人文社会科学版）2007年第2期。

② 刘振宇、李鸣：《论我国民族事务管理法治化的构建》，《广西民族研究》2012年第1期。

③ 柏贵喜、龙运荣：《社会工作与新时期民族事务管理的创新》，《湖北民族学院学报》（哲学社会科学版）2007年第4期。

④ 张小蕾：《城市民族事务部门定位的再思考》，《社科纵横》2011年第6期。

策等于照顾少数民族"①的民族事务管理传统观念依然为不少学者和民族工作部门工作者所认可。

进入新时代，党的十八届三中全会提出了"完善和发展中国特色社会主义制度，推进国家治理体系和治理能力现代化"这一全面深化改革的总目标，习近平总书记在2014年中央民族工作会议上也强调了推进民族事务治理法治化。民族事务治理开始取代民族事务管理成为学界关注的重点，学者关于民族事务是不是等同于少数民族事务、谁可以是民族事务治理主体等问题的思考逐步深入。围绕民族事务管理如何向民族事务治理转型，刘宝明（2014）提出了实现民族事务理念的五个方面②更新。③ 严庆（2014）提出了中国民族事务管理的治理化转型议题，并认为治理理念在民族事务治理中的运用有助于打破民族问题的"民族化"和"问题化"效应、民族事务的"部门化"和"官方化"效应、民族工作的"行政化"和"政治化"效应。④ 民族事务治理法治化是另一个探讨民族事务治理主体关系的重要视角。一些学者建议从政府内部改革入手，如商爱玲（2015）建议规范各层级政府间民族事务事权、调整机构设置。⑤ 另外一些学者则强调了推动民族事务治理从政府一元向多元共治转型。

---

① 刘宝明：《更新民族事务理念：全面深化改革的新要求》，《今日民族》2014年第6期。

② 从重点针对少数民族转向包括汉族在内的所有民族、从民族政策就是照顾少数民族转向民族政策是基于国家整体利益而采取的国家治理措施、从民族区域自治是民族自治地方的任务转向民族区域自治是全国各地区各民族的共同任务、从民族事务治理是民族工作部门的任务转向民族事务治理是全社会的共同任务、从以管理为主转向以服务为主。

③ 刘宝明：《更新民族事务理念：全面深化改革的新要求》，《今日民族》2014年第6期。

④ 严庆：《治理与当前中国民族事务管理的治理化转型》，《黑龙江民族丛刊》2014年第5期。

⑤ 商爱玲：《各级政府事权规范化：民族事务治理体系现代化的着力点》，《当代世界与社会主义》2015年第4期。

杨鹍飞（2015）认为民族事务治理过程中"政府本位"的行政干预模式已经不合时宜，现阶段更需要一个权力有限集中、更有灵活性的"社会本位"的民族事务治理模式。要推进民族工作适度去行政化，强化民族事务治理的社会化。通过民族事务管理部门不断创新工作方式，购买社会服务或委托社会组织协同管理民族事务等，形成由政府民族事务治理机构、社会组织与市场共同处理民族事务的多元治理架构，化解民族事务治理面临的"体制性迟钝"与"效率需求"的冲突。① 也有一些学者专门就构建民族事务治理多元主体的关系格局进行了探讨。严庆等（2015）建议民族事务治理主体的建设，需走出单一部门化的局限，改变高位民族工作主体部门化倾向，进一步充实基层民族工作主体，构建起多主体、多层级、高效度的治理网络。② 朱碧波等（2018）建议建构具有治理主体多元性、治理功能互补性、权力运行多向性、利益取向公共性等特点的协同共治式治理。③ 王希恩（2020）认为，从现代治理理念的要求来看，我国民族事务治理主体的多元化已初具轮廓，包括党委、政府、人大、政协、相关事业单位等泛义的"政府"、企业和各种"社会"都已纳入或都能够纳入治理主体之中，其中"政府"作用的强势和主导地位也表现得非常充分。但这些主体之间的协调和参与程度仍有大量的工作可做，尤其是市场和社会的参与过程、参与程度还有很大的被动性和空白之处需要着意提高和补充。④

回顾主要文献发现，学者们有关民族事务治理主体关系的讨论

---

① 杨鹍飞：《论我国民族事务治理法治化：理念转变、现实困境与路径选择》，《广西民族研究》2015年第5期。

② 严庆、张莉莉：《部门化与多元化：中国民族事务治理主体建设研究》，《兰州学刊》2015年第12期。

③ 朱碧波、李璐燕：《协同共治：中国民族事务治理体系的当代建构》，《探索》2018年第2期。

④ 王希恩：《我国民族事务治理体系的基本构成及完善》，《西南民族大学学报》（人文社科版）2020年第6期。

是伴随着对民族事务内涵及其变化而展开的,并且这种讨论有几个主要特点,一是大家对民族事务与社会事务、公共事务的密切关系有了更为全面深入的理解。中国特色社会主义现代化建设所引起的经济社会转型,使得民族问题的解决必须放到社会总问题的解决过程之中。二是大家对民族事务治理主体应当更加多元化取得了共识。无论是在对民族工作社会化还是民族事务治理法治化的讨论中,大家都谈到了民族事务工作部门应当与社会力量、市场力量形成协同合作的关系。三是大家对民族事务的定位由管理转向了治理。从民族事务管理到民族事务治理的认知转变,凸显了党和政府团结一切可以团结的力量解决民族问题的重要性,也体现了民族事务为人民服务的价值导向,这对于构建健康可持续的民族事务治理主体关系具有重要意义。我们也要注意到,已有的研究多侧重于某个时点或者党政部门单一主体的研究,而中华人民共和国成立以来各个历史阶段民族事务治理主体关系的演化是一个前后相继的过程性结果。从国家治理现代化的视角去看待我国民族事务治理主体关系的现代化及其理论意义,既能够丰富现有的研究视角,也能够为系统全面地推进民族事务治理体系与治理能力现代化提供支撑。

二 民族事务治理主体关系的变迁与发展

将民族事务作为国家治理的内容,是自古代中国以来各个王朝国家的传统。例如,从秦朝到明朝,历代王朝国家政权往往会设立"典客""鸿胪寺卿"等官职管理民族事务。而以专门的国家机构来管理民族事务,则有元朝的宣政院和清朝的理藩院(1906年改名为"理藩部")。元朝所设的宣政院专门管理西藏地区军政要务,并且在涉藏地区设置"朵思麻宣慰司""朵甘思宣慰使司""思斯藏宣慰司"对各所属地方的事务进行管辖。与宣政院不同,清朝在中央政府内部设立的理藩院在管理民族事务的内容方面要更多,其主要职能是管理包括喇嘛教、满族贵族与蒙古王公间联姻、各族上层人士到北京或承德避暑山庄朝见皇帝等一系列涉及少数民族的事务。① 中华民国政府设立蒙藏委员会,并沿袭了清朝理藩院的运行机制,成为当时民国政府管理蒙古、西藏等地区少数民族事务的国家机构。受封建主义局限性的制约,中国古代王朝国家和近代中华民国的民族事务管理根本上还是服务于封建统治阶级的统治需要,虽然发挥了维护国家统一的作用,但并未真正推进民族平等。

(一) 中华人民共和国成立以前民族事务是党的工作内容

中国共产党成立以来,伴随着党对民族平等和民族团结对谋求中华民族独立解放的重要性的认识愈发深入,民族事务治理也逐步纳入到了党的革命工作中来。1928年,《中国共产党第六次全国代表大会关于民族问题的决议案》提出"特委托中央委员会于第七次大会之前,准备中国少数民族问题的材料,以便第七次大会列入议事日程并加入党纲"。② 1930年,中共六届三中全会扩大会议正式提出"在有少数民族区域的省委,应组织少数民族工作委员会"。③ 为了更高的组织和领导各个地区的少数民族群众团结一致抗日,在一段时期内党的地方组织直接负责当地的民族事务,中央给予政策和原则上的指导,这一局面直到1937年才结束。1937年7月,中共中央成立少数民族工作委员会,并设立了蒙古工作部和回民工作部。1939年,中央成立西北工作委员会,管理陕、甘、宁、青、新、蒙各省少数民族工作,其下还专门设立民族问题研究室,以系统地研究和解决国内少数民族问题。1941年,西北工作委员会与陕甘宁地

---

① 赵云田:《我国最早的民族事务管理机构——清朝理藩院》,《中国民族》1982年第3期。

② 中共中央统战部编:《民族问题文献汇编》,中共中央党校出版社1991年版,第87页。

③ 中共中央统战部编:《民族问题文献汇编》,中共中央党校出版社1991年版,第133页。

区中央局合并，成立少数民族事务委员会。① 总体来看，自中国共产党成立以来，党在国民革命时期、抗战时期以及和平解放战争时期开展的民族工作，主要以贯彻马克思主义民族平等原则，团结全国各族人民一致抵御侵华势力和打倒反动势力。民族事务治理主体是各级党组织，党在革命根据地和解放区建立的地方政府作为具有政权性的主体，也在民族事务治理中发挥了积极作用。

（二）中华人民共和国成立初期民族事务管理主体由党组织扩展至党和国家权力机构

1949 年 10 月 1 日，中华人民共和国成立，国家政治体制和行政体系逐步建立。民族事务治理由党领导和直接开展的局面，转向由党和国家设立专门的工作机构负责民族事务治理。换言之，中华人民共和国成立之后，民族事务治理由党的专门工作，转向为国家治理的组成部分，民族事务治理主体实现从党组织到党政机构的扩展。根据《中华人民共和国中央人民政府组织法》规定，1949 年 11 月 1 日，中央人民政府民族事务委员会正式成立，作为协调处理全国民族关系的日常机构，此后西北、西南、中南、东北、华北等大行政区和一些民族事务较多的省、市、行署、专区以及县级政府陆续成立了主管民族事务的机构。② 1952 年 2 月，政务院第 125 次政务会议通过的《各级人民政府民族事务委员会试行组织通则》规定了民族事务委员会必须执行的十项职责。1954 年 10 月，根据《中华人民共和国宪法》规定，成立国务院，原中央人民政府民族事务委员会改为中华人民共和国国家事务委员会。1970 年 6 月，国务院精简机构，将民族事务委员会、国务院宗教事务局与全国人大常委机关、全国政协机关合并。这一时期除中央政府成立的民族事务委员会外，中央统战部、全国人大、全国政协也成立相应的职能局或者

---

① 张崇根：《中国民族工作历程》，远方出版社 1999 年版，第 18 页。
② 何龙群等：《民族关系与社会主义和谐社会建设的历史考察》，人民出版社 2015 年版，第 102 页。

委员会管理民族事务，四个系统的民族事务管理机构形成了协同合作的关系。

中华人民共和国成立之后，民族事务治理主体经历了由党组织扩展至党组织和国家行政机构，但党组织和国家行政机构依然是开展民族工作、处理民族事务的单一主体，国家力量在民族事务治理中起着核心且唯一的作用，基层党组织和政府部门、行政机构直接负责民族事务治理。造成这种格局有多方面原因。一方面是中华人民共和国成立初期国家治理的体制机制处于建制期。民间力量虽能发挥局部且零散的民族事务治理功能，但从严格意义上讲还不能算是一种主体性的力量。在民间力量不足的情况下，党和政府只能是有组织化运用公共资源开展民族事务治理的唯一主体。另一方面是中华人民共和国成立初期民族工作的重要任务是落实民族平等、消除民族隔阂和增进民族互信团结。受长期以来历史遗留因素的影响，少数民族和汉族之间的隔阂、歧视依然存在，民族关系十分复杂。民族事务治理面临的民族关系的复杂形势和团结各族人民凝心聚力建设新中国的沉重任务，决定了只有党和政府作为主体来开展民族事务治理才具有国家公信力。

中华人民共和国成立之后，民族事务从内涵上讲也主要体现为消除民族隔阂、促进民族平等、增进民族团结，帮扶少数民族和民族地区摆脱贫困落后，民族事务的各项政策受益对象也以少数民族和民族地区为主。在党和国家作为民族事务治理主体的治理实践中，既确立各少数民族聚居的地方实行区域自治，也包括颁布一系列法规，还包括开展民族识别和推进民族地区民主改革与社会主义改造，在基础建设投资方面给予少数民族和民族地区特殊优惠，等等。随着社会主义革命和社会主义建设的不断胜利，各民族之间的大团结、大协作、共同劳动、共同发展的社会主义民族关系得以确立并得到巩固发展。[1] 不少干部群众更是把1949年以来的第一个十年比喻为

---

[1] 汪锋：《十年来民族工作的伟大成就》，《民族研究》1959年第11期。

民族工作的"黄金十年"。可以看到，在中华人民共和国成立初期，国家力量和国家在场的特征在民族事务治理中体现得十分充分，国家组织制定的一系列法律法规和开展的基础性、战略性民族工作内容，为各民族平等参与社会主义现代化建设奠定了坚实的政治基础、制度基础和社会基础。各级地方党组织和政府部门等在党的统一领导下有序地贯彻了党中央开展民族事务治理的方针政策，使中华人民共和国成立初期我国民族事务治理取得了历史性成就。

（三）改革开放以来民族事务治理主体不断增多

党的十一届三中全会确定将全党工作的重点转移到社会主义现代化建设的轨道上来。围绕党的工作重心的调整，民族工作的重心也相应地转移到为社会主义现代化建设服务上来。新时期党和国家对民族工作的任务是，高举毛泽东思想的伟大旗帜，贯彻执行新时期的总路线总任务，坚持四项基本原则，坚持贯彻党的民族政策，加强民族团结，巩固祖国统一，维护边疆、少数民族地区的安定，充分调动各少数民族人民的社会主义积极性，为把我国建设成为社会主义现代化强国而奋斗。国家在实现现代化的过程中，大力帮助少数民族加速发展经济和文化建设，大力培养有共产主义觉悟的少数民族干部和各种专业技术人才，逐步消除历史遗留下来的事实上的不平等，使各少数民族能够赶上或接近汉族的发展水平。[①]

1. 参与民族工作的政府部门不断增多，民族事务治理主体关系行政化特点明显

为了消除"文化大革命"十年浩劫对民族事务治理造成的负面影响，一方面，国家加速恢复了国家权力机构中的各类民族工作机构。例如，党的十一届三中全会后，统战部门担负起了调查研究、协调检查有关民族工作的重大方针、政策问题，联系少数民族的代表人物，协助有关部门做好少数民族干部的培养和举荐，协同有关

[①] 国家民族事务委员会、中共中央文献研究室编：《新时期民族工作文献选编》，中央文献出版社1990年版，第5页。

部门与达赖集团等国内外敌对势力分裂祖国的活动进行斗争等工作。各级政协所属的民族工作机构（民族与宗教专门委员会）也加强对民族工作的调研，向有关工作部门提供建议，并对相关的工作部门给予指导和监督。人民代表大会的民族委员会也恢复了其法定职能。一些地方还在政府部门中设立专门管理民族事务的科室，以加强民族事务治理。例如，四川省卫生厅、文化厅新设立民族处，省轻工业厅、公安厅、省人民银行设立了民族科。全省10个业务厅局设置了民族工作机构。一批少数民族干部被提拔到省级机关和业务厅局担任领导职务。① 另一方面，国家为了切实加快少数民族和民族地区经济和文化事业发展，赋予了相关政府部门在帮扶少数民族和民族地区发展方面的更多职责。这种变化主要体现为国家对民委委员制的完善。作为与民族事务委员会相伴而生的机制，民委委员制最初由来自不同民族的代表构成。改革开放后，为了切实发挥民族事务委员会的职能，强化民委委员制在推动少数民族和民族地区发展方面的作用，国家将少数民族代表构成的民委委员制改革成由国家权力机构职能部门担任民委委员。委员单位一般为同级职能部门，按照职责分工，各司其职，结合实际共同参与民族工作。民委委员制的建立和完善，整合了各个部门的资源，为政府民族工作提供了一项制度保证。②

党的十一届三中全会之后，"民族问题是阶级问题"的错误观点被彻底否定，民族工作领域的拨乱反正工作也有效推开。各界关于民族问题的认知层面的转变，对于进一步强化国家权力部门在民族事务治理方面的职责具有重要的推动作用。社会主义阶段民族问题本质的认识在社会主义现代化建设时期，民族问题本质上就是逐步消除历史遗留下来各民族间经济文化发展事实上不平等的问题。实现四个现代

---

① 李柳苏：《四川省加强民族工作机构》，《中国民族》1989年第6期。
② 《民族工作领导体制的发展和完善》，http：//www.seac.gov.cn/gjmw/zt/2008-12-16/1229136024037855.htm。

化，迅速消除历史遗留下来各民族经济文化事实上的不平等，为解决在社会主义时期的民族问题提供客观物质基础。① 民族问题的解决，民族事务治理也被纳入到国家四个现代化建设进程中。而要从经济、文化、社会等多个领域缩小民族之间的事实上的不平等，则离不开进一步发挥更多政府部门的资源配置功能。这也意味着，民族事务治理过程中，需要越来越多的政府部门参与进来，多个政府部门之间的协同配合，成为加快少数民族和民族地区各领域发展的必要保障。例如，1981年5月，国家民委联合商业部、全国供销合作总社、轻工业部、纺织工业部、外贸部、财政部、医药总局、物资总局、物价总局、人民银行总行等十一个部门一起召开了全国民族贸易和民族用品生产工作会议，明确了各个部门协同做好民族贸易和民族用品生产工作的职责与合作机制。② 涉及民族教育、民族干部培养、少数民族语言文字保护与出版、少数民族文化传承与保护、人口生育等多个领域的事务开始有越来越多的政府工作部门介入。由于同属于国家行政组织体系，民族事务治理中增加的政府部门主体之间的关系也有着十分浓厚的行政性特点，上下级隶属关系、平级部门配合关系等有助于各级政府有序推动民族事务治理。

2. 相关省、市加入对口支援民族地区，民族事务治理主体关系协作化、互惠化

为了增强民族团结，巩固边防，加速少数民族地区的经济文化建设，1979年党中央在全国边防工作会议上确定，北京支援内蒙古，河北支援贵州，江苏支援广西、新疆，山东支援青海，天津支援甘肃，上海支援云南、宁夏，全国支援西藏。经济发达地区支援民族地区的对口支援政策就此开始。经济发达省份积极发挥自身优势，结合民族地区特点，帮助民族地区推动重点企业的改造和整顿，

---

① 谢启晃：《社会主义时期民族问题的实质初探》，《学术月刊》1980年第7期。
② 国家民族事务委员会、中共中央文献研究室编：《新时期民族工作文献选编》，中央文献出版社1990年版，第111—120页。

帮助解决技术难关，培养生产技术骨干人才和教师医务人员，以合资联营、补偿贸易等方式共同开发矿产资源，在物资上互通有无。在对口支援机制下，受援地区和提供援助的地区都从对口支援中获得了发展资源，形成了互利互惠的局面。经济发达省、市同少数民族地区开展对口支援和经济技术协作，对于加速少数民族地区的经济文化建设，促进经济发达省、市经济的发展，是一条投资少、见效快、收益大的重要途径。① 经济发达省、市组织了地区内的相关部门、行业、企业等向受援地区开展全方位的支援，除政府部门参与外，越来越多的学校、医院、法院等公共事业单位和企业也加入到了对口支援活动中来，成为国家组织开展民族事务治理的重要主体，并且在支援过程中与受援地结成了经济协作互助互惠的关系，成为民族事务治理主体关系良性互促的典范。

3. 探索引导社会和企业力量服务民族事务治理，民族事务治理主体关系复杂化

改革开放以来，民族地区的社会主义市场经济发展程度逐步提升，人口流动也愈发频繁。完全依靠党政部门行政化的民族事务治理机制，开始难以应对民族地区经济社会快速发展的需要。一些地区的民族事务管理机构也开始探索引导成立社会组织或企业等，作为政府部门推进民族事务治理的参谋和帮手。例如，20世纪80年代，牡丹江市民族事务委员会就筹建了"牡丹江市少数民族科技工作者协会"，为发展城乡少数民族经济，开展技术咨询、出谋划策、提供信息，发展横向联系。② 为了探索一条用经济手段带动民族地区发展商品经济的路子，1985年，贵州省民委从民族机动金中拨出500万元，以三个自治州、七个自治县为基础，联合组建了一个经

---

① 国家民族事务委员会、中共中央文献研究室编：《新时期民族工作文献选编》，中央文献出版社1990年版，第182—184页。

② 陈继光：《关于黑龙江省城市民族工作情况的调查报告》，《黑龙江民族丛刊》1987年第3期。

济实体——贵州民族经济发展总公司，以帮助少数民族发展经济，所获利润返还民族地区的原则为宗旨，对外疏理流通渠道，对内引进民族地区急需的技术、设备和资金，实行联合办企业。[1] 为做好散杂居少数民族工作，武汉市民委筹建了由十余个民族代表组成的武汉民族联络委员会，并在各个区、部分企事业单位成立民族联络组，这些组织在宣传党的民族政策、开展社会调查、促进少数民族经济和文化发展、沟通政府与少数民族协商对话渠道等方面发挥了积极作用。[2] 此外，还有一些地区积极发挥街道办事处的作用，通过引导街道成立"民族联谊小组"等群众性基层组织，发挥起在日常生活中调解纠纷、宣传政策、移风易俗等方面的作用。[3] 随着各种类型的社会组织或企业成为民族事务治理的主体，这些社会组织或企业服务好民族事务治理方面所存在的路径不同，决定了民族事务治理主体之间的关系趋向于复杂化。民族事务治理主体关系的复杂化，既是民族事务治理为适应社会主义现代化建设需要日趋成熟的表现，同时也对如何引导各个主体之间形成稳定有序的协作关系提出了新的难题和挑战。

梳理改革开放以来民族事务治理主体扩展的历程，无论是政府部门内部，还是政府部门之外的其他民族事务治理主体，都经历了一个扩展的过程。民族事务治理主体不断增多，并且民族事务治理主体关系趋向于行政化、协作化、互惠化、复杂化，这本身是民族工作适应社会主义现代化建设的必然结果。改革开放后，人口流动加速和加快经济发展的现实需要，导致民族事务的内容更加多样，不仅传统意义上的少数民族聚居地区民族事务内容增加，而且东部和中部等地区民族工作部门做好城市民族工作和保障散杂居少数民

---

[1] 陈乐齐：《贵州民族工作的三个转向四个变》，《中国民族》1987年第11期。
[2] 晏友桂：《武汉民族工作发展初探》，《中南民族学院学报》（哲学社会科学版）1989年第3期。
[3] 王耀军：《街道与城市民族工作》，《中南民族学院学报》（哲学社会科学版）1989年第3期。

族的工作任务也明显增加。为了适应民族事务内容扩展的变化，政府部门一方面继续加强了民族事务委员会的权限，另一方面也调动了更多的主体加入到促进民族地区发展、保障少数民族权益的过程中来。但是也要看到，这一时期民族事务治理主体关系的行政性特征依然明显，这也在很大程度上限制了民族事务治理主体增加而可能带来的治理成效。在计划经济时代，由于缺乏不同民族之间的流动，民族事务相对固定在一定的区域和一定的领域，民族事务也因而被社会认知为是特定部门的事务，是官方的政策行为，与一般的部门和普通社会成员不相关。这种认知的结果是一旦遇到民族事务一般都推给民族宗教部门，一旦提及民族事务都是官方要处理的事务，这样大多数民族事务便脱离了公共事务、社会事务的定位。① 如何消除民族事务治理主体关系的行政化的不利影响，引导协作化、互惠化和复杂化民族事务治理主体关系都朝着一个稳定有序的状态演进，是民族事务治理主体关系走向现代化的一个难题。直到党的十八届三中全会提出"完善和发展中国特色社会主义制度，推进国家治理体系和治理能力现代化"这个全面深化改革的总目标之后，民族事务治理主体关系现代化迎来了从管理到治理、从关系协作化、互惠化和复杂化到有序化、格局化的转变。

（四）新时代以来民族事务治理主体灵活多样

进入中国特色社会主义新时代，党的十八届三中全会提出了"完善和发展中国特色社会主义制度，推进国家治理体系和治理能力现代化"这一全面深化改革的总目标，多元主体共治共建共享的治理理念也逐步替代了以往单一政府部门的行政管理理念。习近平总书记明确指出："必须适应国家现代化总进程，提高党科学执政、民主执政、依法执政水平，提高国家机构履职能力，提高人民群众依法管理国家事务、经济社会文化事务、自身事务的能力，实现党、

---

① 严庆：《治理与当前中国民族事务管理的治理化转型》，《黑龙江民族丛刊》2014年第5期。

国家、社会各项事务治理制度化、规范化、程序化，不断提高运用中国特色社会主义制度有效治理国家的能力。"① 民族事务治理作为国家治理的重要组成部分，也在治理理念和治理主体关系出现了新的转变，这种转变一方面是治理主体越来越灵活多样，另一方面是民族事务治理法治化加强了对民族事务治理主体关系的规范引导。

改革开放以来到 21 世纪初期的前 10 年间，经过西部大开发、扶贫开发和全面建设社会主义小康社会等一系列举措，民族地区经济社会发展有了翻天覆地的变化，全国各地的民族人口结构也发生了变化。随着工业化、信息化、城镇化和农业现代化的深入发展，民族工作的环境和条件发生了根本性变化。改革开放 30 多年后的民族工作，不同于改革开放初期生产力水平较低、分配关系较为简单情况下的民族工作，更不同于改革开放以前以阶级斗争为纲、阶级感情高于民族感情背景下的民族工作。② 在 2014 年中央民族工作会议上，习近平总书记将民族工作的形势概括为"五个并存"，即改革开放和社会主义市场经济带来的机遇和挑战并存；民族地区经济加快发展势头和发展低水平并存；国家对民族地区支持力度持续加大和民族地区基本公共服务能力建设仍然薄弱并存；各民族交流交往交融趋势增强和涉及各民族因素的矛盾纠纷上升并存；反对民族分裂、宗教极端、暴力恐怖斗争成效显著和局部地区暴力恐怖活动活跃多发并存。为了应对这"五个并存"，组织更多力量参与到民族事务治理中是现实需要。习近平总书记强调，民族工作涉及方方面面，方方面面都有民族工作。③ 这意味着民族事务治理不只是民族工作部门的事，也是全社会各方主体都应该共同关心、共同参与的事。在 2014 年中央民族工作会议上，习近平总书记一方面强调了要推进民

---

① 习近平：《习近平谈治国理政：第一卷》，外文出版社 2014 年版，第 104 页。

② 《深刻把握民族工作"五个并存"的新特征》，www.neac.gov.cn/seac/c100518/201411/1086916.shtml。

③ 国家民族事务委员会编：《中央民族工作会议精神学习辅导读本》，民族出版社 2019 年版，第 237 页。

族事务法治化，另一方面也强调了"城市民族工作要把着力点放在社区，推动建立相互嵌入式的社会结构和社区环境"，充分发挥群众路线的优势。在2019年全国民族团结进步表彰大会上则强调，"要把民族团结进步创建全面深入持久开展起来，创新方式载体，推动进机关、进企业、进社区、进乡镇、进学校、进连队、进宗教活动场所等"。"要夯实基层基础，推动党政机关、企事业单位、民主党派、人民团体一起做好民族工作。"① 在2021年中央民族工作会议上，习近平总书记将"必须坚持依法治理民族事务，推进民族事务治理体系和治理能力现代化"作为党加强和改进民族工作的重要思想的内容，并强调"要根据不同地区、不同民族实际，以公平公正为原则，突出区域化和精准性，更多针对特定地区、特殊问题、特别事项制定实施差别化区域支持政策。要依法保障各族群众合法权益，依法妥善处理涉民族因素的案事件，依法打击各类违法犯罪行为，做到法律面前人人平等"。"认真履行主体责任，把党的领导贯穿民族工作全过程，形成党委统一领导、政府依法管理、统战部门牵头协调、民族工作部门履职尽责、各部门通力合作、全社会共同参与的新时代党的民族工作格局。"② 习近平总书记在新时代以来关于民族事务治理的论述，为构建有序、规范的民族事务治理主体关系指明了方向，成为形成新时代党的民族工作格局的重要支撑。党的十八大以来，从中央到地方，从政府到社区，都在为推动民族事务多元有序高效治理进行了积极探索。

1. 在调整民族工作部门关系中强化党的领导

为加强党对民族工作的集中统一领导，将民族工作放在统战工作大局下统一部署、统筹协调、形成合力，更好贯彻落实党的民族

---

① 习近平：《在全国民族团结进步表彰大会上的讲话》，http://www.gov.cn/gongbao/content/2019/content_5442260.htm?ivk_sa=1024320u.

② 习近平：《以铸牢中华民族共同体意识为主线 推动新时代党的民族工作高质量发展》，《人民日报》2021年8月29日。

工作方针，更好协调处理民族工作中的重大事项，根据2018年中共中央印发的《深化党和国家机构改革方案》，中央统战部统一领导国家民族事务委员会。将国家民族事务委员会归口中央统战部领导。调整后，中央统战部在民族工作方面的主要职责是，贯彻落实党的民族工作方针，研究拟订民族工作的政策和重大措施，协调处理民族工作中的重大问题，根据分工做好少数民族干部工作，领导国家民族事务委员会依法管理民族事务，全面促进民族事业发展等。将国家民族事务委员会调整到中央统战部的领导之下，有利于强化党对民族工作的领导，同时也赋予了国家民族事务委员会在推行民委委员制方面更大的权限，强化国家民族事务委员会组织和调配相关资源的实际能力。

2. 在民族团结进步创建活动中激励多类型主体参与

习近平总书记在2014年中央民族工作会议上强调，"民族团结是我国各族人民的生命线。做好民族工作，最关键的是搞好民族团结，最管用的是争取人心"。① 围绕搞好中华民族大团结目标，动员全社会力量加入到民族事务治理的过程中来，我国各地积极开展了民族团结进步示范创建工作，越来越多的机关、企业、社区、乡镇、学校、寺庙等加入民族团结实践的行列中来，在全社会树立了多层次、多类型的民族团结进步典型，为各地创新民族团结的理念、方式和方法提供了榜样。以第九批全国民族团结进步示范区示范单位为例，其中有自治州、县（区）街道、学校、行政部门及处室、社区、村、青少年发展中心、工作室、企业、公益组织、协会、慈善组织、寺庙、医院、部队等多种类型的主体。② 在民族团结进步创建活动中，不同类型的主体发挥各自专长优势，在本单位本部门开展

---

① 中央民族工作会议暨国务院第六次全国民族团结进步表彰大会在京举行，https：//news.12371.cn/2014/09/29/ARTI1411994213698418. shtml？from = groupmessage & isappinstalled = 0.

② 国家民委关于命名第九批全国民族团结进步示范区示范单位的决定，https：//www.neac.gov.cn/seac/xxgk/202201/1156536.shtml。

灵活多样的民族团结活动，宣传党的民族政策，保障了身边少数民族群众的权益，成为新时代民族事务治理的重要组成。

3. 在城市民族工作中发挥专业化组织的力量

城市民族工作已经成为民族事务治理的重要组成部分，为了保障流入到城市地区的少数民族人口公平享有基本公共服务，加快融入居住地、工作单位，各级政府部门的民族事务委员会也积极探索发挥政府之外的社会组织、企业等的专业性作用，通过引导或者培育社区、居委会、群众性组织、行业协会等多种组织参与到民族事务治理过程中来，发挥好这些组织在需求调查、信息沟通、政策宣传、活动组织、咨询服务、服务供给等方面的专业化作用，显著地提升了民族事务治理的效能。例如，广西南宁市中华中路社区的"谢大姐暖心屋"、桂林市七星区少数民族服务中心、柳州市买买江"石榴红"民族团结联络站等一批在全国有影响力的城市民族工作品牌。① 云南省成立由国家、省级层面专家组成的示范区建设专家咨询委员会，通过民族理论研究进一步助推民族事务治理能力提升。② 上海市依托社区，形成了一个覆盖全市的民族工作网络，社区在承担民族工作方面的主要职能是维权、管理、联谊和服务。武汉市的"民族团结进步协会""少数民族知识分子联谊会""土家族历史文化研究会""回族历史文化研究会""少数民族体育协会"以及成都市的"满蒙人民学习委员会"、深圳市的"民族团结发展促进会"等都是把城市少数民族联系起来、传承民族文化、履行社会责任、维护社会稳定的重要民族事务治理主体。③ 自 2015 年起，广州市与几大社工机构合作，试图在基层社区引入服务少数民族流动人口的专业社会工作组织。在这一模式下，为精准服务少数民族，促进其

---

① 桂仁民：《不断开创城市民族工作新局面》，《当代广西》2022 年第 19 期。
② 王俊：《努力开创新形势下云南民族工作新局面》，《创造》2022 年第 9 期。
③ 陈云：《构建城市民族工作社会化的新格局》，《中南民族大学学报》（人文社会科学版）2015 年第 1 期。

社会融入并增强社区民族团结，社工机构主要从以下三方面开展工作：一是将机构服务与少数民族流动人口具体政策相结合，积极配合社区街道办的相关工作，与基层政府建立良好的合作关系。二是凭借提供给外来少数民族人员的精准服务，在服务期内赢得了街区少数民族的信任。三是依靠机构工作人员与少数民族建立起的稳固信任，组织少数民族流动人口参与机构的公益活动。[①] 职能不同的专业化组织在政府民族工作部门和少数民族之间发挥了很好的"桥梁""纽带"作用，使得民族事务治理主体之间的关系更加灵活有效，对于提升民族事务治理效能具有重要意义。

党的十八大以来，民族工作面临的新形势对民族事务治理体系与治理能力现代化提出了现实需要。在坚持党的统一领导下，推进民族事务治理主体关系现代化是民族事务治理体系与治理能力现代化的重要体现。随着国家治理理念在民族事务治理中的运用，民族事务委员会不再是唯一的治理主体，治理资源的协调与组织有了更多的治理主体参与。在民族事务治理法治化原则的引导下，民族工作部门与社区、居委会、社会工作机构、协会、科研机构、群众性组织在民族事务治理中的共建共治共享关系被建构起来，对于增强民族事务委员会的管理组织能力、群体性组织的民族事务治理能力都有着积极的促进作用。总体而言，进入新时代以来，治理主体多元化、治理主体关系规范化、格局化是民族事务治理主体关系现代化的一个重要体现。

三 民族事务治理主体关系现代化的内涵与特征

治理作为一种学术概念或理论虽然较早出现于西方国家对资本

[①] 李晓婉：《城市民族事务治理的政府购买公共服务模式——基于广州市专业社会工作服务站的调查与思考》，《中南民族大学学报》（人文社会科学版）2022年第5期。

主义市场经济和自由主义的反思，但是作为一种理念早就在古代中国出现。例如，《孔子家语·贤君》提到的"吾欲使官府治理，为之奈何？"，《荀子·君道》提到的"明分职，序事业，材技官能，莫不治理"，都表示管理和统治之意。治理理念自身内含实施治理一方与接受治理一方的关系，亦即治理实践中不同主体间的关系。当我们从治理的视野来看看待民族事务治理时，也必然离不开对民族事务治理的主体是谁，主体间关系状态的观察。治理主体以及主体间关系并非一成不变的，在不同历史阶段，各个主体的发展诉求及其所能配置资源的权力的变化，会导致治理实践中主体间关系的变化。只有当不同治理主体间的关系保持良好状态，才能产生出符合各方利益的治理效能。既然治理主体间的关系是可以变化的，那当我们去看待民族事务治理主体关系的变化时，应该用何种视角或者理论呢？就中国共产党成立以来，尤其是中华人民共和国成立以来的民族工作实践来看，从现代化这个视角来观察民族事务治理主体关系的变化是一个恰当的视角。这是因为，中国共产党加强和改进民族工作，推进民族事务治理体系和治理能力现代化，目标就是要不断促进各族人民共同实现中国式现代化。推进民族事务治理主体关系现代化是实现中国式现代化的必然要求。

（一）民族事务治理主体关系现代化的内涵

民族事务治理主体关系现代化到底是一种什么样的现代化呢，其内涵是什么？这是我们推进民族事务治理体系和治理能力现代化必须回答的重要问题。随着经济市场化、政治民主化、社会多元化的深入推进，中国已经进入了共产党领导下的"多主体协同治理"新时代。在中国国家治理的能力系统中，中国共产党领导国家治理的能力、中国政府执行和贯彻党的路线方针政策的能力、市场组织的资源配置能力以及民主党派、社会组织、普通民众参与国家治理的能力水平等都构成了国家治理能力的必备要素。国家治理体系和国家治理能力现代化目标的实现和过程的推进，需要充分发挥所有治理主体的合力作用。① 作为国家治理体系和治理能力现代化的组成部分，民族事务治理主体关系现代化也意味着各个治理主体之间如何形成和谐有序的关系以形成民族事务治理的合力，促进各民族共同团结奋斗、共同繁荣发展。

通过上述对我国各个历史阶段民族事务治理主体的扩展以及治理主体之间关系的特征的梳理，可以发现，民族事务治理主体关系现代化与民族事务内容息息相关。民族事务在不同时期重心的转变，以及民族事务范畴的不断拓展，强化了民族事务治理对多主体共建共治共享的需求。中华人民共和国成立以来，在中国共产党的领导下，我国民族事务始终聚焦于落实民族平等、增进民族团结、缩小各民族间发展差距和推进中华民族共同体建设，为实现中华民族伟大复兴凝聚磅礴力量，民族事务治理本身就是一个求团结、求合作的实践。

就中国的民族事务治理实践而言，民族事务治理主体关系现代化是指在中国共产党的领导下，国家权力机构与其他推动中华民族共同体建设的各类主体围绕实现中华民族伟大复兴和中华民族永续发展的共同伟大目标，结成共商共建共治共享的关系格局。习近平总书记在2021年中央民族工作会议提出的"党委统一领导、政府依法管理、统战部门牵头协调、民族工作部门履职尽责、各部门通力合作、全社会共同参与的新时代党的民族工作格局"是民族事务治理主体关系现代化内涵的集中概括。民族事务治理主体关系现代化，既包含参与民族事务治理的主体类型不断增多，也包含各类治理主体之间关系的和谐有序，还包括治理主体之间的合作越来越朝着增进共同性的方向开展，形式多样的合作对提升民族事务治理效能起着十分重要的作用。在民族事务治理主体关系现代化进程中，各方参与民族事务治理的主体地位得到提升和重视，治理主体之间的团

---

① 牟文谦：《中国国家治理现代化主体及其关系研究》，博士学位论文，中共中央党校，2021年，第22—23页。

结推动着各族人民大团结的实现。

（二）民族事务治理主体关系现代化的特征

1. 坚持党的统一领导

民族工作是党的工作的重要组成部分，民族事务是治国理政的重要内容。习近平总书记强调，加强和完善党的全面领导，是做好新时代党的民族工作的根本政治保证。[①] 在民族事务治理中坚持党的统一领导，是中国特色解决民族问题正确道路的本质要求和基本经验。中国共产党将民族平等原则作为立国的基本原则，以实现中华民族伟大复兴为己任，才使得中国的民族工作走出了一条正确道路。中国的民族事务治理主体关系现代化以坚持党的统一领导为根本遵循，而不是像西方治理理论所倡导的那样搞"去中心化"。恰恰相反，中国的民族事务治理主体关系现代化紧紧围绕中国共产党这个领导核心，形成了增进民族团结的凝聚力。坚持党的统一领导是中国民族事务治理主体关系现代化的本质特征。

2. 强化权力部门的统筹与管理

为了有组织地开展民族工作，我国在政府行政体系中建立了民族事务委员会，同时还在全国人大、全国政协等国家权力机构设立相应的部门承担相关的民族工作任务。为了更好地发挥权力部门在民族工作中的组织统筹与资源配置作用，国家在机构改革中将国家民族事务委员会划归中央统战部领导，同时强化全国人大民族委员会在立法和调查研究方面的职能，强化全国政协民宗委在决策咨询和调查研究方面的职能，推动了国家权力部门在参与民族事务治理方面的职责分工，对于强化权力部门的统筹作用和履行管理职责具有深远意义。

3. 坚持群众路线与方法

马克思主义认为，民族问题是社会总问题的一部分。解决涉及

---

① 习近平：《以铸牢中华民族共同体意识为主线 推动新时代党的民族工作高质量发展》，《人民日报》2021年8月29日。

民族因素的矛盾纠纷也越来越需要放到解决社会矛盾和社会问题之中。围绕增进中华民族共同性，缩小民族之间事实上的不平等，党和国家在引导社会力量参与到民族事务治理时始终坚持着群众路线和方法，而不采取西方治理理论那套政府和非政府的二元对立思维逻辑。在民族事务治理实践中，党和政府始终将涉及民族因素的矛盾纠纷当作人民内部矛盾，设计的政策举措也以满足各族人民群众美好生活需要为依据，因此在民族事务治理主体扩展中，能够主动发挥群众力量，让各族群众成为重要的民族事务治理主体，增强各族群众在民族事务治理中的主体性、主体感，有效地沟通了民意、宣传了政策、开展了切实有效的服务工作。

4. 坚持目标一致性与主体多元性相统一

随着民族事务内容的不断拓展，多种类型的民族事务治理主体不断涌现，这些主体中既有政府部门引导培育的，也有群众自发组建的，还有一些专业从事某类公共服务供给的企业等。正如国家民委每年公布的民族团结进步创建示范单位的类别一样，参与民族事务治理的主体多元化特征十分明显。但是这种主体多元性的特征，换言之，这些主体愿意成为民族事务治理的主体，恰恰是因为各个治理主体都朝着一个共同的目标形成合力。在铸牢中华民族共同体意识，推进中华民族共同体建设，实现中华民族伟大复兴的共同目标之下，每个公民都是中华民族大家庭的一分子，无论是个人，还是组织，大家都是民族事务治理主体的一分子。民族事务治理主体的多元性并非利益上的对立性或者对抗性，多元性表现为主体类型和主体功能方面的多样性，而这些多样性特征恰恰能够形成优势互补，使得形成共商共建共治共享的民族事务治理格局成为可能。

5. 坚持以法治化原则保障治理主体关系的和谐

在党的二十大报告上，习近平总书记强调，全面依法治国是国家治理的一场深刻革命，关系党执政兴国，关系人民幸福安康，关系党和国家长治久安。必须更好发挥法治固根本、稳预期、利长远的保障作用，在法治轨道上全面建设社会主义现代化国家。① 在2014年中央民族工作会议上，习近平总书记也明确要求推进民族事务治理法治化。法治化原则对于调节民族事务治理多元主体之间的关系具有规范作用，使各主体间的职责、权限更加明晰，也为各主体之间的合作方式提供了规矩与原则。

6. 主体之间的合作方式灵活多样

得益于多元治理主体各自专业性优势的发挥，民族事务治理主体之间的共商共建共治共享的方式也灵活多样，能够对具体的民族事务的处理起到针对性的成效。正如前述所提到的，在不同民族事务治理主体之间，既有合作调查研究的，也有决策咨询服务的，还有参与互嵌式社区共建的，也有政府购买专业服务的，等等。这些灵活多样的合作方式的形成，体现的是对多元治理主体各自专业优势的尊重，也是对民族事务治理内容实事求是的研判，是各方结合实际情况发挥各自优势的结果，对于提升民族事务治理效能具有重要意义。

中国民族事务治理主体关系现代化所表现出的特征，在根本上与西方治理理念不同，并且在理念和实践上更加领先于西方治理理念，这也是为什么中国是世界上解决民族问题最成功的国家的原因之一。中国的民族事务治理主体关系现代化吸收了多元主体协作治理的优势，但是没有照搬西方治理理论的"去中心化""去国家化"论调，也没有走上将政府与非政府、国家与社会等视为二元对立关系的理论陷阱。在实现中华民族伟大复兴的共同目标下，各类民族事务治理主体服务于国家现代化建设需要，坚持了中国特色解决民族问题的基本经验，以治理主体团结促民族团结，为民族事务治理体系和治理能力现代化奠定了基础。

---

① 习近平：《高举中国特色社会主义伟大旗帜　为全面建设社会主义现代化国家而团结奋斗——在中国共产党第二十次全国代表大会上的报告》，人民出版社2022年版，第46页。

四 完善民族事务治理主体关系的思路与建议

（一）完善民族事务治理主体关系的重大意义

1. 推进民族事务治理体系和治理能力的现代化

民族事务治理体系和治理能力现代化是中国式现代化的重要组成部分，而民族事务治理体系和治理能力是如何现代化的，一直以来是学界关注的重要理论问题。在2021年中央民族工作会议上，习近平总书记提出"要提升民族事务治理体系和治理能力现代化水平"，成为新时代民族工作的重要任务。在现有的研究中，无论是对民族事务治理体系和治理能力现代化内涵的阐释，还是对民族事务治理体系和治理能力现代化政策路径的探讨，大家都不同程度地提及了治理规则与机制、治理方式的法治化与规范化等议题。例如，高永久等（2018）指出民族事务治理体系首先是一套规则程序系统，也是一套规范各治理主体间关系的组织协调框架，还可以被视为治理过程所依赖的各种资源和价值的集合。① 刘宝明（2018）指出民族事务治理体系和治理能力的现代化，主要表现为民族事务治理方式和治理过程的法治化、制度化和规范化。② 马俊毅（2021）提出"党政领导下的复合性治理"概念，认为新时代我国的民族事务治理现代化是在党的领导、政府依法管理下，不断拓展与全社会合作以及共同进行社会治理的路径与场域，将国家民族事务治理的目标融合于统一多民族国家的社会整体性的持续发展进步中。③ 这些关于民

---

① 高永久、郝龙：《系统论视角下民族事务治理现代化的逻辑》，《广西民族大学学报》（哲学社会科学版）2018年第1期。
② 刘宝明：《改革开放以来民族事务治理现代化的实践路径》，《中央社会主义学院学报》2018年第2期。
③ 马俊毅：《民族事务复合性治理战略及其现代化——以铸牢中华民族共同体意识为主线》，《中南民族大学学报》（人文社会科学版）2021年第11期。

族事务治理体系和治理能力现代化内涵的探讨表明，无论是强调规则程序，还是强调治理方式和过程的法治化、规范，抑或是强调复合性等，背后实际上都是反映着民族事务治理主体之间的关系状态。

民族事务治理的基本问题是"由谁治理""为谁治理"以及"如何治理"，其中"由谁治理"摆在首要位置。当治理成为实现人们的某种美好期待时，治理本身就是一种社会关系的存在，而且这种社会关系的状态与治理主体之间的关系状态密切相关。马克思在《道德化的批判和批判化的道德》中指出，"人们的政治关系同人们在其中相处的一切关系一样也是社会的、公共的关系。因此，凡是有关人与人的相互关系问题都是社会问题"。[1] 民族事务是国家公共事务，治理主体之间的关系问题是一个民族事务治理实践中的基础问题，民族事务治理主体关系的现代化既是民族事务治理体系和治理能力现代化的一个缩影，同时也是推动民族事务治理体系和治理能力现代化的一个动力。研究民族事务治理主体关系现代化有助于我们理解在民族事务治理过程中，谁是治理主体，治理主体之间是何种关系，以及治理主体间各种关系是如何保持的。谈及民族事务治理体系和治理能力现代化，不可避免地要谈到民族事务主体关系，民族事务治理体系的完善，民族事务治理能力的提升，都直观地体现在民族事务治理主体关系的现代化之中。因此，从一定程度上说，治理主体关系的现代化就是事务治理体系和治理能力的现代化。

2. 体现民族事务治理主体的全民性和主体性

国家治理现代化的核心问题或基本问题本质上是所有治理主体的能动性发挥、能力提升和它们之间关系的协调和优化问题。[2] 在铸牢中华民族共同体意识，推进中华民族共同体建设的进程中，全国各族人民都是这一进程中的一分子。落实民族平等，增进民族团结

---

[1] 《马克思恩格斯全集》第 4 卷，人民出版社 1985 年版，第 334 页。

[2] 牟文谦：《中国国家治理现代化主体及其关系研究》，博士学位论文，中共中央党校，2021 年。

是中华民族大家庭每一个成员的责任和义务。就增进民族团结的目标而言，无论是个人，还是权力机构，抑或是社会组织等，都是民族事务治理中的主体，这也意味着民族事务治理主体具有全民性。推进民族事务治理主体关系的现代化，首先要解决"谁是主体"的问题，只有明确了主体在治理中的地位和主体性，才能开展对主体间关系的讨论。中华人民共和国成立以来，国家一方面成立了专门的权力机构负责民族事务的管理，但同时也积极调动广大干部群众的力量参与到加快少数民族和民族地区经济文化事业发展之中。党领导下的民族事务治理，充分发挥了各族人民群众的主体性，坚持群众路线和方法，积极探索民族工作管理部门与相关的服务供给主体之间的合作，与群众性组织之间的合作，使传统意义上民族事务管理对象变成民族事务治理的治理主体，畅通民意沟通渠道，充分尊重涉事主体的意愿，在共商共建共治共享的思路下使民族事务治理主体在共同的治理实践中共同获益，促进各民族之间的团结。

3. 完善民族事务治理主体关系的过程性

中华人民共和国成立之后，伴随着社会主义现代化建设的进程，我国的民族事务在内涵和外延上均有了发展，民族事务从最初聚焦消除民族隔阂、缩小少数民族和汉族事实上不平等，到加快少数民族和民族地区五大文明建设，再到全面建成小康社会和扎实推进共同富裕，民族事务治理越来越朝着增进共同性的方向，在中华民族共同体建设方面发挥着重要作用。在民族事务内涵和外延的发展过程中，民族事务治理主体关系也具有过程性特点。换言之，当前形成的多元主体协同治理的局面是中华人民共和国成立以来民族事务治理主体逐步扩展的结果，是继承和发展的结果。从中国共产党成立初期将民族事务作为党的工作的一部分，到中华人民共和国成立之后，成立专门的国家权力机构负责民族事务治理，再到改革开放后开展对口支援和强化政府行政部门的民族事务职责，民族事务治理主体关系是在少数民族和民族地区推进现代化的进程中建构出去的，治理主体类型有增无减。将民族事务治理主体的关系放到国家治理和国家现代化的过程中予以观察，探讨民族事务治理主体关系的过程性，有助于我们全面把握民族事务治理主体和谐关系的历史经验和内在动力。

4. 从中国实际出发探索新的治理理论

西方治理理论常常自诩其对治理主体多元化的重视，并且尤其是肯定政府之外的其他力量的参与，对于治理效能的提升至关重要。但是西方治理理论也有其自身的不足。西方治理理论在强调治理主体多元化和主体关系协作化的同时，却也赞同"去中心化""去国家化"等主张，将国家（政府）在治理中的地位和作用给予失之偏颇的评价，甚至认为要限制政府的作用。这一理论观点无法用来解释中国的国家治理实践。恰恰相反，在民族事务治理中，党的领导、政府的统筹和组织作用，在引导治理主体形成一个稳定协作的关系网络上发挥着决定性的作用。在中国这样一个统一的多民族国家，民族事务治理坚持中国共产党的领导，才使得民族平等、民族团结的基本原则得以明确，并成为各个治理主体必须遵循的规则。强化党在民族事务治理主体关系中的核心作用，是使民族事务治理主体关系现代化沿着社会主义性质发展的根本保障。在民族事务治理实践中坚持群众路线与方法，凸显民族事务治理主体关系的全民性和主体性，这与西方治理理论强调政府与非政府、公共与私人的二元对立思维存在根本不同。在民族事务内容的扩展中，政府十分重视其他类型主体的专业性优势，并且赋予每个主体在促进民族团结方面的共同目标，因而消除了政府与政府之外主体的对立关系。不同主体之间不是"非此即彼"或者"此起彼伏"的替代、对立关系，而是充分发挥各自比较优势、专业优势的协作关系。中国民族事务治理主体关系现代化不是照搬西方治理理论的现代化，恰恰是中国特色社会主义性质的现代化，党和国家的力量在民族事务治理主体关系中起着核心作用，与西方治理理论的"去国家化"和二元对立思维存在本质不同。

（二）推进民族事务治理主体关系现代化的思路与建议

提升民族事务治理体系和治理能力现代化水平，是新时代民族工作高质量发展的重要任务之一，民族事务治理主体关系现代化作为民族事务治理体系和治理能力现代化的组成部分，需要结合习近平总书记在中央民族工作会议上提出的"认真履行主体责任，把党的领导贯穿民族工作全过程，形成党委统一领导、政府依法管理、统战部门牵头协调、民族工作部门履职尽责、各部门通力合作、全社会共同参与的新时代党的民族工作格局"的要求，在以下主要方面采取措施，推进民族事务治理主体关系现代化。

1. 聚焦铸牢中华民族共同体意识主线，不断增进共同性

习近平总书记在中央民族工作会议上强调，铸牢中华民族共同体意识是新时代党的民族工作的"纲"，所有工作要向此聚焦。① 新时代民族事务治理主体关系的现代化要聚焦铸牢中华民族共同体意识主线，用铸牢中华民族共同体意识和增进共同性来引导民族事务治理中的共商共建共治共享，使民族事务治理主体关系中的共同性增强，使民族事务治理主体的合力都发挥到铸牢中华民族共同体意识上来。

2. 加强基层民族工作机构建设和民族工作力量

民族工作无小事，民族事务治理的开展主要还是在基层。基层民族工作机构的能力建设会影响其统筹管理、组织协调民族事务治理资源方面的成效。中央民族工作会议中，习近平总书记强调要"加强基层民族工作机构建设和民族工作力量"，夯实我国基层民族工作力量。要围绕加强基层民族工作机构建设的总要求，探索从人员配置、工作业务培训、跨部门和跨地区协作机制建设等方面统筹采取措施，增强基层民族工作机构的工作能力，使其在推进民族事务治理主体关系现代化进程中更好地发挥引导性作用。

---

① 习近平：《以铸牢中华民族共同体意识为主线 推动新时代党的民族工作高质量发展》，《人民日报》2021年8月29日。

3. 积极发挥群众性组织和专业服务供给机构的优势

随着人口流动加速，流入到城市地区的少数民族人口规模大、族别多，无论是流入者的融入和当地人对流入者的接纳，都需要很多精准化、精细化、专业化的服务支持。民族事务治理相比于以往的行政管理，更加强调的是精准定位治理主体的诉求，彰显的是以服务引导治理。因此，面对少数民族融入流入地区并获得相应的权益保障等，要充分发挥群众性组织在信息沟通、诉求调查、政策宣传等方面的作用，同时要充分加强与市场化专业服务供给机构的合作，提升民族事务治理过程中的服务效能。

4. 在推进共同富裕中服务好各族人民群众的美好生活需要

民族事务治理主体关系的现代化要立足于中国特色社会主义现代化，而共同富裕是中国特色社会主义现代化的本质要求，也是全国各族人民共同的美好生活期待。民族事务治理主体关系的现代化要以扎实推进共同富裕为重要目标，在民族事务治理中注重找准各族人民群众实现共同富裕的难点问题，将共商共建共治共享的原则运用到帮助少数民族和民族地区加快推进共同富裕的实践中去，通过更好发挥民族事务治理主体的专业优势，切实服务好各族人民群众的美好生活需要，使民族事务治理主体关系的现代化服务好全国各族人民共同的社会主义现代化。

第八章　新时代民族事务治理的现代化

习近平总书记在中国共产党第二十次全国代表大会上的报告中，指出过去五年的工作和新时代十年的伟大变革成就之一就包括了"推进国家治理体系和治理能力现代化"，特别是"中国特色社会主义制度更加成熟更加定型，国家治理体系和治理能力现代化水平明显提高"。报告提出到2035年我国发展的总体目标也明确要求"基本实现国家治理体系和治理能力现代化，全过程人民民主制度更加健全，基本建成法治国家、法治政府、法治社会"。报告在巩固和发展最广泛的爱国统一战线下明确指出，要"完善大统战工作格局，坚持大团结大联合，动员全体中华儿女围绕实现中华民族伟大复兴中国梦一起来想、一起来干"。民族事务治理要"以铸牢中华民族共同体意识为主线，坚定不移走中国特色解决民族问题的正确道路，坚持和完善民族区域自治制度，加强和改进党的民族工作，全面推进民族团结进步事业"。① 为我国下一个阶段提升民族事务治理体系治理能力现代化水平，推进新时代党的民族工作高质量发展指明了方向。

---

① 习近平：《高举中国特色社会主义伟大旗帜　为全面建设社会主义现代化国家而团结奋斗——在中国共产党第二十次全国代表大会上的报告》，2022年10月16日，中国共产党新闻网，http://cpc.people.com.cn/n1/2022/1026/c64094-32551700.html。

一 民族事务治理体系治理能力现代化的科学内涵

习近平总书记2013年在党的十八届三中全会第二次全体会议上讲话中，全面界定了"国家治理体系"和"国家治理能力"的基本内涵。"国家治理体系和治理能力是一个国家制度和制度执行能力的集中体现。国家治理体系是在党领导下管理国家的制度体系，包括经济、政治、文化、社会、生态文明和党的建设等各领域体制机制、法律法规的安排，也就是一整套紧密相连、相互协调的国家制度；国家治理能力则是运用国家制度管理社会各方面事务的能力，包括改革发展稳定、内政外交国防、治党治国治军等各个方面。国家治理体系和治理能力是一个有机整体，相辅相成，有了好的国家治理体系才能提高治理能力，提高国家治理能力才能充分发挥国家治理体系的效能。"①

围绕国家治理体系和治理能力这一时代命题，学术界已开展了广泛的研究。有学者指出国家的公共制度分为基础制度、基本制度和具体制度。基础制度就像盖大楼打地基一样，追求耐久性；基本制度类似大楼的框架结构，强调稳定性；具体制度犹如房间的功能性装修，追求适应性和有效性，根据需求变化，可以随时调整和改变。这三种制度在时效性上有所不同：基础制度追求永久不变，基本制度最好长久不变，具体制度要求适时改变。② 需要从一般属性、国别属性和任务属性来理解现代国家治理体系所具有的通约性和差

---

① 习近平：《切实把思想统一到党的十八届三中全会精神上来》，《求是》2014年第1期。

② 燕继荣：《现代国家治理与制度建设》，《中国行政管理》2014年第5期。

别性。① 有学者指出，国家治理是国家政权的所有者、管理者和利益相关者等多元行动者在一个国家的范围内，对社会公共事务的合作管理，它的目的是增进公共利益，维护公共秩序。国家治理的核心由执政党、协商参与机关、民意代表机关、政府行政系统、公务员系统、司法机关、地方和基层组织、公民及其组织、市场和企业、学者记者律师等现代化职业精英群体以及国际行动者，以及约束这些行动者的规则等 11 项制度支柱组成。② 国家的治理体系是一个制度系统，包括政治、经济、社会、文化、生态等各个领域，包括规范行政行为、市场行为和社会行为的一系列制度和程序。国家治理体系和治理能力是一个有机整体，推进国家治理体系的现代化与增强国家的治理能力，是同一政治过程中相辅相成的两个方面。有了良好的国家治理体系，才能提高国家的治理能力；只有提高国家治理能力，才能充分发挥国家治理体系的效能。③ 国家治理体系和治理能力的现代化，就是使国家治理体系制度化、科学化、规范化、程序化，使国家治理者善于运用法治思维和法律制度治理国家，从而把中国特色社会主义各方面的制度优势转化为治理国家的效能。④ 推动国家治理体系现代化，必须立足中国特殊的制度情境，从政府运行规律和原则的角度，而非从权宜之计的角度深入剖析当前中国政府所面临的问题与难题，从而对政府内部的结构关系、资源配置、运行机制和管理方式做出进一步调整，建立一个与变化着的时代相适应的理性政府体系，提升整个国家治理体系的行政能力。⑤

---

① 刘建军：《和而不同：现代国家治理体系的三重属性》，《复旦学报》2014 年第 3 期。

② 何增科：《国家治理及其现代化探微》，《国家行政学院学报》2014 年第 4 期。

③ 俞可平：《推进国家治理体系和治理能力现代化》，《前沿》2014 年第 1 期。

④ 江必新：《推进国家治理体系和治理能力现代化》，《光明日报》2013 年 11 月 15 日第 1 版。

⑤ 薛澜、张帆、武沐瑶：《国家治理体系与治理能力研究：回顾与前瞻》，《公共管理学报》2015 年第 3 期。

2019年10月31日中国共产党第十九届中央委员会第四次全体会议通过《中共中央关于坚持和完善中国特色社会主义制度推进国家治理体系和治理能力现代化若干重大问题的决定》指出，我国国家制度和国家治理体系具有多方面的显著优势之一，即"坚持各民族一律平等，铸牢中华民族共同体意识，实现共同团结奋斗、共同繁荣发展的显著优势"。坚持和完善人民当家做主制度体系，发展社会主义民主政治需要：巩固和发展最广泛的爱国统一战线，"坚持大统战工作格局，坚持一致性和多样性统一，完善照顾同盟者利益政策，做好民族工作和宗教工作"；坚持和完善民族区域自治制度，"坚定不移走中国特色解决民族问题的正确道路，坚持各民族一律平等，坚持各民族共同团结奋斗、共同繁荣发展，保证民族自治地方依法行使自治权，保障少数民族合法权益，巩固和发展平等团结互助和谐的社会主义民族关系。坚持不懈开展马克思主义祖国观、民族观、文化观、历史观宣传教育，打牢中华民族共同体思想基础。全面深入持久开展民族团结进步创建，加强各民族交往交流交融。支持和帮助民族地区加快发展，不断提高各族群众生活水平"。① 明确指出了国家民族事务治理体系和治理能力现代化的科学内涵。

习近平总书记在2022年中央统战工作会议上指出，新时代爱国统一战线的基本任务是包括了坚持以新时代中国特色社会主义思想为指导，坚持中国共产党领导，坚持中国特色社会主义道路，高举爱国主义、社会主义伟大旗帜，坚持一致性和多样性统一，坚持围绕中心、服务大局，坚持与时俱进、守正创新，加强思想政治引领，发挥凝聚人心、汇聚力量的政治作用，促进民族关系和谐。新时代党的统一战线工作重要思想就加强和改进统战工作提出了一系列新理念新思想新战略，包括"主要是必须充分发挥统一战线的重要法

---

① 《中共中央关于坚持和完善中国特色社会主义制度 推进国家治理体系和治理能力现代化若干重大问题的决定》，2019年10月31日，共产党员网，https：//www.12371.cn/2019/11/05/ARTI1572948516253457.shtml。

宝作用，必须解决好人心和力量问题，必须正确处理一致性和多样性关系，必须坚持好发展好完善好中国新型政党制度，必须以铸牢中华民族共同体意识为党的民族工作主线"。①

习近平总书记在2021年中央民族工作会议上的讲话中特别强调，要提升民族事务治理体系和治理能力现代化水平。"要根据不同地区、不同民族实际，以公平公正为原则，突出区域化和精准性，更多针对特定地区、特殊问题、特别事项制定实施差别化区域支持政策。要依法保障各族群众合法权益，依法妥善处理涉民族因素的案事件，依法打击各类违法犯罪行为，做到法律面前人人平等。"②

新时代以习近平总书记关于加强和改进民族工作的重要思想为指引，以铸牢中华民族共同体意识为主线，推动民族事务治理体系和治理能力现代化，需要"坚持和完善民族区域自治制度，始终坚持党的领导，把维护国家统一和民族团结作为实施这一制度的根本目的。民族自治地方自治机关的首要职责是维护党中央权威，确保党中央政令畅通，确保国家法律法规实施。以铸牢中华民族共同体意识为衡量标准，顺应时代发展要求，及时稳慎健全完善民族政策和法律法规体系。根据不同地区、不同民族实际，以公平公正为原则，兼顾民族因素和区域因素，突出区域化和精准性。坚持在法治轨道上治理民族事务，维护社会主义法制统一和法治尊严，依法保障各族群众合法权益。各族群众在法律面前人人平等，任何人都没有超越法律的特权。坚持是什么问题就按什么问题处理，不能把涉及少数民族群众的一般性社会事务工作简单归结为民族工作，不能把涉及少数民族群众的民事刑事问题简单归结为民族问题，不能把发生在民族地区的一般矛盾纠纷简单归结为民族矛盾。工作方法上

---

① 新华社：《习近平出席中央统战工作会议并发表重要讲话》，2022年7月30日，中国政府网，http://www.gov.cn/xinwen/2022-07/30/content_5703635.htm。

② 新华社：《习近平出席中央民族工作会议并发表重要讲话》，2021年8月28日，中国政府网，http://www.gov.cn/xinwen/2021-08/28/content_5633940.htm。

要注意把握分寸、慎重稳进，既要解决好'等不得'的问题，也要处理好'急不得'的事情，防止犯急躁病、胡乱作为，反复'翻烧饼'，从一个极端走向另一个极端"。①

民族事务治理是国家治理的重要组成部分，新时代提升民族事务治理体系和治理能力现代化水平，包括了三项主要内容："坚持和完善民族区域自治制度，健全完善民族政策和法律法规体系。以公平公正为原则，突出区域化和精准性，更多针对特定地区、特殊问题、特别事项制定实施差别化区域支持政策。将民族事务治理纳入共建共治共享的社会治理格局，依法保障各族群众合法权益，依法妥善处理涉民族因素的案事件，依法打击各类违法犯罪行为，切实做到法律面前人人平等。"②

中国自古以来就是一个统一的多民族国家，民族工作在国家治理中始终占据着重要地位，中华民族的伟大复兴和现代中国的崛起之间存在着直接的逻辑关联。立足新时代中华民族共同体的特性和国家发展的自身逻辑需求，民族事务治理的现代化是实现国家治理现代化的内在要求。③ 但目前对于民族事务治理体系和治理能力的研究，尚未能阐明这一重大命题的历史意义、引领主线、核心关系、基本工作。本文将围绕习近平总书记关于加强和改进民族工作的重要思想、中国共产党推进民族事务治理体系和治理能力的百年探索、新时代推动党的民族工作高质量发展问题作出说明。

---

① 尤权：《做好新时代党的民族工作的科学指引——学习贯彻习近平总书记在中央民族工作会议上的重要讲话精神》，《求是》2021年第21期。

② 中共国家民委党组：《以铸牢中华民族共同体意识为主线 推进新时代党的民族工作高质量发展的纲领性文献——深入学习贯彻习近平总书记在中央民族工作会议上的重要讲话》，《人民日报》2021年11月8日第12版。

③ 王伟、张伦阳：《新时代中国共产党铸牢中华民族共同体意识研究：逻辑缘起、价值意蕴和实践路径》，《中央民族大学学报》（哲学社会科学版）2021年第6期。

二 中国共产党民族事务治理体系建设的历史探索

面对近代以来"数千年未有之大变局",作为中华民族先锋队的中国共产党团结凝聚全国各族人民,开启了中华民族从"最危险的时候"走向站起来、富起来、强起来的艰辛探索历程。依据历史进程,我们把这一百年大体划分为革命、建设、改革开放和新时代四个时期。①

1921年7月,中国共产党诞生,这是中华民族发展史上开天辟地的大事变。面对旧中国军阀混战、列强蚕食,中华民族积贫积弱、一片散沙的悲惨局面,我们党努力探索中华民族救亡图存之路。革命初期我们党的民族理论主要由马克思主义经典作家的民族理论、苏俄的民族理论及其实践和中国国内的民族理论观点构成。长征时期,中共中央进入民族地区,在处理红军与各民族的社会关系中开始反思经典作家民族理论、民族主义思潮与中国历史、中国国情、中国革命的关系。抗日战争时期,日本帝国主义与中华民族的矛盾上升为中国社会主要矛盾,实现民族独立和人民解放是这一时期中国共产党最根本的任务。解放战争时期,坚持民族平等、民族团结,尊重少数民族基本权利,团结国内各民族共同建立新中国是首要目标。

革命时期,中国共产党在马克思主义民族理论中国化、解放国内各民族实现一律平等、确立单一制下的民族区域自治解决民族问题方面取得伟大成就。逐步探索出解决民族问题的中国道路,结合基本国情是这条道路的鲜明特色,建立统一的多民族国家是明确指

---

① 王延中、周辉:《中国共产党解决民族问题正确道路的百年探索与基本经验》,《中央民族大学学报》(哲学社会科学版)2021年第5期。

向，实现各民族一律平等是本质特征。正是由于坚持并形成了这条基本道路，中国共产党超越了历史上任何统治阶级在民族问题上共有的历史局限，破除了国际民族主义的影响，建立了统一的、平等的新中国。

中华人民共和国成立后，党和国家面临的根本任务是确立社会主义制度、建设社会主义现代化国家。相应地，在民族工作领域，如何建立保障民族平等团结、促进各民族共同发展的政策体系和工作体系是主要工作。这一时期国家在民族地区开展以推行民族区域自治为重点的民主建政，同时逐步衍生出宣传贯彻党的民族平等团结政策、培养选拔少数民族干部、开展少数民族社会历史大调查等工作内容。这一段时期，中国共产党建立起了解决民族问题的基本政策体系和工作体系。

能否争取与团结各方面代表人物特别是上层人士的支持是建立民族区域自治政权的关键。我们党主要采取慎重稳进的方针，在各地成立工作团，通过开好各族各界人民代表会议作为推行民族区域自治的关键。一是深入宣传党的民族平等、民族团结政策；二是召开头人代表联系会和人民团结会，争取和团结民族宗教上层人士；三是组织内地参观团和民族访问团；四是大力培养少数民族干部；五是开展贸易、卫生、教育、救济等各项民生活动，调解各类纠纷；六是检查各地民族政策执行情况，确保党的民族政策有效贯彻落实。1954年《中华人民共和国宪法》颁布，宣告新中国民主建政初步完成。为了科学确认各少数民族的族属和称谓，党和国家大规模开展民族识别。主要任务是通过识别，认定某一民族是汉族还是少数民族；识别该族体是单一的少数民族还是某一少数民族的一部分；确定这一族体的民族成分与族称。民族识别工作梳理了错综复杂的民族源流和现状，科学地鉴别了我国现实的民族成分，基本上认定了党和国家实行民族政策、开展民族工作的确凿对象。

党的十一届三中全会以来，民族工作进入了新的历史时期，从理论到实践都有全新的发展。这一时期，我国民族工作实现拨乱反正，进而逐渐确立了促进各民族共同团结奋斗、共同繁荣发展的民族工作主题，在理论、政策、工作层面取得显著成就。尤其是1992年、1999年和2005年召开的三次中央民族工作会议，深刻总结了历史上各个阶段的民族理论政策和民族工作经验，丰富发展了中国特色社会主义民族理论，不断赋予"中国特色解决民族问题的正确道路"新的时代内涵，将我国民族工作推向新时代新发展阶段。

拨乱反正，全面恢复和落实党的民族纲领政策。在1978年召开的第五届全国人民代表大会第一次会议上，通过了恢复国家民族事务委员会的决定。此后，各地各级民族工作部门和民族文化事业单位都陆续得到恢复，至1984年初，党的民族政策得到全面恢复。在民族理论问题上正本清源。20世纪60年代，我国民族理论层面曾出现了"民族问题的实质是阶级问题"的错误思想，导致了一段时期内用处理阶级矛盾的方式处理民族问题，对民族关系造成了很大伤害。1980年4月，中共中央在《关于转发〈西藏工作座谈会纪要〉的通知》中明确否定了"民族问题实质是阶级问题"的说法，实现了民族理论核心问题上的正本清源。巩固发展社会主义民族关系。中央明确了各民族之间的关系基本上是劳动人民之间的关系。1979年6月，邓小平在全国政协五届二次会议上指出我国各民族已结成了社会主义的团结友爱、互助合作的新型民族关系。这一科学论断，标志着党在民族关系理论认识上达到了新境界。巩固加强各民族大团结，加快少数民族和民族地区经济社会发展。改革开放以来，商品经济发展、市场竞争加强，各民族在交往联系扩大的同时亦然出现一些新的矛盾和摩擦。为了维护各民族大团结，1988年国务院第一次全国民族团结进步表彰大会召开，国家形成了定期举办民族团结进步表彰活动的制度。促进民族发展，实现共同繁荣是这一时期民族工作的主基调。1992年，社会主义市场经济体制确立，中央明确把发展作为解决民族问题的关键。推进民族工作法制化进程。1982年12月4日颁布的《宪法》为新时期民族区域自治制度的法制化建设奠定了坚实基础。1984年5月31日，依据《宪法》基本原则，在 30 多年来民族区域自治实践经验的基础上制定并颁布了《中华人民共和国民族区域自治法》，使我国民族法制建设进入新阶段。1997 年修订的《中华人民共和国刑法》把"煽动民族仇恨、民族歧视""在出版物中刊载歧视、侮辱少数民族内容"定为犯罪，并规定了量刑标准。2005 年，中央民族工作会议提出要逐步建立比较完备的具有中国特色的民族法律法规体系。民族工作法制化进程不断推进。积极应对国内外敌对势力利用民族宗教问题进行的分裂活动。进入 20 世纪 90 年代以来，受第三次民族主义浪潮和西方敌对势力的影响，我国民族分裂活动呈现增多趋势。我们党在处理这些问题时，一方面清晰判断其性质，认为分裂和反分裂的斗争是政治斗争，不能把分裂问题同民族问题、宗教问题混同起来。另一方面，坚定不移地严厉打击民族分裂，团结带领各民族人民进行反分裂斗争。2005 年，胡锦涛在中央民族工作会议上的讲话，两次强调"依法打击民族分裂主义势力及其活动"，彰显了我们党反对民族分裂的决心。

习近平总书记在 2014 年中央民族工作会议上对中国特色解决民族问题正确道路的科学内涵进行了"八个坚持"的概括："就是坚持在中国共产党领导下，坚持中国特色社会主义道路，坚持维护祖国统一，坚持各民族一律平等，坚持和完善民族区域自治制度，坚持各民族共同团结奋斗、共同繁荣发展，坚持打牢中华民族共同体的思想基础，坚持依法治国，加强各民族交往交流交融，促进各民族和睦相处、和衷共济、和谐发展，巩固和发展平等团结互助和谐的社会主义民族关系，共同实现中华民族伟大复兴。"①

2019 年 9 月在全国民族团结进步表彰大会上，习近平总书记进一步将新中国 70 年以来成功解决民族问题的经验概括为"九个坚持"。包括了："坚持准确把握我国统一的多民族国家的基本国情，

---

① 《在中央民族工作会议上的讲话》（2014 年 9 月 28 日），载中共中央文献研究室编《习近平关于社会主义政治建设论述摘编》，中央文献出版社 2017 年版，第 150 页。

把维护国家统一和民族团结作为各民族最高利益；坚持马克思主义民族理论中国化，坚定走中国特色解决民族问题的正确道路；坚持和完善民族区域自治制度，做到统一和自治相结合、民族因素和区域因素相结合；坚持促进各民族交往交流交融，不断铸牢中华民族共同体意识；坚持加快少数民族和民族地区发展，不断满足各族群众对美好生活的向往；坚持文化认同是最深层的认同，构筑中华民族共有精神家园；坚持各民族在法律面前一律平等，用法律保障民族团结；坚持在继承中发展、在发展中创新，使党的民族政策既一脉相承又与时俱进；坚持加强党对民族工作的领导，不断健全推动民族团结进步事业发展的体制机制。"① 这条道路没有照搬他国模式，是在社会主义制度的基础上，保障各民族合法权益的平等之路、促进各民族交往交流交融的团结之路、帮助各民族共同发展的繁荣之路，推动中华民族走向认同度更高、凝聚力更强的命运共同体之路。②

在中国共产党成功解决民族问题的正确道路上，持续推进民族事务治理体系和治理能力建设一直是中国共产党高度重视的问题。建立统一的多民族国家和实现中华民族伟大复兴是中国共产党孜孜以求的奋斗目标。早在新中国建立之前，中国共产党就一直在探索解决民族问题的方法，带领各民族共同抵御内外压迫，建立起各民族平等的、统一的多民族社会主义国家。1947 年，内蒙古自治区成立，标志着中国共产党在马克思主义的指导下找到了实现国家统一前提下各民族平等团结的办法。中华人民共和国成立后，1954 年的第一部宪法规定"各少数民族聚居的地方实行区域自治。各民族自治地方都是中华人民共和国不可分离的部分"。按照宪法精神和民族

---

① 习近平：《在全国民族团结进步表彰大会上的讲话》，人民出版社 2019 年版，第 3 页。

② 辛向党：《以史为鉴 开创未来 推进新时代党的民族工作高质量发展》，《中国民族报》2022 年 1 月 11 日第 1—2 版。

区域自治基本原则，新疆等5个自治区以及其他自治州、自治县先后建立，我国56个民族共有的国家领土版图得以确立。以国家统一为前提的民族区域自治制度的实施，第一次实现了中央政权对少数民族聚居地方的统一领导和行政管理。在此基础上，各少数民族的平等地位和权利得到实实在在的充分保障，少数民族的新中国国家观念和热爱新中国的爱国主义思想不断强化。

中华人民共和国成立后，建设社会主义祖国和缩小各民族间事实上的不平等，成为党和国家建立和完善统一多民族国家治理体系的内在动力。新中国建立和完善统一多民族国家治理体系的主要工作包括三个方面：第一，党中央加强了基层党组织建设，实现了将历史上的中央王朝委托治理边疆的模式转变为由中央政权统一直接治理。我国的共产党员数量从1951年的约580万人发展到2017年底的8956.4万人，拥有少数民族党员651.4万名，占全国党员总数的7.3%。各级党支部通过进边疆、进基层、进连队、进企业、进社区、进学校、进寺庙等，建立起了覆盖民族地区生产生活公共空间的党建网络体系。第二，国家建立和创新开展民族工作的机制与方法。中华人民共和国成立以来，我国建立了包括全国人大和地方人大中的民族委员会、人民政府中的民族工作机构、政协系统中的民族和宗教委员会等在内的多层次多类别民族事务监管机构。在立法、行政和政协等多个治理部门和主体的共同参与下，我国的民族事务治理体系的规范化和法治化水平不断提升。据统计，截至2016年底，我国现行有效法律257件，其中80余件有涉民族事务的规定，现行有效自治条例139件，单行条例797件。第三，加强军队建设巩固边疆安全。在中华人民共和国成立初期，我国重视发挥人民军队维护边境安全的作用。改革开放以来，我国边境地区的边防基础设施不断完善。针对"三股势力"猖獗活动，公安、司法机关保持了高压势头。从2006年开始，公安边防部队又在全国沿边沿海地区实施"爱民固边"战略，努力实现边境、口岸安全稳定等目标，构筑沿边沿海地区维护安全稳定的战略屏障，为经济社会发展创造平安和谐的边防环境。

回顾中国共产党百年民族工作，从早期接受共产国际的民族理论，到从中国国情实际出发逐步探索民族区域自治制度，中国共产党的民族理论政策日益丰富，越来越符合中国历史传统和现实国情。中国共产党建立全国政权之后，围绕建立统一的多民族国家、开展社会主义革命、消除民族剥削压迫、完成民族识别工作、实行民族平等团结等系列政策、加快少数民族和民族地区发展、推进民族团结进步创建、加强城市民族工作、推进民族事务治理体系和治理能力现代化、铸牢中华民族共同体意识等内容，开展了许多卓有成效的工作，创造了无数宝贵经验，形成了中国特色解决民族问题的正确道路，形成了以"八个坚持""九个坚持"为核心内容的民族工作基本经验。上述行之有效的基本经验，必须继续坚持下去，并在实践中进一步创新和发展，以适应时代的发展和形势的需要。

三 新时代民族事务治理体系治理能力现代化的科学指引

在百年发展历程中，中国共产党团结带领各族人民进行革命、建设与改革开放，实现了中华民族从站起来到富起来再到强起来的三次伟大飞跃，为中华民族的民族解放、民族发展和民族复兴做出三大历史性贡献。目前我们已经进入第三次飞跃时期，但仍处于走向强大尚未真正强起来的阶段。[①]

目前我国尚未完成统一大业，影响我国安全和发展利益的因素众多。面对中国蓬勃发展的势头，以美国为首的西方国家对我和平崛起的遏制、打压日益加剧，我们维护国家主权、安全、发展利益的外部环境变得十分严峻。国内发展不平衡不充分问题日益凸显，

---

① 王延中：《扎实推进中华民族共同体建设》，《民族研究》2022年第1期。

疫情肆虐、灾害频发、能源资源短缺与各种社会问题，都对我国的持续发展和社会稳定形成冲击和制约。民族宗教和思想文化领域的形势好转但仍存在诸多问题，其中有认识问题、理论问题，也有法律政策调整滞后、改革发展举措效果不显著的问题。对此，我们不应对取得的成绩过于乐观。民族领域重大风险隐患和意识形态安全问题不容忽视，维护国家统一和民族团结的思想基础还不十分坚固，有效抵御各种极端、分裂思想渗透颠覆的体制机制还不十分完善。我们前进路上还面临着很多艰难险阻与困难挑战。

处理好改革、发展、稳定、开放等一系列重大关系，解决好各地区、各区域、各种社会群体之间存在的发展不均衡、不充分的问题，对于我国长期稳定发展发挥着决定性作用。在改革开放以来很长一段时间内，我们强调经济发展，过于看重经济利益、物质因素在发展中的决定作用，对于非经济因素和精神因素的作用重视不够、举措不到位，没有充分实现经济发展期待的那种文明程度和文明素质同步提高的预期结果。特别是在民族工作领域，物质与精神的关系没有处理好，物质层面的政策优惠、支持、帮扶、援助是关注重点，精神层面的建设明显薄弱。党的十八大以来这种局面虽然发生了明显的改变，但要从根本上扭转"重物质、轻精神"的倾向却不是一个简单、容易的工作，取得扎扎实实的成效还需较长的时间。

不论是应对外部压力还是解决内部存在的诸多问题，我们都无法等待上述转变可以自然而然地发生，还必须通过我们的努力和卓有成效的工作才可以实现。被动地等、靠、要是不会有好结果的。这些年在调研过程中，经常接触相关领域，特别是民族地区的干部群众，对一些地方和部门如何处理涉及民族领域的问题有一些感触。比如，大家对民族工作领域存在的一些问题一般都能感受得到，但又往往因为"民族问题太敏感碰不得"而退避三舍。遇到问题难题靠层层请示，责任上移，等待观望现象较为突出，主动作为解决实际问题用心用力不够。一些同志，甚至领导干部对党的十八大以来民族理论的发展转变不适应，认为"自己搞了一辈子民族工作，今天似乎不会干了"。还有一些因为民族政策的调整完善或者一些改革举措触动了原来的切身利益,存在一定的消极心态,甚至抵触情绪。不论是理论界还是实际工作部门对中央民族工作会议的精神,在学习解读和贯彻落实方面不够完整、准确、全面,甚至出现一定程度的偏差。一些地区涉及民族因素和宗教领域的问题不时出现,有些问题处置不当,甚至酿成群体性事件。这一切都说明,处理好民族领域的问题,是解决好国内问题的重要内容。在这方面确实不能认识模糊、得过且过,对迫在眉睫的问题看不到、无动于衷。

2008年在拉萨发生"3·14事件"和2009年在乌鲁木齐发生"7·5事件"之后,这个涉及民族理论和民族工作导向的问题更加凸显。此后民族理论界广泛介入了关于"第二代民族政策"的大讨论,提出了很多更加尖锐激烈的理论问题、认识问题乃至政策问题,希望中央在这些问题上做出说明或解答,进行表态和定调。在2014年中央民族工作会议上,习近平总书记明确提出了继续坚持中国特色解决民族问题正确道路("八个坚持"),同时提出了"建设各民族共有精神家园"、加强"四个认同"(2015年增加为"五个认同")、树立正确的"五观"的指导思想和工作导向。但是,虽然中央已经表态,理论界的学习领会还有一个过程。在此后的几年时间里,一些中央已经明确的理论观点在理论界还没有形成真正的共识,直到党的十九大报告中明确提出"铸牢中华民族共同体意识",新时代民族理论和实践工作的正确导向才真正确立下来。

党的十八大以来,党中央,特别是习近平总书记不仅高度重视民族工作,而且根据时代需要和现实问题,在民族工作方面提出了一系列的新思想、新论断、新认识,有些论断在党的民族工作历史上具有原创性,是重大的理论创新。比如,提出要把铸牢中华民族共同体意识摆在"五位一体"总体布局和"四个全面"战略布局中统筹谋划,提出"四个与共"的共同体理念,提出推进中华民族共同体建设的重大命题,提出各民族交往交流交融是推动中华民族共同体建设的重要途径,提出加强和改进新时代民族工作必须坚决维护国家主权、安全和发展利益，提出坚持正确的中华民族史观，提出民族工作创新发展要重点把握好四大关系，提出赋予所有改革发展以彰显中华民族共同体意识的意义，提出新时代加强民族事务治理体系和治理能力现代化、推进党的民族工作高质量发展的新格局，等等。这些新思想、新论断在 2021 年的中央民族工作会议上被集中概括为"十二个必须"。

总书记在 2021 年召开的中央民族工作会议上，将党关于加强和改进民族工作的重要思想概括为："一是必须从中华民族伟大复兴战略高度把握新时代党的民族工作的历史方位，以实现中华民族伟大复兴为出发点和落脚点，统筹谋划和推进新时代党的民族工作。二是必须把推动各民族为全面建设社会主义现代化国家共同奋斗作为新时代党的民族工作的重要任务，促进各民族紧跟时代步伐，共同团结奋斗、共同繁荣发展。三是必须以铸牢中华民族共同体意识为新时代党的民族工作的主线，推动各民族坚定对伟大祖国、中华民族、中华文化、中国共产党、中国特色社会主义的高度认同，不断推进中华民族共同体建设。四是必须坚持正确的中华民族历史观，增强对中华民族的认同感和自豪感。五是必须坚持各民族一律平等，保证各民族共同当家做主、参与国家事务管理，保障各族群众合法权益。六是必须高举中华民族大团结旗帜，促进各民族在中华民族大家庭中像石榴籽一样紧紧抱在一起。七是必须坚持和完善民族区域自治制度，确保党中央政令畅通，确保国家法律法规实施，支持各民族发展经济、改善民生，实现共同发展、共同富裕。八是必须构筑中华民族共有精神家园，使各民族人心归聚、精神相依，形成人心凝聚、团结奋进的强大精神纽带。九是必须促进各民族广泛交往交流交融，促进各民族在理想、信念、情感、文化上的团结统一，守望相助、手足情深。十是必须坚持依法治理民族事务，推进民族事务治理体系和治理能力现代化。十一是必须坚决维护国家主权、安全、发展利益，教育引导各民族继承和发扬爱国主义传统，自觉维护祖国统一、国家安全、社会稳定。十二是必须坚持党对民族工作的领导，提升解决民族问题、做好民族工作的能力和水平。我们党关于加强和改进民族工作的重要思想，是党的民族工作理论和实践的智慧结晶，是新时代党的民族工作的根本遵循，全党必须完整、准确、全面把握和贯彻。"①党关于加强和改进民族工作的重要思想的提出，既一脉相承又与时俱进贯彻党的民族理论和民族政策，说明习近平新时代民族工作思想基本成熟，我们党关于加强和改进新时代民族工作已经形成了比较系统完整的理论体系。

"十二个必须"，是一个逻辑严密、系统完备的有机整体，既总结了我国历史上治理民族事务的宝贵经验，又借鉴了世界范围内处理民族问题的经验教训；既保持了党的民族理论政策的稳定连贯，又根据民族工作形势任务的发展变化与时俱进；既是观察民族问题的认识论，又是做好民族工作的方法论。其中，蕴含了习近平总书记最新的重大原创性论断。比如，提出新时代党的民族工作的历史方位；强调必须以铸牢中华民族共同体意识为新时代党的民族工作的主线，不断推进中华民族共同体建设；强调必须坚持和完善民族区域自治制度，确保党中央政令畅通，确保国家法律法规实施；在民族工作中提出必须坚决维护国家主权、安全、发展利益。特别是提出必须坚持正确的中华民族历史观，科学回答了中华民族从哪里来、向哪里去的时代之问，具有深远的历史意义和重大的现实意义，标志着我们党开辟了马克思主义唯物史观的新境界。②

"十二个必须"构成了完整的理论体系。从逻辑结构上看，第一条到第四条是总体要求，从民族工作历史方位、重要任务、主线、中华民族历史观方面提出总的要求。第五条到第十一条围绕一律平等（基石）、民族大团结（原则）、民族区域自治制度（制度）、构

---

① 新华社：《习近平出席中央民族工作会议并发表重要讲话》，2021年8月28日，中国政府网，http://www.gov.cn/xinwen/2021-08/28/content_5633940.htm。

② 中共国家民委党组：《以铸牢中华民族共同体意识为主线 推进新时代党的民族工作高质量发展的纲领性文献——深入学习贯彻习近平总书记在中央民族工作会议上的重要讲话》，《人民日报》2021年11月8日第12版。

建共有精神家园（纽带）、交往交流交融（途径）、依法治理民族事务（方法）、维护国家统一（最高利益）方面具体展开。第十二条论述党对民族工作的领导（政治保障）。从具体内容上看，"十二个必须"体现宏观与微观有机结合。第一条到第三条是宏观层面，围绕"新时代民族工作的定位与目标、任务与主题、主线与主责"，从整体认知上回答新时代民族工作"重要定位与重大意义"问题。第四条到第十二条是微观层面，围绕"民族历史观教育、践行民族平等、维护民族团结、坚持和完善民族区域自治制度、构筑中华民族共有精神家园、促进各民族交往交流交融、依法治理民族事务、维护国家统一、加强党对民族工作的领导"等，从微观举措上回答新时代民族工作"怎么做"的问题。①

对铸牢中华民族共同体意识思想认识不断深化。2014年5月，习近平总书记在第二次中央新疆工作座谈会上明确指示"高举各民族大团结旗帜，牢固树立中华民族共同体意识"思想。2014年9月，在中央民族工作会议上，将"坚持打牢中华民族共同体的思想基础"纳入中国特色解决民族问题正确道路的"八个坚持"中。同年12月，《关于加强和改进新形势下民族工作的意见》进一步明确了这个基本要求。此后有关"筑牢中华民族共同体意识"的表述将"中华民族共同体"提到一个"前所未有的新高度"，成为新时代民族工作的主体和关键。2015年5月，中央统战工作会议将民族工作从"四个认同"调整为"五个认同"。同年国庆前夕，习近平总书记在接见基层民族团结优秀代表时从"培育中华民族共同体意识"进一步提炼出了各民族是互相离不开的"中华民族命运共同体"。2017年12月，在党的十九大报告中，习近平总书记提出了"铸牢中华民族共同体意识"这一重大时代命题。

从"积极培育"到"筑牢"和"牢固树立"，再到强调"铸

---

① 孙磊：《习近平总书记关于加强和改进民族工作重要思想的三重逻辑》，《统一战线学研究》2022年第1期。

牢"中华民族共同体意识,不是简单的词汇使用的变化,而是充分地体现了党中央在新时代、新时期、新形势下对民族工作新内涵和重大历史使命认识不断深化的演变过程,更是新时代党和国家各项事业指导思想在民族工作这一具体领域的体现。中华民族共同体意识、中华民族一家亲、各民族共有精神家园、中华民族命运共同体都是习近平总书记关于民族工作不断发展的思想精华,也是中国共产党新时代民族工作的理论主线和指导方针。①

铸牢中华民族共同体意识是这个理论体系的"纲领"和"主线",不断推进中华民族共同体建设就是"目标"和"任务"。做好民族工作的重要标志,是推动各民族坚定对伟大祖国、中华民族、中华文化、中国共产党、中国特色社会主义的高度认同(简称"五个认同"),带领全国各族人民为全面建设社会主义现代化国家共同奋斗,实现中华民族的伟大复兴,这也是新时代民族工作的出发点和落脚点。把树立"四个与共"的共同体理念作为铸牢中华民族共同体意识、推进中华民族共同体建设的重要内容,具有多方面的重要意义。

一是清晰阐明了中华民族共同体的基本内涵。"四个与共"的共同体理念是总书记首次完整阐述中华民族共同体意识的具体内容,而且也为中华民族或者说中华民族共同体"是什么"作了明确界定。针对学术理论界对中华民族的内涵与外延、性质与属性的不同认识,特别是针对相关问题的争执不休给实践部门带来的困扰,总书记强调中华民族与中华民族共同体的一体性,做出了56个民族组成的中华民族就是中华民族共同体,中华民族共同体就是中华民族。把这两个概念统一起来认识,两个概念之间的关系也就说清楚了。

二是为正确把握铸牢中华民族共同体意识与推进中华民族共同体建设的关系指明了方向。党的十八大以来,总书记反复强调民族

---

① 王延中:《铸牢中华民族共同体意识 建设中华民族共同体》,《民族研究》2018年第1期。

工作既要重视物质层面的工作，更要重视精神层面的工作。铸牢中华民族共同体意识是对精神层面工作的集中概括和理论提升。从铸牢中华民族共同体意识与推进中华民族共同体建设的关系而言，这次会议不仅进一步强调铸牢中华民族共同体意识的主线定位，而且首次提出并明确了推进中华民族共同体建设的目标和任务。铸牢中华民族共同体意识，目的是推进中华民族共同体建设。中华民族共同体建设，反过来就会进一步增强中华民族共同体意识。从提出铸牢中华民族共同体意识到强调推进中华民族共同体建设，是我们党在民族理论认识上的又一次飞跃。

三是为铸牢中华民族共同体意识与推进中华民族共同体建设指明了实践路径。中华民族作为 56 个民族组成的大家庭，是利益攸关、荣辱与共、生死相依的命运共同体。总书记提出中华民族共同体意识就是引导各族人民树立"四个与共"的共同体理念，为团结各族人民凝聚起维护各民族根本利益、巩固和发展平等团结互助和谐社会主义民族关系、开创民族工作新局面、实现中华民族伟大复兴的磅礴力量提供了理论指引，也为新时代党的民族工作及所有改革发展举措赋予彰显中华民族共同体意识的意义指明了方向，即要在实践工作中推动各民族更加坚定"五个认同"。

把铸牢中华民族共同体意识作为新时代民族工作的主线，在一定程度上意味着党的十八大以来"中华民族"（或"中华民族共同体"）建设进入了更加自觉（一些专家认为"自为"）的新阶段。这不仅是中华民族发展史的自然延续，更是回顾总结中国共产党诞生百年来民族工作实践经验得出的客观结论，对开启中国特色社会主义现代化建设第二个百年征程和中华民族伟大复兴的历史使命，具有承上启下、继往开来的重要意义。这一转变不是自然产生的，而是以习近平同志为核心的党中央根据国内外形势的发展变化，从实现中华民族伟大复兴战略高度，统筹谋划和推进新时代党的民族工作高质量发展的自觉抉择，具有深刻的历史逻辑、现实逻辑、理论逻辑和工作逻辑。

四 正确认识和处理新时代民族事务治理的主要关系

习近平总书记在2021年中央民族工作会议上的讲话中,强调"党的民族工作创新发展,就是要坚持正确的,调整过时的,更好保障各民族群众合法权益"。新时代推动民族工作高质量发展,不断提升新时代民族事务治理体系治理能力现代化水平,需要重点要把握好几个方面的关系:"要正确把握共同性和差异性的关系,增进共同性、尊重和包容差异性是民族工作的重要原则。要正确把握中华民族共同体意识和各民族意识的关系,引导各民族始终把中华民族利益放在首位,本民族意识要服从和服务于中华民族共同体意识,同时要在实现好中华民族共同体整体利益进程中实现好各民族具体利益,大汉族主义和地方民族主义都不利于中华民族共同体建设。要正确把握中华文化和各民族文化的关系,各民族优秀传统文化都是中华文化的组成部分,中华文化是主干,各民族文化是枝叶,根深干壮才能枝繁叶茂。要正确把握物质和精神的关系,要赋予所有改革发展以彰显中华民族共同体意识的意义,以维护统一、反对分裂的意义,以改善民生、凝聚人心的意义,让中华民族共同体牢不可破。"[1] 新时代民族事务治理体系治理能力现代化建设必须正确把握共同性和差异性、中华民族共同体意识和各民族意识、中华文化和各民族文化、物质和精神这四对重大关系。

(一) 正确把握物质和精神的关系

精神建设与物质建设均不可偏废。改革开放以来,我国工作重心转移到以经济建设为中心上来,与之相适应的是,加快少数民族

---

[1] 新华社:《习近平出席中央民族工作会议并发表重要讲话》,2021年8月28日,中国政府网,http://www.gov.cn/xinwen/2021-08-28/content_5633940.htm。

和民族地区经济社会发展也成为新时期民族工作的重心，改善生产生活的物质条件则是重中之重。受各方面因素制约，民族地区发展滞后一直是我国现代化建设所面临的突出问题和短板，国家不断丰富和完善针对少数民族和民族地区的各项扶持优惠政策，先后实施了对口支援、"西部大开发"战略、兴边富民行动、扶持人口较少民族发展规划等一系列国家战略和专项规划，针对西藏、青海、新疆、"三区三州"等发展难度更大的地区给予了更大的支持。但是，我国在社会主义现代化建设过程中，物质生产生活水平的提升和物质文明的进步，也伴随着社会结构转型和文化变迁。人们的价值观、思想观念、道德伦理等也在经济社会的转型与发展中出现了诸多变化。只有物质文明和精神文明协调发展才能实现社会稳定和可持续发展，这是现代民族国家探索现代化进程中已被充分证明的一个基本规律。综观中国共产党的百年奋斗历史，可以清晰地发现，坚持物质文明和精神文明协调推进，是党带领中华民族实现从站起来、富起来到强起来这一伟大飞跃的基本经验。中国特色社会主义现代化的实践表明，努力保持物质文明与精神文明同步协调发展，是中国式现代化建设的突出特点之一，也是中国共产党始终保持先进性和纯洁性，不断提升执政能力和领导水平的基本规律。

正确把握物质和精神的辩证统一关系。正确把握推进中华民族共同体建设过程中物质和精神的辩证统一关系，就必须积极稳妥地引导人们在有关民族关系的认识问题、情感问题、利益问题等方面形成正确观念，防范杜绝简单化、"一刀切"、形式主义和官僚主义。如果只强调中华民族共同体建设中的物质条件改善，而忽视增进民族团结与"五个认同"，则很容易出现"党和国家'管肚子'、分裂势力'管脑子'"的问题，这种情形将直接危害国家安全、民族团结和社会稳定。新疆、西藏及涉藏州县等地出现的"三股势力"破坏活动和分裂破坏行径就是例证。同样，推进中华民族共同体建设不能只重视精神引领而忽视各族人民生活获得感、幸福感、安全感的稳步提升。民族地区发展不平衡不充分的问题依然十分突出，巩固拓展脱贫攻坚成果同乡村振兴有效衔接的任务艰巨，推进共同富裕难度较大，地区发展能力和当地居民生活水平依然亟待提高。

（二）正确把握共同性和差异性的关系

准确把握共同性和差异性的内涵。无论是将民族看成不同的群体，还是将民族间共同性增加看成人类进步的一种规律性事实，我们都应当肯定民族本身就是共同性和差异性共存共生、辩证统一的结果。把握"同"和"异"的关系，是认识民族现象、处理民族问题的重要内容。自古以来，各民族以中原大地为中心，以儒家文化为核心，进行广泛充分的交往交流交融，既形成了中华民族共同体，也不断推进着各民族自身演化与发展。一些古代民族在历史上融入了其他民族，一些民族吸收了其他民族后不断壮大而保留至今。在各民族的共同努力下，中华民族共同体由自在走向自觉，由自觉走向自为。中国民族现象中的"共同性"不是指"同一化"或"同质化"，更不是西方人类学意义上的"同化"，而是指自古以来各民族为了守护家园、共生共存而在历史文化、语言、地域、经济生活等方面形成的密切联系和共同内容。这些共同性既包括各民族在互补互惠过程中的共同实践，也包括各民族在交往交流交融中形成的共同公民身份、共同发展目标、共同价值观和共识。这些共同性既有物质层面的，也有精神层面的。中华民族共同体现象中的"差异性"则是各民族在历史演进发展中所形成的在民族意识、民族语言、服饰图样、饮食习惯、民居风格等方面的差异。各民族之间存在上述方面的差异，是历史发展的结果，既不是"铁板一块"的不可改变，也不是"非此即彼"的绝对不同。各民族在语言、服饰图样、饮食习惯、民居风格等方面都可以找到相互学习与借鉴之处。

正确把握共同性和差异性的辩证关系。共同性和差异性辩证统一是认识事物的基本逻辑。在复杂的民族现象中正确把握共同性和差异性的辩证统一，对科学认识民族与民族之间、民族与国家之间的关系具有重要意义。综观中华民族共同体的发展进程，中华民族共同体的共同性中虽有一些是先赋因素（如共同的生存空间），但更多的是各民族在交往交流交融实践中主观能动创造出来的，是各民族共同参与、共同努力以适应社会发展规律的结果。共同性不是强制同化的结果，更不是物理属性方面的同质化。中华民族共同体的差异性作为一种共同性形成的发展动力，与中国自古就有多民族这一基本特征密切相关。差异性的存在，使相互借鉴并且保持发展活力成为可能。差异性存在的客观性、必然性并不意味着差异性与生俱来就是"铁板一块"而不可改造。为了实现各民族生存和发展，差异性特征是可以调整与改变的。共同性规约了各民族差异性的意义及价值，是引导各民族差异性发挥互补互惠效应的"主轴"；差异性则为共同性的形成和发展提供动力，不断夯实共同性的基础。

坚持增进共同性、尊重和包容差异性的基本原则。在2021年中央民族工作会议上，习近平总书记明确了"增进共同性、尊重和包容差异性是民族工作的重要原则"。统筹"两个大局"，在中国特色社会主义新时代增进共同性、尊重和包容差异性具有现实必然性。立足当前我国民族工作的新形势和新任务，我们要巩固尊重和包容各民族间差异性的基础，保障各民族差异性为增进中华民族共同体共同性提供动力这一功能的发挥；要以增进共同性为方向，引领各民族群众自觉参与促进差异性更好地服务于增强共同性的实践中来，积极发挥各民族差异性的比较优势、动力优势和多样性优势。

在增进共同性方面，一是打牢正确把握各民族的共同性和差异性的关系的思想基础。围绕铸牢中华民族共同体意识主线，突出中华民族伟大复兴这一共同目标与使命的引领凝聚作用，激发各民族共同建设中华民族共有精神家园，增强"五个认同"并牢固树立国家意识、公民意识、法治意识。二是形成全社会增进共同性的社会实践。要全面推广普及国家通用语言文字教育，使各族群众的交往没有语言障碍。推进各民族的全方位嵌入，统筹城乡发展规划与资源配置，积极为各族人民在生产生活中结成交往交流交融的关系营造环境、平台与条件。持续开展民族团结进步创建，让全国各地各部门各行业的人们都自觉意识到促进民族团结是法定义务，引导各民族成员将参与民族团结创建内化为自觉实践。完善中华民族共同体意识的宣传教育体系，以干部教育、党员教育、国民教育等教育方式实现教育对象全覆盖。三是凝聚全国各族人民投身建设社会主义现代化强国的伟大实践。动员全党全国各族人民为实现全面建成社会主义现代化强国的第二个百年奋斗目标团结奋斗。全面建成社会主义现代化强国是各民族共同承担的重要任务。在新发展阶段，各民族之间、各民族地区之间要围绕充分融入并服务于新发展格局的总体要求，增进合作与共享，实现经济社会发展进程中的互补互惠。

在尊重和包容差异性方面，一是要树立正确的差异观。在中华民族共同体的发展历程中，各民族间的差异并不是绝对的；相反，各民族在文化、风俗习惯等方面的差异，背后都反映出各民族交往交流交融的逻辑和历史，且这些差异往往在不同自然环境、不同阶段、不同区域表现出变化性和融合性。尊重和包容差异性，是尊重和包容差异性的客观存在及其发展规律；尊重和包容差异并不等于固化差异，而是在尊重和包容差异的前提下积极引导差异性和共同性之间的辩证互动朝着增进共同性的方向发展。那些落后的、影响民族进步的、违背人类社会客观发展规律的因素，则不能固化和强化，"为了差异而差异"的僵化性、对立性思维要坚决杜绝。二是要坚持民族因素和区域因素的有机结合。我国已经实现了消除绝对贫困并全面建成了小康社会，但是在发展能力和发展质量方面，各民族之间、民族地区之间的发展不平衡不充分问题依然存在。要完善差别化区域支持政策，提升发展扶持政策的精准度。在"全国一盘棋"的思路下，促进民族之间、地区之间公平发展，共享社会主义现代化建设成果。三是做好对各民族在饮食服饰、风俗习惯、文化艺术、建筑风格等方面的保护和传承，加强对各民族优秀传统文化的保护与开发，增进各民族文化的交流互鉴。

（三）正确把握中华文化和各民族文化的关系

准确把握中华文化和各民族文化的内涵。中华文化是各民族文化的集大成，由各民族共享。从内涵上讲，中华文化范围更大、层次更高、更具引领功能。中华文化往往又与国家政权联系紧密，因此中华文化也涵盖国家的政治文化、意识形态、价值理念、法律规范等内容。就这个层面来讲，中华文化超越了各民族文化的范畴，是居于各民族文化之上、代表整个中华民族共同体精神的国家文化，引领和规范着各民族文化的发展方向。从中华文化和各民族文化的关系来看，中华文化和各民族文化之间既属于层级关系，也是整体与部分的关系。中华文化往往与中国整个地域、国家政权倡导的主流价值观和主流文化融合在一起，而各民族文化属于地方区域文化，各民族文化从属于并共同构成了具有整体性且居上层地位的中华文化。中华文化和各民族文化的形成机理和作用范围是不同的。各民族文化作为中华文化的重要组成部分，其根源在于各民族是中华民族共同体的组成部分。中国历史上的各民族结合主要聚居区的自然环境，形成了一套与各民族自身具体生产生活实践相适应的民族文化，各民族的文化在处理人与自然、人与人、人与社会之间关系等方面形成了一套相对完整的文化内容。中华文化作为各民族文化尤其是优秀传统文化的集大成，在各民族文化的发展繁荣中起着主导作用，推动着各民族文化持续深入的交流互鉴。同时，受益于民族文化的持续交流互鉴，中华文化的内涵不断丰富，主流价值观等主导性文化内容始终适应时代需要，并更好地反映时代诉求，引领时代发展潮流。作为整体的中华文化所具备的诸多共性特征，不仅为各民族提供了共同文化的基础和土壤，也为中华民族共有精神家园的建设指明了方向，体现着中华民族精神的时代风貌。

促进各民族优秀传统文化"两创"与增强中华文化认同。正确把握中华文化和各民族文化的关系，促进各民族优秀传统文化的创造性转化和创新性发展，归根结底是为了更好地增强各族人民对中华文化的认同。中华文化不是某一个民族的文化，而是各民族共建共有共享的文化，是整个中华大地上各种文化体系的主干。混淆中华文化和汉族文化的关系、剥离中华文化和本民族文化的关系等的观念与做法都是错误的。文化认同不应该只认同枝叶部分而不认同主干部分。要防范和纠正把本民族文化和中华文化割裂开来甚至对立起来的错误文化观，也要警惕和杜绝只强调本民族文化认同（或本区域文化认同）而排斥中华文化认同的狭隘文化认同观。中华人民共和国成立以来，在各民族优秀传统文化的基础上，中国共产党领导全国各族人民自觉建设和塑造了现代中华文化。我们要以铸牢中华民族共同体意识为纲，更好地促进传统文化"两创"，通过增强中华文化认同增进我们的中华文化自信，把中华民族共有精神家园建设好。

（四）正确把握中华民族共同体意识和各民族意识的关系

准确把握民族意识和中华民族共同体意识的内涵。中华人民共和国成立之后，中国境内的各族人民实现了当家做主。作为一个社会主义政党，中国共产党坚持马克思主义民族平等原则，并实行民族区域自治制度解决国内民族问题。为了实现上述目标，当时的迫切任务就是搞清楚中国境内到底有多少个民族，只有这样才能确定民族政策的瞄准对象。为此，中华人民共和国于成立之初就启动了民族识别和少数民族社会历史调查这两项代表性的工作，经过30余年的持续努力，共识别出56个民族，明确了中华民族多元一体格局中多元的基本对象。随着民族识别和社会历史调查的开展，有关各民族起源、历史、文化等知识内容持续丰富和清晰，全国56个民族的成员在认同国家法律承认的民族身份的同时，也逐步强化了对新生产的有关各民族知识的认知，各民族意识逐步增强。这一时期的各民族意识总体上可以分为两个方面，一方面是拥有不同民族身份的人们对本民族的归属与认同不断增强，且对本民族与其他民族之间的差异有了更为清晰的认识。例如，民族识别的推进激发了"我和你属于不同民族"的意识逐步强化。另一方面则是各民族意识的共同性内容也不断增加。随着国家政权的建立，各族人民都开始意识到自己作为国家主人这一身份的确立，并意识到各民族都成了祖国大家庭的一员，也是中华民族共同体的一员。各民族成员拥有的国家主人这个身份能否持续稳固地保持住并发挥作用，需要各族人民共同努力和奋斗。因此，随着国家政权的建立，新的国家制度和国家治理理念促使各族人民形成了"将本民族自内于中华民族、将本民族利益纳于中华民族利益之下、将幸福生活的获得置于共同团结奋斗之中"的中华民族共同体意识。综观中华民族共同体发展历史，实现国家统一和民族团结，一直是各民族意识和中华民族共同体意识的最高价值准则。

发挥中华民族共同体意识的全方位引领作用。正确把握中华民族共同体意识和各民族意识的关系，最终目标还是要促使各族人民自觉奉中华民族共同体根本利益于优先首要地位，以此凝聚共同投身中华民族共同体建设实践的力量。习近平总书记强调，铸牢中华民族共同体意识"就是要引导各族人民牢固树立休戚与共、荣辱与共、生死与共、命运与共的共同体理念"，并且用"四个必然要求"全面系统地阐释了铸牢中华民族共同体意识的引领作用。实现中华民族伟大复兴、建设中国特色社会主义现代化强国，需要与之相匹配的共同体观念和精神素养，这种思想观念和精神素养既要能够凝聚全国各族人民对中华民族和国家的最高利益、整体利益达成认识上的一致，就中华民族伟大复兴的目标与中华民族共同体的整体利益达成共识，还要能够激励各民族成员积极参与到推进中华民族共同体建设、实现中华民族伟大复兴的实践中来[18]。中华民族共同体意识作为一种精神层面的内容并不会自然产生，而是需要在实践中加以引导和培育，这就意味着开展对各族人民的教育宣传工作十分重要。发挥好中华民族共同体意识的全方位引领作用，关键还是要加强对各族干部群众的教育引导。按照马克思主义唯物辩证法的观点，要想发挥好认识对实践的反作用，就必须树立正确的意识；而要树立和培育正确的意识，则离不开全方位的教育引导。从正确把握中华民族共同体意识和各民族意识的关系出发，就是要持续开展常态化、全过程、全覆盖的以"五个认同"和国家意识、公民意识、法治意识为核心内容的教育宣传工作。

反对大汉族主义和地方民族主义除了积极加强正面宣传教育之外，对错误的思想认识予以批评和纠正也是正确把握中华民族共同体意识和各民族意识关系的重要工作原则。其中，关键是要时刻提防并反对大汉族主义和地方民族主义。大汉族主义和地方民族主义作为两种极端的民族主义，如果任其存在，将破坏各民族共同团结奋斗、共同繁荣发展的良好局面。在2014年中央民族工作会议上，习近平总书记强调，"加强民族团结，要坚决反对大汉族主义和狭隘民族主义"，"大汉族主义要不得，狭隘民族主义也要不得，它们都是民族团结的大敌"。这一观点在2021年中央民族工作会议上得到进一步强调，"大汉族主义和地方民族主义都不利于中华民族共同体建设"。这两种民族主义都在把握中华民族共同体意识和各民族意识关系、中华民族共同体整体利益和各民族利益关系方面走了歪路。应当看到，实现中华民族共同体的整体利益才是实现各民族利益的前提与保障。旗帜鲜明地反对"两种民族主义"也是正确把握中华民族共同体意识和各民族意识的关系的题中之意。反对"两种民族主义"关键需要强有力的制度保障，对实践中出现的"两种民族主义"苗头性问题给予及时治理。2014年中央民族工作会议上，中央第一次提出"用法律来保障民族团结"。2021年中央民族工作会议进一步提出，"要依法保障各族群众合法权益，依法妥善处理涉民族因素的案事件，依法打击各类违法犯罪行为，做到法律面前人人平等"。民族工作相关部门要对民族歧视、歪曲历史事实挑拨民族关系、以历史虚无主义抹黑中华民族共同体建设等问题进行依法治理，理论界也要加强相关专题研究以正视听，防范"两种民族主义"衍生出的破坏民族团结和中华民族共同体建设的各种问题。

党的十八大以来，习近平总书记关于加强和改进民族工作的重要思想中有关正确把握四对重大关系的论断，为探析中华民族共同体的形成动力、建设路径、命运远景提供了理论指引和要求，具有鲜明的时代性、理论性、思辨性和人民性。习近平总书记关于正确把握四对重大关系的系统阐释，是我们理解中国特色解决民族问题道路何以正确的理论指导，也是理解中华民族何以自立于世界民族之林的中国智慧，对现代国家治理具有重要的世界意义。①

五 做好新时代提升民族事务治理能力的基本工作

党的十八大以来，党不断推动全面深化改革的广度和深度，国家治理体系和治理能力现代化水平不断提高，党和国家机构职能实现系统性、整体性重构。党的十九届四中全会着眼于党长期执政和国家长治久安，对坚持和完善中国特色社会主义制度、推进国家治理体系和治理能力现代化作出总体擘画，重点部署坚持和完善支撑中国特色社会主义制度的根本制度、基本制度、重要制度。在民族工作方面要求"党坚持和完善民族区域自治制度，坚定不移走中国特色解决民族问题的正确道路，坚持把铸牢中华民族共同体意识作为党的民族工作主线，确立新时代党的治藏方略、治疆方略，巩固和发展平等团结互助和谐的社会主义民族关系，促进各民族共同团结奋斗、共同繁荣发展"。② 新修订的《中国共产党统一战线工作条例》规定，统战部"统筹协调民族工作，领导民族工作部门依法管理民族事务"。在新一轮党和国家机构改革中，党中央决定国家民委归口中央统战部领导，这是加强党对民族工作集中统一领导的重大举措，也是推动形成全党共同做民族工作格局的重大举措。目前已形成了从中央到地方民族工作部门归口统战部领导的基本格局，彰

---

① 王延中、宁亚芳：《正确把握中华民族共同体建设的重大关系》，《中央民族大学学报》（哲学社会科学版）2022年第5期。

② 《中共中央关于党的百年奋斗重大成就和历史经验的决议》，《人民日报》2021年11月17日第1版。

显了党的领导的政治优势。①

中央民族工作会议要求，要把党的领导贯穿民族工作全过程，推动形成党委统一领导、政府依法管理、统战部门牵头协调、民族工作部门履职尽责、各部门通力合作、全社会共同参与的新时代党的民族工作格局。要完善民族工作协调机制，形成各有关部门通力协作、齐抓共管的良好局面。要强化干部队伍建设，坚持新时代好干部标准，努力建设一支维护党的集中统一领导态度特别坚决、明辨大是大非立场特别清醒、铸牢中华民族共同体意识行动特别坚定、热爱各族群众感情特别真挚的民族地区和民族工作干部队伍，确保各级领导权掌握在忠诚干净担当的干部手中。要抓基层、打基础、固根本，加强基层民族工作机构建设和民族工作力量，加强民族地区基层政权建设，充分发挥基层党组织战斗堡垒作用，确保党的民族理论和民族政策到基层有人懂、民族工作在基层有人抓。② 从传统民族工作模式向新时代民族工作模式的转型与升级。这种转型的一个重要标志，就是把民族工作与民族事务治理从一个部门为主，转变为全党和全国各地区、各部门都要抓民族工作，加快民族事务治理体系与治理能力的现代化，实现民族事务治理的新格局。

铸牢中华民族共同体意识这一主线指明了民族事务治理体系和治理能力建设的总目标和新路径。新时代民族工作应围绕稳定和长治久安的总目标推进治理体系与治理能力现代化。一是要坚持和完善民族区域自治制度，全面推进依法治国理念在民族地区、民族工作领域的实施，坚持"统一"和"自治"，"民族因素"和"区域因素"相结合，落实好宪法和民族区域自治法的各项规定。二是要推进民族事务治理的法治化，运用法治思维和法治方式解决民族问题，

---

① 辛向党：《在大统战格局下开展民族工作》，《中国民族》2021年第7期。
② 中共国家民委党组：《以铸牢中华民族共同体意识为主线 推进新时代党的民族工作高质量发展的纲领性文献——深入学习贯彻习近平总书记在中央民族工作会议上的重要讲话》，《人民日报》2021年11月8日第12版。

"各族群众自觉按法律办事",要"对一切分裂祖国、破坏社会稳定的行为都要依法打击"。三是要重视和做好城市民族工作,推动建立互嵌式社会结构和社区环境,积极改进工作方式和管理机制,实现切实保障各民族合法权益和引导少数民族群众自觉遵纪守法协调发展,城市发展和少数民族群众融入城市双赢的局面。四是要加强坚持党的领导,全面加强党的建设,加强人才培养和新时代民族工作干部队伍建设,不断提升民族地区的中国共产党组织执政能力,建立健全民族工作机构设置、完善民族工作领导体制和工作机制。①

民族工作是政治性、政策性都很强的工作。在2021年中央民族工作会议上,习近平总书记强调指出,"要坚持从政治上把握民族关系、看待民族问题"。在2014年的中央民族工作会议上,习近平总书记就提出不要泛化民族问题和民族工作要精准化的问题。"要分清楚什么是民族问题,什么不是民族问题,既不能把不是民族问题的问题当成民族问题来处理,也不能把民族问题不当作民族问题来处理,而是什么问题就按什么问题处理,讲政治原则、讲政策策略、讲法治规范。"在2021年中央民族工作会议上,总书记进一步提出要进行"三个区分",提出不要把"一般社会现象与民族现象、一般社会问题与民族问题、一般社会矛盾与民族矛盾"相混淆,对于做好民族工作、处理民族问题(如治理"三化"、反对"三股"势力等)具有极强的针对性,有利于准确把握民族工作的政治定位、政策导向和工作力度,也是加强党对民族工作全面领导的充分体现。

加强和完善党的全面领导,是做好新时代党的民族工作的根本保证,也是铸牢中华民族共同体意识、加强各民族大团结、推进中华民族共同体建设的根本保证。党的十九大之后,党和国家机构进行了重大改革,民族工作的领导体制机制发生了重大转变。中央民族工作会议进一步提出构建党委统一领导、政府依法管理、统战部

---

① 王延中、章昌平:《新时代民族工作与民族交往交流交融》,《中央民族大学学报》(哲学社会科学版) 2019年第5期。

门牵头协调、民族工作部门履职尽责、各部门通力合作、全社会共同参与的新时代党的民族工作新格局，这是加快民族事务治理体系与治理能力现代化的战略部署。根据民族工作形成新格局、开创新局面的统一部署，要加快完善六项新机制：一是要完善党委统一领导的机制，把民族工作纳入"五位一体"战略布局和"四个全面"总体布局，要纳入党的建设、意识形态工作责任制、政治考察、巡视巡查、政绩考核等各项工作，确保党的领导制度化、具体化。二是要完善政府依法管理的机制，建立地方政府首长联系，甚至直接管理民族工作的制度，发挥好民族事务治理委员会工作职责，把民族事务治理纳入国民经济和社会发展规划，纳入法治建设规划和综合执法范畴。三是完善统战部门牵头协调的机制。统战部门负责把方向、管大局、保落实，党政分工不分家，加强工作协调和衔接。四是完善民族工作部门履职尽责的机制，为党和政府治理民族事务、协调民族关系、处理民族问题当好参谋助手，提出政策建议，落实工作部署，协调有关部门来齐抓共建。五是完善各部门通力合作的机制，探索建立民族工作专项协调机制，发挥好民委委员制度的作用。六是完善全社会共同参与的机制。

广泛教育和动员，把全社会各方面的力量汇聚到参与铸牢中华民族共同体意识、推进中华民族共同体建设中来，形成浓厚的社会氛围，让全社会自觉行动起来。这种新格局，就是要切实改变把民族工作当成"一域"（局部）或"单一"工作部门之事，使全党、全国和全社会都要重视起来、行动起来。推进民族事务治理现代化，要坚持法治思维，实现依法治理。要认真贯彻落实宪法精神和依法治国理念，依法保障各族群众合法权益，依法妥善处理涉民族因素的事件，依法打击各类违法犯罪行为，做到法律面前人人平等，不断提高民族工作的法治化水平。法治在新时代民族工作中的地位与作用十分"重要"，三个"依法"，强调的都是法治精神。坚持法治化应当成为"提升民族事务治理体系和治理能力现代化"的重要内容。无论是"保障""处理"还是"打击",都要坚持"依法"而行。同时,要认识到民族工作与国家统一、社会稳定、国家安全息息相关,积极稳妥处理涉民族因素的意识形态和国家安全问题,坚决防范民族领域重大风险隐患,确保国家统一、民族团结和社会稳定。

伴随工业化、城镇化、现代化进程的不断加快,中国各民族人口在全国范围内大规模流动,民族工作的范围、内涵及内容都在发生着变化。民族地区与其他地区人口的双向流动、少数民族大规模进入城镇和沿海地区,城乡社区,尤其是大中城市中少数民族人口的聚集,各民族嵌入式居住工作格局的扩展,已经极大地改变了"民族地区""民族工作"的传统内涵。新时代民族工作一定要重心下沉、工作向基层倾斜,要把提升民族工作能力,尤其是基层民族工作能力建设放在突出位置。要加强基层民族工作机构建设,充实民族工作力量,确保党的民族理论和民族政策到基层有人懂,确保民族事务治理在基层有人抓、无盲区,确保基层民族工作有效运转。

进一步加强民族干部队伍建设,是做好新时代民族工作的人才保障。习近平总书记指出,"办好民族地区的事,做好民族工作,要靠好干部",要靠大批忠于马克思主义、忠于党、忠于人民的干部队伍。中央民族工作会议提出,建设更加广泛的民族工作干部队伍,极大地拓展了民族工作干部的范围,进一步明确提出新时代民族工作干部队伍建设的总体要求。"坚持新时代好干部标准,努力建设一支维护党的集中统一领导态度特别坚决、明辨大是大非立场特别清醒、铸牢中华民族共同体意识行动特别坚定、热爱各族群众感情特别真挚的民族地区干部队伍"。同时,提出要更加重视、关心、爱护在条件艰苦地区工作的一线干部。重视培养和用好少数民族干部,对政治过硬、敢于担当的优秀少数民族干部要充分信任、委以重任。这不仅大大拓宽了民族工作干部的范围和视野,而且为民族干部队伍建设指明了方向和路径。当然,民族干部队伍建设的数量很重要,提高质量和能力更关键。要采取切实有效的举措,努力提高民族干部队伍的政治素质、理论素养和综合能力,为开创新时代民族工作新局面提供坚强的人才保障。

六 加快铸牢中华民族共同体意识指标体系建设

党的十八大以来，民族事务治理体系治理能力现代化建设持续推进。党和国家高度重视边疆民族宗教统战工作，先后召开了中央民族工作会议、中央统战工作会议、西藏工作座谈会、全国民族教育工作会议、全国城市民族工作会议、全国宗教工作会议等重要会议，科学分析民族工作、统战工作和宗教工作面临的国内外新形势、新情况、新问题，明确了边疆民族宗教统战工作的指导思想、基本要求、主攻方向，为边疆地区、民族地区的经济社会发展、民族团结、社会稳定和长治久安，巩固和发展最广泛的爱国统一战线，积极引导宗教与社会主义社会相适应，加强城市民族工作等提出了一系列重大战略方针和全面部署。出台了一系列促进边疆民族宗教统战工作发展的重要文件和法规条文，《关于加强和改进新形势下民族工作的意见》《中国共产党统一战线工作条例（试行）》《关于加快发展民族教育的决定》颁布实施，修订了《宗教事务条例》。国家民委、国家公安部、教育部等国务院各部委颁布施行有关双语教育、公民民族成分登记和推进民族团结进步创建活动"六进"的系列配套文件，实施人才计划等配套工程。将加大对"老、少、边、穷"地区的转移支付和"实施脱贫攻坚工程"纳入国家"十三五"规划。实施《关于支持沿边重点地区开发开放若干政策措施的意见》，对沿边重点地区开发开放、兴边富民行动提出支持，推动实现稳边安边兴边的具体举措。从中央密集召开的各项专题会议到党的十九大，涉及民族工作的内容之多，对民族工作的重视之高，达到了前所未有的高度。

民族地区政治建设定位明确，重点突出，技术路线方向日益明晰。民族工作的领导体制和日常工作机制逐步完善。党加强对民族工作全面领导，民族地区中国共产党党组织的执政能力在不断提升，思想、组织、制度等方面的建设得到加强。各级统战部、人大、政府和政协中的民族工作机构设置逐步完善，形成了党委领导、政府负责、各部门协同配合、全社会通力合作的民族工作格局。涉疆涉藏工作座谈会、中央民族工作会议等会议机制，民族团结进步表彰等表彰机制，少数民族文艺会演、传统体育运动会、逢十周年庆祝活动等活动机制不断完善。大力推进民族事务治理的法治化。健全民族工作法律法规体系，推进民族事务治理法治化；依法维护各民族平等权利，强化对各民族公民权益的司法保障；加强对法律法规和民族政策执行情况的监督检查，营造良好的法治环境；依法有力打击"三股势力"渗透破坏活动。不断加强少数民族干部队伍建设，依法保障少数民族平等、积极参与管理国家和社会事务的权利。

在制度建设持续推进的同时，还需要不断发展监督和检查技术，以不断提升民族事务治理体系和治理能力现代化水平。中央重大战略部署的指标体系研究是国家治理体系和治理能力现代化的必然要求，也是哲学社会科学服务国家发展战略的必然要求。

在民族工作领域，目前可供借鉴的唯一指标体系是国家民委发布的《全国民族团结进步示范市（地、州、盟）、县（市、区、旗）测评指标》。该指标体系完整准确全面贯彻习近平总书记关于加强和改进民族工作的重要思想，对《全国民族团结进步示范州（地、市、盟）测评指标（试行）》和《全国民族团结进步创建活动示范县（市、区、旗）测评指标》进行了修订完善。修订后的测评指标突出铸牢中华民族共同体意识这条主线，强调对西部地区、东中部地区进行分类考核。

推进中华民族共同体建设是一个非常复杂的系统工程，是中国共产党百年来持续推进的伟大历史进程，也是中华民族伟大复兴道路上必将实现的目标。铸牢中华民族共同体意识涉及经济建设、政治建设、文化建设、社会建设和生态文明建设"五位一体"总体布局，涉及全面建设社会主义现代化国家、全面深化改革、全面依法治国、全面从严治党"四个全面"战略布局。建立铸牢中华民族共同体意识"和融指数"及监测评价指标体系应遵循以下原则：

（一）目的性与科学性相结合：建立监测评价指标体系的目的，是将铸牢中华民族共同体意识这一主线转变为可以量化的指标，并通过对这些指标的监测、分析，指导铸牢中华民族共同体意识各项工作的开展，监测铸牢中华民族共同体意识的实际进展。

（二）综合性与发展性相结合：铸牢中华民族共同体意识这一主线具有丰富的内涵，必须涵盖经济建设、政治建设、文化建设、社会建设和生态文明建设各个方面，提炼出概括性较强的综合性指标。同时还需要伴随中华民族伟大复兴的进程不断调整，设计揭示中华民族共同体建设根本性、结构性问题的核心指标，并在时代发展中不断丰富完善。

（三）可行性与创新性相结合：铸牢中华民族共同体意识必须着眼于民族工作实际，反映中华民族共同体建设进程，因此必须立足于现有统计渠道，尽可能利用已有的统计数据。同时，必须考虑到铸牢中华民族共同体意识工作的创新性，开拓新的数据渠道和材料分析方法。

习近平总书记关于加强和改进民族工作的重要思想体系和新时代铸牢中华民族共同体意识的重点任务涵盖了：1. 经济方面，同步现代化；2. 精神文化方面，推进中华民族共有精神家园建设；3. 社会方面，促进各民族交往交流交融；4. 治理方面，提升民族事务治理体系和治理能力现代化；5. 政治方面，维护国家主权安全发展利益；6. 领导和组织方面，加强和完善党的全面领导。这六个方面指明了铸牢中华民族共同体意识的重点领域，确定了中华民族共同体的各项特征。为考察铸牢中华民族共同体意识推进情况，衡量中华民族共同体建设状况提供了科学的指标体系。

立足于习近平总书记关于加强和改进民族工作重要思想的科学指引，新时代铸牢中华民族共同体意识重点任务的具体要求，本研究将上述 6 项重点工作转化为 6 项二级指标。分别为：经济指标、精神文化指标、社会指标、治理指标、政治指标、领导组织指标。具体涵盖了 24 项三级指标。

1. 经济方面，围绕"同步现代化"设计了：创新民族地区发展理念、推动民族地区融入新发展格局、推动民族地区高质量发展、提升公共服务保障能力和水平、加强新时代安边固边兴边工作。

2. 精神文化方面，围绕"推进中华民族共有精神家园建设"设计了：培育和践行社会主义核心价值观、增强中华文化认同、全面推广普及国家通用语言文字、营造各民族共同走向现代化的社会氛围。

3. 社会方面，围绕"促进各民族交往交流交融"设计了：推动各民族人口流动融居、加快构建互嵌式社会结构和社会环境、持续深化民族团结进步创建工作、做好城市民族工作。

4. 治理方面，围绕"提升民族事务治理体系和治理能力现代化"设计了：坚持和完善民族区域自治制度、健全民族政策和法律法规体系、坚持依法治理民族事务。

5. 政治方面，围绕"维护国家主权安全发展利益"设计了：坚决维护国家统一和安全、守好意识形态阵地、提高防范化解风险隐患能力。

6. 领导组织方面，围绕"加强和完善党的全面领导"设计了：切实统一思想认识、完善民族工作体制机制、加强干部人才队伍建设、加强民族地区基层组织和政权建设、加强监督检查。

铸牢中华民族共同体意识和融指数指标体系包含工作和成效两大内容。从铸牢中华民族共同体意识推进情况来看，这些指标必须涵盖新时代党的民族工作高质量发展的重点工作任务，是各级党和政府开展民族工作的重点内容，因此具有工作情况考察验收的特点。从衡量中华民族共同体建设状况出发，这些指标必须反映推进中华民族共同体建设的社会现实，是各民族在中华民族大家庭中像石榴籽一样紧紧抱在一起的现实体现，因此具有社会统计的特点。因此，本研究中将 24 项三级指标细化为铸牢中华民族共同体意识工作和铸牢中华民族共同体意识成效两大类。

一级指标	二级指标		三级指标	
	指标	内涵	指标	内涵
铸牢中华民族共同体意识和融指数指标体系	经济指标	推动各民族共同走向社会主义现代化	发展理念创新情况	创新民族地区发展理念
			民族地区融入新发展格局情况	推动民族地区融入新发展格局
			民族地区高质量发展情况	推动民族地区高质量发展
			公共服务保障情况	提高公共服务保障能力和水平
			边疆安全稳定发展情况	加强新时代安边固边兴边工作
	精神文化指标	推进中华民族共有精神家园建设	社会主义核心价值观培育和践行情况	弘扬中华民族伟大精神
			中华文化认同情况	增强中华文化认同
			推广普及国家通用语言文字情况	全面推广普及国家通用语言文字
			各民族共同走向现代化的社会氛围	营造各民族共同走向现代化的社会氛围
	社会指标	促进各民族广泛交往交流交融	各民族人口流动融居情况	推动各民族人口流动融居
			互嵌式社会结构和社会环境构建情况	加快构建互嵌式社会结构和社会环境
			民族团结进步创建情况	持续深化民族团结进步创建工作
			城市民族工作情况	做好城市民族工作
	治理指标	提升民族事务治理体系和治理能力现代化水平	坚持和完善民族区域自治制度情况	坚持和完善民族区域自治制度
			民族政策和法律法规体系发展情况	健全民族政策和法律法规体系
			依法治理民族事务情况	坚持依法治理民族事务
	政治指标	维护国家主权安全发展利益	维护国家统一和安全情况	坚决维护国家统一和安全
			守好意识形态阵地情况	守好意识形态阵地
			防范化解风险隐患能力情况	提高防范化解风险隐患能力
	领导组织指标	加强和完善党的全面领导	统一思想认识情况	切实统一思想认识
			完善民族工作体制机制情况	完善民族工作体制机制
			干部人才队伍建设情况	加强干部人才队伍建设
			民族地区基层组织和政权建设情况	加强民族地区基层组织和政权建设
			监督检查情况	加强监督检查

铸牢中华民族共同体意识和融指数指标体系包含正面和负面两大维度。习近平总书记关于加强和改进民族工作的重要思想是新时

代开展民族工作的科学指引，铸牢中华民族共同体意识是新时代党的民族工作的主线。这一科学指引、这一主线的完整准确全面贯彻决定了民族工作的成效，也决定了中华民族共同体建设的进展。习近平总书记强调，党的民族工作创新发展，就是要坚持正确的，调整过时的，更好保障各民族群众合法权益。是否坚持正确的，能否科学调整过时的，必然影响到中华民族共同体建设的进展。习近平总书记强调，要正确把握共同性和差异性的关系，增进共同性、尊重和包容差异性是民族工作的重要原则。是否正确把握共同性和差异性的关系，以及是否正确把握中华民族共同体意识和各民族意识的关系、中华文化和各民族文化的关系、物质和精神的关系，必然影响到中华民族共同体建设的进展。因此，本研究中将所有三级指标均赋予是否有利于铸牢中华民族共同体意识两个维度。

习近平总书记在多次讲话中反复强调，建设社会主义现代化强国、实现中华民族伟大复兴绝不是靠敲锣打鼓、轻轻松松就可以实现的。如何把56个民族的14亿各族人民团结凝聚起来，继续依靠顽强拼搏和不懈奋斗实现社会主义现代化强国建设的新成就，其难度和困难不亚于第一个百年。在这种背景下，中央民族工作会议从四个"必然要求"出发，进一步强调铸牢中华民族共同体意识，以应对实现中华民族伟大复兴过程中民族领域可能发生的风险挑战。同时，在党的历史上第一次明确提出推进中华民族共同体建设，努力增进各民族对中华民族的自觉认同，推动中华民族成为认同度更高、凝聚力更强的命运共同体。把铸牢中华民族共同体意识与推进中华民族共同体建设结合起来，统一谋划部署，为新时代民族工作高质量发展指明了正确方向，提供了根本遵循。

主要参考文献

著作类

［美］阿历克斯·英格尔斯等：《人的现代化》，殷陆君编译，四川人民出版社1985年版。

费孝通：《费孝通论西部开发与区域经济》，群言出版社2000年版。

费孝通：《中华民族多元一体化格局》，中央民族大学出版社2003年版。

国家民委研究室编：《新时代民族理论政策问答》，民族出版社2019年版。

国家民族事务委员会：《民族语文政策法规汇编》，民族出版社2006年版。

国家民族事务委员会、中共中央文献研究室：《民族工作文献选编》（二〇〇三——二〇〇九年），中央文献出版社2010年版。

郝时远：《中国特色解决民族问题之路》，中国社会科学出版社2016年版。

胡茂成：《中国特色对口支援体制实践与探索》，人民出版社2014年版。

黄晓蕾：《民国时期语言政策研究》，中国社会科学出版社2013年版。

黎锦熙：《国语运动史纲》，商务印书馆2011年版。

马戎：《西方民族社会学的理论与方法》，天津人民出版社1997年版。

全国语言文字工作会议秘书处：《新时期的语言文字工作：全国语言文字工作会议文件汇编（1986）》，语文出版社1987年版。

任维德：《中国区域治理研究报告2017：对口支援政策》，中国社会科学出版社2018年版。

苏培成：《当代中国的语文改革和语文规范》，商务印书馆2010年版。

王东杰：《声入心通：国语运动与现代中国》，北京师范大学出版社2019年版。

王均：《当代中国的文字改革》，当代中国出版社1995年版。

王延中主编：《民族发展蓝皮书：中国民族发展报告（2020）——民族地区决胜全面小康》，社会科学文献出版社2020年版。

《新时期推广普通话方略研究》课题组：《推广普通话文件资料汇编》，中国经济出版社2005年版。

许长安：《台湾语文政策概述》，商务印书馆2011年版。

张丽君、吴本健、王飞、马博等：《中国少数民族地区扶贫进展报告（2017）》，中国经济出版社2017年版。

报刊类

安然：《论沃勒斯坦的现代化思想》，《史学月刊》2006年第2期。

白彦锋、姜哲：《我国财政动态平衡问题研究》，《中央财经大学学报》2019年第1期。

白振声：《对外开放与我国民族地区的繁荣发展》，《中央民族学院学报》1990年第3期。

卜洁文：《西藏县域综合经济实力变化与政策思路探析》，《经济地理》2021年4月第41卷第4期。

卜洁文、汤龙：《援藏政策对西藏县域社会经济发展的影响研究》，《西藏民族大学学部》（哲学社会科学版）2021年7月第42卷第4期。

彩虹、张儒：《民族政策的丰硕成果——看〈全国民族工作展览〉》，《中国民族》1979年第5期。

曹育明：《迟发展效应与民族地区的现代化》，《西北民族学院学报》（哲学社会科学版）1991年第2期。

曹育明、扎晓玲：《改革开放与民族地区的现代化》，《中南民族学院学报》（哲学社会科学版）1993年第3期。

陈连开：《中国现代化建设中的民族问题》，《中央民族大学学报》1994年第3期。

次仁多吉：《积极推进西藏地区藏传佛教中国化实践路径探析》，《西藏大学学报》2022年第1期。

崔新建：《文化认同及其根源》，《北京师范大学学报》（社会科学版）2004年第4期。

旦正才旦：《西藏边境县域贫困群体结构性特征及其经济生活状况调查》，《中国藏学》2020年第1期（总第141期）。

丁赛：《民族地区精准扶贫中低保瞄准的分析》，《西北民族研究》2020年第1期。

方虹、杨云宝：《少数民族地区现代化建设成功的关键在于创新》，《学术探索》2000年第4期。

高永久、郝龙：《系统论视角下民族事务治理现代化的逻辑》，《广西民族大学学报》（哲学社会科学版）2018年第1期。

《关于党的百年奋斗重大成就和历史经验的决议》，《人民日报》2021年11月17日。

郭玉清、毛捷：《新中国70年地方政府债务治理：回顾与展望》，《财贸经济》2019年第9期。

国非、高顺斌：《雅言　通语　官话　普通话——汉民族通用语沿革简说》，《固原师专学报》2003年第5期。

哈正利：《民族事务治理体系和治理能力现代化的内在逻辑》，《民族研究》2022 年第 4 期。

韩震：《论国家认同、民族认同及文化认同——一种基于历史哲学的分析与思考》，《北京师范大学学报》（社会科学版）2010 年第 1 期。

何传启：《现代化研究的十种理论》，《中国社会科学报》2015 年 5 月 29 日。

何显明：《政府转型与现代国家治理体系的建构——60 年来政府体制演变的内在逻辑》，《浙江社会科学》2013 年第 6 期。

何增科：《国家治理及其现代化探微》，《国家行政学院学报》2014 年第 4 期。

黄贵辉：《新发展阶段推进民族事务治理现代化的逻辑向度》，《西北民族大学学报》（哲学社会科学版）2021 年第 5 期。

江必新：《推进国家治理体系和治理能力现代化》，《光明日报》2013 年 11 月 15 日。

姜晓萍：《国家治理现代化进程中的社会治理体制创新》，《中国行政管理》2014 年第 2 期。

靳薇：《边区内源性发展的探索与实践》，《西北民族研究》2018 年第 4 期。

李德成：《谈我国宗教的中国化——兼谈藏传佛教的中国化方向》，《中国藏学》2018 年第 2 期。

梁中堂：《现代化：历史背景、动力及测度》，《经济问题》2003 年第 2 期。

刘德雄：《陈云同志的财政思想述论》，《财政研究》1995 年第 6 期。

刘洪森、李昊天：《新中国成立以来中共"现代化"话语内涵的演进——一项概念史的考察》，《中共南京市委党校学报》2020 年第 4 期。

刘建军：《和而不同：现代国家治理体系的三重属性》，《复旦学报》2014 年第 3 期。

楼宇烈：《佛教中国化的启示》，《中国宗教》2016 年第 10 期。

陆志伟、林圆圆：《孟中印缅经济走廊建设背景下西藏边境县域经济发展研究——以日喀则边境 9 县为例》，《时代农机》2018 年 6 月第 45 卷第 6 期。

罗彩娟：《广西各民族交往交流交融的经验及其深化路径探讨》，《广西民族研究》2018 年第 5 期。

马鸿谡：《西藏县域生态经济可持续发展状况评价指标体系构建——以西藏日喀则市昂仁县为例》，《西藏民族大学学报》（哲学社会科学版）2019 年 9 月第 40 卷第 5 期。

马俊毅：《民族事务复合性治理战略及其现代化——以铸牢中华民族共同体意识为主线》，《中南民族大学学报》（人文社会科学版）2021 年第 11 期。

马敏：《现代化的"中国道路"——中国现代化历史进程的若干思考》，《中国社会科学》2016 年第 9 期。

马英民：《当代中国建设史上的创举——三线建设》，《北京党史研究》1997 年第 1 期。

《缅怀第十世班禅弘扬藏传佛教的爱国主义精神 纪念第十世班禅额尔德尼·确吉坚赞诞辰七十周年》，《人民日报》2008 年 2 月 3 日。

闵文义、邓艾、王仁曾：《西北民族地区发展社会主义市场经济的特殊性及对策研究》，《开发研究》1997 年第 6 期。

潘岳：《马克思主义宗教观必须与时俱进》，《深圳特区报》2001 年 12 月 16 日。

戚昌厚、岳希明：《财政支出与经济发展关系——对瓦格纳法则的新解释》，《经济理论与经济管理》2020 年第 7 期。

秦永章：《积极引导藏传佛教与社会主义社会相适应的实践探索——以哲蚌寺为例》，《西藏民族大学学报》2021 年第 4 期。

《"十三五"以来西藏文化工作发展综述：文化惠民更精彩》，

《西藏日报》2020年10月28日。

石亚洲、高蕊、王锐：《中国扶持人口较少民族发展的实践经验研究》，《民族研究》2020年第5期。

孙磊：《习近平总书记关于加强和改进民族工作重要思想的三重逻辑》，《统一战线学研究》2022年第1期。

孙学文：《略论财政均衡政策与财政平衡政策》，《财经问题研究》1997年第10期。

陶海洋：《依附理论的发展及其主要观点》，《社会主义研究》2007年第5期。

王伟、张伦阳：《新时代中国共产党铸牢中华民族共同体意识研究：逻辑缘起、价值意蕴和实践路径》，《中央民族大学学报》2021年第6期。

王延中：《扎实推进中华民族共同体建设》，《民族研究》2022年第1期。

王延中：《铸牢中华民族共同体意识 建设中华民族共同体》，《民族研究》2018年第1期。

王延中、宁亚芳：《正确把握中华民族共同体建设的重大关系》，《中央民族大学学报》（哲学社会科学版）2022年第5期。

王延中、章昌平：《新时代民族工作与民族交往交流交融》，《中央民族大学学报》（哲学社会科学版）2019年第5期。

王延中、周辉：《中国共产党解决民族问题正确道路的百年探索与基本经验》，《中央民族大学学报》（哲学社会科学版）2021年第5期。

王作安：《坚持我国宗教中国化方向》，《学习时报》2022年3月21日。

乌小花、康旭：《城市社区民族工作实践创新研究——以东部某省的社区民族工作为例》，《西北民族研究》2019年第4期。

吴建国：《试论民族地区现代化的起点、分期和特点》，《西南民族大学学报》（人文社科版）2003年第6期。

习近平：《在全国民族团结进步表彰大会上的讲话》，人民出版社 2019 年版。

辛向党：《在大统战格局下开展民族工作》，《中国民族》2021 年第 7 期。

新华社：《以铸牢中华民族共同体意识为主线 推动新时代党的民族工作高质量发展》，《人民日报》2021 年 8 月 29 日。

薛澜、张帆、武沐瑶：《国家治理体系与治理能力研究：回顾与前瞻》，《公共管理学报》2015 年第 3 期。

严庆、嵌合型：《广义民族工作视域下的民族工作模式思考》，《西北民族研究》2018 年第 3 期。

燕继荣：《现代国家治理与制度建设》，《中国行政管理》2014 年第 5 期。

杨圣敏：《民族事务治理现代化要坚持走中国化道路》，《广西民族研究》2020 年第 6 期。

杨志勇：《新中国财政政策 70 年：回顾与展望》，《财贸经济》2019 年第 9 期。

杨志远：《西部欠发达民族地区现代化进程的路径分析》，《西南民族大学学报》（人文社会科学版）2016 年第 6 期。

叶宝奎：《也谈雅言、官话、国语》，《厦门广播电视大学学报》（综合版）1999 年第 2 期。

尤权：《做好新时代党的民族工作的科学指引——学习贯彻习近平总书记在中央民族工作会议上的重要讲话精神》，《求是》2021 年第 21 期。

于江、魏崇辉：《多元主体协同治理：国家治理现代化之逻辑理路》，《求实》2015 年第 4 期。

俞可平：《推进国家治理体系和治理能力现代化》，《前沿》2014 年第 1 期。

《以铸牢中华民族共同体意识为主线 推进新时代党的民族工作高质量发展的纲领性文献——深入学习贯彻习近平总书记在中央民

族工作会议上的重要讲话》，《人民日报》2021 年 11 月 8 日。

张德鑫：《从"雅言"到"华语"——寻根探源话名号》，《汉语学习》1992 年第 5 期。

张继焦、党垒：《中国现代国家治理体系下的"一国多族"范式——四论"国家—民族"关系》，《统一战线学研究》2019 年第 3 期。

张炜、封希德：《经济文化发展与民族地区现代化研究——关于中国西部民族地区现代化问题的思考》，《西北民族大学学报》1993 年第 3 期。

赵显人：《关于民族地区经济发展情况、问题和建议》，《中央民族大学学报》1999 年第 5 期。

郑堆：《藏传佛教的两重性和有关对策研究》，《中国藏学》2019 年第 3 期。

郑信哲：《我国城市民族工作的演进及其展望》，《中央民族大学学报》（哲学社会科学版）2020 年第 3 期。

《中央民族工作会议在京举行 团结一致开创民族工作新局面》，《中国民族》1992 年第 3 期。

周平：《边疆少数民族地区现代化进程中的"适应"问题》，《今日民族》2003 年第 5 期。

周祖谟：《从文学语言的概念论汉语的雅言、文言、古文等问题》，《北京大学学报》1956 年第 1 期。

外文资料

Akitoby B., B.Clements, S.Gupta and G.Inchauste (2006), "Public Spending, Voracity, and Wagner's Law in Developing Countries", *European Journal of Political Economy*, 22.

C. F. WinterBird, R. M., Wagner's Law of Expending State Activity, *Public Finance* XXVI (No. 1 1971).

Dick Durevall and Magnus Henrekson, "The futile quest for a grand explanation of long-run government expenditure", *Journal of Public Economics*, 95 (2011).

J.Burkhead, *Government Budgeting*, New York: John Wiley & sons, 1967.

Richard M. Auty, *Sustaining development in mineral economies: The resource curse thesis*, London: Routledge, 1993.

Serena Lamartina and Andrea Zaghini, 2010, "ncreasing Public Expenditure: Wagner's Law in OECD Countries", *German Economic Review*, 12 (2).

Sohrab Abizadeh and John Gray, "Wagner's Law: A Pooled Time-Series, Cross-Section Comparison", *National Tax Journal*, June, 1985, Vol. 38, No. 2 (June, 1985).

Thornton J. (1999), "Cointegration, Causality and Wagner's Law in 19th Century Europe", *Applied Economics Letters*, 6.

Tobin D., "Economic Liberalization, the changing role of the State and Wagner's Law: China since1978 '", *World Development*, 33 (5).

Veverka J., 1963, "The Growth of Government Expenditure in the United Kingdom Since 1790", *Scottish Journal of Political Economy*, 10 (1).

Wagner A. H. G., 1883, Finanzwissenshaft Leipzig.

World Health Organization, "World health statistics 2021: monitoring health for the SDGs, sustainable development goals", *Geneva*, 2021.

后　　记

　　本书为中国社会科学院重大科研规划项目"铸牢中华民族共同体意识重大问题研究"系列成果的第二辑。根据院领导分工，中国社会科学院党组成员赵奇秘书长担任项目主持人和本书主编。赵奇秘书长非常关心项目进展，并对相关工作给予了直接指导。项目协调人王延中根据内容需要，对有关报告的内容和结构进行了适当调整。

　　本书共收录10篇研究成果。各章作者如下：第一章：宁亚芳（中国社会科学院民族学与人类学研究所副研究员）；第二章：丁赛（中国社会科学院民族学与人类学研究所副所长、研究员）；第三章：张继焦（中国社会科学院民族学与人类学研究所研究员）、吴玥（中国社会科学院大学博士生）；第四章：王锋（中国社会科学院民族学与人类学研究所副所长、研究员）、龙从军（中国社会科学院民族学与人类学研究所研究员）、张军（中国社会科学院民族学与人类学研究所副研究员）；第五章：李进峰（中国社会科学院工会副主席，民族文学研究所原党委书记）、斯钦巴图（中国社会科学院民族文学研究所副所长、研究员）、王宪昭（中国社会科学院民族文学研究所研究员）、纳钦（中国社会科学院民族文学研究所研究员）、吴刚（中国社会科学院民族文学研究所副研究员）、杨杰宏（中国社会科学院民族文学研究所副研究员）、刘晓（中国社会科学院民族文学研究所副研究员）；第六章：王昱廷（中国社会科学院中国边疆研究所副研究员）、王剑峰（中国社会科学院民族学与人类学研究所研究员)、秦永章(中国社会科学院民族学与人类学研究所研究员);第七章:宁亚芳(中国社会科学院民族学与人类学研究所副研究员);第八章:王延中(中国社会科学院民族学与人类学研究所所长、研究员)、张少春(中国社会科学院民族学与人类学研究所副研究员)。

  在成果出版之际,感谢各位课题组成员尤其是各章作者的艰苦努力与全力支持,感谢中国社会科学出版社尤其是责任编辑宫京蕾的支持与帮助。不足之处,敬请批评指正!

王延中

2022 年 11 月 30 日